高等法律职业教育系列教材
审定委员会

高等法律职业教育系列教材

犯罪现场勘查实训教程

FANZUI XIANCHANG KANCHA SHIXUN JIAOCHENG

主　编○阳　雁　罗光华

副主编○刘志杰　周小凤

撰稿人○（以撰写内容先后为序）

阳　雁　朱巧红　罗光华　刘志杰

周小凤　蒋邵衡　周亚萍　桂　文

中国政法大学出版社

2022・北京

图书在版编目（ＣＩＰ）数据

犯罪现场勘查实训教程/阳雁，罗光华主编.—北京：中国政法大学出版社，2022.1
ISBN 978-7-5764-0219-3

Ⅰ.①犯…　Ⅱ.①阳…②罗…　Ⅲ.①刑事犯罪－现场勘查－教材　Ⅳ.①D918.4

中国版本图书馆CIP数据核字(2021)第262680号

出 版 者　中国政法大学出版社
地　　址　北京市海淀区西土城路 25 号
邮　　箱　fadapress@163.com
网　　址　http://www.cuplpress.com (网络实名：中国政法大学出版社)
电　　话　010-58908435(第一编辑部) 58908334(邮购部)
承　　印　固安华明印业有限公司
开　　本　787mm×1092mm　1/16
印　　张　13.25
字　　数　275 千字
版　　次　2022 年 1 月第 1 版
印　　次　2022 年 1 月第 1 次印刷
印　　数　1~5000 册
定　　价　39.00 元

总　序
Preface

　　高等法律职业化教育已成为社会的广泛共识。2008 年，由中央政法委等 15 部委联合启动的全国政法干警招录体制改革试点工作，更成为中国法律职业化教育发展的里程碑。这也必将带来高等法律职业教育人才培养机制的深层次变革。顺应时代法治发展需要，培养高素质、技能型的法律职业人才，是高等法律职业教育亟待破解的重大实践课题。

　　目前，受高等职业教育大趋势的牵引、拉动，我国高等法律职业教育开始了教育观念和人才培养模式的重塑。改革传统的理论灌输型学科教学模式，吸收、内化"校企合作、工学结合"的高等职业教育办学理念，从办学"基因"——专业建设、课程设置上"颠覆"教学模式："校警合作"办专业，以"工作过程导向"为基点，设计开发课程，探索出了富有成效的法律职业化教学之路。为积累教学经验、深化教学改革、凝塑教育成果，我们着手推出"基于工作过程导向系统化"的法律职业系列教材。

　　《国家中长期教育改革和发展规划纲要（2010～2020 年）》明确指出，高等教育要注重知行统一，坚持教育教学与生产劳动、社会实践相结合。该系列教材的一个重要出发点就是尝试为高等法律职业教育在"知"与"行"之间搭建平台，努力对法律教育如何职业化这一教育课题进行研究、破解。在编排形式上，打破了传统篇、章、节的体例，以司法行政工作的法律应用过程为学习单元设计体例，以职业岗位的真实任务为基础，突出职业核心技能的培养；在内容设计上，改变传统历史、原则、概念的理论型解读，采取"教、学、练、训"一体化的编写模式。以案例等导出问题，根据内容设计相应的情境训练，将相关原理与实操训练有机地结合，围绕关键知识点引入相关实例，归纳总结理论，分析判断解决问题的途径，充分展现法律职业活动的演进过程和应用法律的流程。

法律的生命不在于逻辑，而在于实践。法律职业化教育之舟只有驶入法律实践的海洋当中，才能激发出勃勃生机。在以高等职业教育实践性教学改革为平台进行法律职业化教育改革的路径探索过程中，有一个不容忽视的现实问题：高等职业教育人才培养模式主要适用于机械工程制造等以"物"作为工作对象的职业领域，而法律职业教育主要针对的是司法机关、行政机关等以"人"作为工作对象的职业领域，这就要求在法律职业教育中对高等职业教育人才培养模式进行"辩证"地吸纳与深化，而不是简单、盲目地照搬照抄。我们所培养的人才不应是"无生命"的执法机器，而是有法律智慧、正义良知、训练有素的有生命的法律职业人员。但愿这套系列教材能为我国高等法律职业化教育改革作出有益的探索，为法律职业人才的培养提供宝贵的经验、借鉴。

2016 年 6 月

党的十八届四中全会以来，习近平总书记领导的党中央大力推行以"审判为中心的"司法体制改革。此次司法体制改革推开面之广、程度之深前所未有。这意味着，刑事案件的办理越来越严格化、正规化，案件现场物证的提取与保护工作越来越受重视，要求也越来越高。案发现场，如何能通过勘查取得完整、清晰、符合法律要求的物证是一项重大而紧迫的任务。为配合现场勘查的教学，以培养"学生能力"为中心，以岗位和工作任务要求为导向，以勘查技能为依据，树立"做中教，做中学"的教学理念，现编撰适合该教学需求的《现场勘查实训教程》，本实训教程秉承"教—学—练—战"的一体化人才培养模式的宗旨，以"学生为中心"，为学生创造最佳的基于现场勘查技能及其应用的学习条件，充分提高学生学习积极性，并在教学中反复加强实训，以求让学生在教学中熟练掌握现场勘查技能。

本书为高等法律职业教育系列教材，结合人才培养目标及高等职业教育的特点，确定本教材的结构。"实训目的"阐明实训所要达到的能力目标、素质目标；"实训素材及内容"由真实案例、实训情境及实训任务构成，根据不同项目安排真实案例，针对性强；"实训方法"由实训步骤、实训注意事项等构成，力求手把手地教会学生实训技能，突出本教材的使用性；"实训知识"由支撑该实训技能的理论知识构成，用通俗的语言阐述理论知识，让学生易于理解且做到知识够用；"实训巩固练习"，为了让学生更好地掌握实训技能，部分项目我们还加入了练习题可作为实训知识巩固。

从教材结构体例上看，全书由六大项目组成，分别是犯罪现场保护、犯罪现场勘查组织与准备、犯罪现场访问、犯罪现场实地勘验、犯罪现场勘查记录、犯罪现场分析与重建。这六大部分环环相扣，从现场勘查的顺序着手，层层深入。通过对这些实训内容的实操，学生可以掌握最基本的现场勘查流程以及现场勘查方法和技能，提高学生分析与解决问题的能力，并能将现场勘查技能灵活应用于案件中。

本书由阳雁、罗光华担任主编，刘志杰、周小凤担任副主编，朱巧红、蒋邵衡、周亚萍、桂文参编。具体协作及分工如下（以撰写内容先后为序）：

阳　雁：实训项目一、实训项目二、实训项目四实训任务二；

朱巧红：实训项目三；

罗光华：实训项目四实训任务一（实训一、实训二）；

刘志杰：实训项目四实训任务一（实训三、实训四）；

周小凤：实训项目五实训任务一；

蒋邵衡：实训项目五实训任务二（实训一、实训二）；

周亚萍：实训项目五实训任务二（实训三）；

桂　文：实训项目六。

阳雁对全书进行了统稿、整理与修改。

本教材得以顺利出版，要感谢编写过程中，为教材提供研究成果及参考文献的作者、同行及同事，他们的研究成果丰富了本教材的素材，让教材体系更充盈饱满；要感谢中国政法大学出版社、广东司法警官职业学院、编者家属的大力支持与密切配合。由于学识有限，教材中的缺漏、不足在所难免，欢迎专家和读者对本教材提出批评和建议。

编　者

2021 年 11 月

目 录
Contents

实训项目一 犯罪现场保护 ……………………………………………… 1

实训任务一 室外现场保护 ……………………………………… 1
实训任务二 室内现场保护 ……………………………………… 4

实训项目二 犯罪现场勘查组织与准备 ………………………………… 9

实训任务一 现场勘查的指挥与分工 …………………………… 9
实训任务二 现场勘查前的准备 ………………………………… 16

实训项目三 犯罪现场访问 ……………………………………………… 20

实训任务一 现场访问 …………………………………………… 20
实训任务二 现场访问笔录制作 ………………………………… 25

实训项目四 犯罪现场实地勘验 ………………………………………… 31

实训任务一 人身勘验 …………………………………………… 31
实训一 尸体现象观察 …………………………………………… 31
实训二 机械性损伤形态观察 …………………………………… 37
实训三 钝器伤的形态观察 ……………………………………… 43
实训四 锐器伤的形态观察 ……………………………………… 50
实训任务二 痕迹提取 …………………………………………… 59
模块一 犯罪现场手印提取 ……………………………………… 59
实训一 粉末法显现汗潜手印 …………………………………… 59
实训二 502 胶熏显法显现汗潜手印 …………………………… 63
实训三 明胶指纹提取片提取汗潜手印 ………………………… 69

模块二　犯罪现场足迹提取 ······················· 73
　　实训一　静电吸附仪提取平面粉尘足迹 ············· 73
　　实训二　石膏制模法提取立体足迹 ················· 80
模块三　犯罪现场工具痕迹提取 ····················· 86
　　实训一　硅橡胶提取法 ························· 86
　　实训二　硬塑料提取法 ························· 87
　　实训三　注塑枪提取法 ························· 88
　　实训四　口香糖提取法 ························· 89
模块四　犯罪现场物品提取 ························· 90
　　实训一　犯罪现场遗留物品的提取 ················· 90
　　实训二　生物生化类物品的提取 ··················· 97
　　实训三　文书材料的提取 ······················ 100
　　实训四　微量物质的提取 ······················ 102

实训项目五　犯罪现场勘查记录 ······················· 106

实训任务一　现场照相 ····························· 106
　　实训一　现场拍照 ··························· 106
　　实训二　现场照片卷宗的制作 ··················· 117
实训任务二　现场绘图与勘查笔录制作 ··················· 124
　　实训一　现场平面图的绘制 ····················· 124
　　实训二　室外案件现场绘图 ····················· 131
　　实训三　现场勘查笔录制作 ····················· 140

实训项目六　犯罪现场分析与重建 ····················· 143

实训任务一　犯罪现场分析 ························· 143
实训任务二　犯罪现场重建 ························· 149

附　录 ································· 156

附录一　《常见案件笔录制作指南》（节选） ··············· 156
附录二　现场勘验检查工作记录 ····················· 200

参考文献 ································ 205

后　记 ································· 206

实 训 项 目 一

犯罪现场保护

实训任务一 室外现场保护

实训目的

一、了解室外现场保护的任务

二、理解室外现场保护的方法

三、提升室外现场保护实践能力

实训素材及内容

真实案例：

2006 年 8 月 26 日 23 时晚，某市阳光大道与大同路口间的念慈寺庙边柏油路上发现一具男尸，现场情况如图 1-1-1 和 1-1-2。尸体上身赤裸，下身穿一蓝色牛仔

图 1-1-1 现场概貌

裤，系着一条鳄鱼标志皮带，皮带上有一个黑色手机套和一串钥匙。脚上穿有一双棕色老爷车皮鞋。经某市公安局法医查验，死者系被勒颈而死，死亡时间距发现尸体时间 8~20 个小时，无其他伤痕，综合分析本现场系抛尸现场。

图 1-1-2　现场重点部位

实训内容：

根据素材中介绍的案件情况，分析该案件现场保护方法与步骤。

实训方法

一、实训方法与步骤

1. 由于室外现场涉及的区域大，情况复杂或现场中心部位和外围部分不明显，因此，室外现场的保护划界时，应遵循宁大勿小的原则，现场范围可划得大一些。

2. 现场保护范围一旦划定以后，就应采取一切可行的措施布置警戒，将现场封锁起来，禁止一切无关的人员进入。

3. 室外现场类型很多，现场的环境条件复杂，在具体保护室外现场时，应因地因案采取适当的保护方法：

（1）范围较小的现场。对于此类现场可以使用绳索，或用石灰等作为标志，划出明确的保护界，同时根据需要，在进出现场的必经道口，或可能进入现场的其他部位，设立固定哨位进行警戒。

（2）范围较大的现场。根据情况在通往现场的各个道口设置必要的路障和布置岗哨，禁止行人和车辆进入，在现场保护界外派专人警戒。设置岗哨时应注意岗哨之间的距离应以能够照应为度。

（3）在交通道路上的现场。对于此类现场一般应临时中断交通，指挥行人或车辆绕道而行，但如果是处于铁路或公路干线的现场，车辆频繁，而且无岔道可行，侦查人员又不能及时赶到现场的，现场保护人员可对影响车辆通行的尸体、痕迹、物品作出妥善保存处理后，允许车辆通行，避免造成大规模的交通堵塞。

（4）特殊情况下的现场。室外现场容易受到外界因素（如天气）的影响，所以当出现影响现场痕迹、物品情况的气候条件时现场保护人员要对现场上易变的痕迹物证采取适当的措施加以妥善保护，必要时可以妥善提取现场痕迹物证。

（5）住户院内空地上的现场。对于此现场保护人员可暂时将大门关闭，张贴布告，禁止无关人员入内，或者明确划定禁止入内范围。如果院内住户较多，在封闭现场时应注意留出一定的通道，以免影响群众的正常生活和工作。

4. 结合以上案例，为了防止自然因素如下雨、降雪、刮风等或动物、昆虫对暴露在室外空气中的尸体、尸块的损坏，防止其加速腐败或尸体身上的附着物如血迹、毛发等散失或流失，应采用适当的遮盖物如竹席、塑料薄膜遮盖。

二、实训注意事项

1. 强调保护范围的划定应尽量大，不意味着可以不考虑现场所处的位置和环境条件。实践中，对于野外或过往人员不多的场所，现场保护的范围可以尽量划大一点；对于人员活动频繁的市区或交通要道、居民区，则应考虑划界与维护人们正常的生活和工作秩序之间的需求，在划界时应尽量在满足勘查需要的前提下，把现场范围划小一点，尽量不影响或少影响人们正常的生产、生活秩序。

2. 范围原则上应包括犯罪分子实施侵害行为的地点和遗留有与侵害行为有关的痕迹、物品的一切场所。实践中通常的做法是先把范围划得略大一些，等勘查人员到达现场后再根据情况进行调整。

 **实训知识**

尸体、尸块的保护方法

尸体、尸块所处的环境不同，保护方法也不同，具体包括：

一、暴露在室外空气中的尸体、尸块的保护

对于这类尸体、尸块，为了防止自然因素如下雨、降雪、刮风等或动物、昆虫对尸体、尸块的损坏，防止其加速腐败或尸体身上的附着物如血迹、毛发等散失或流失，应采用适当的遮盖物如竹席、塑料薄膜遮盖。

二、山林、旷野等处的尸体、尸块的保护

对于这类尸体、尸块的保护，除了上述要求外，还应布置专门人员加强值班看守，以防止其受到禽兽等的侵袭破坏。

三、水中尸体、尸块的保护

对于此类尸体、尸块，没有特殊情况发生的，一般应保存在水中，不必打捞上岸。因为尸体、尸块暴露在空气中较之浸泡在水中更容易腐败，而且打捞时很容易损伤尸体、尸块上的附着物。如果尸体、尸块有漂移的可能，应采取措施固定，如无法固定，则应打捞上岸并进行遮盖保护。打捞时不能使用铁钩等类硬物，以免形成新的损伤而增加检验工作的难度。

四、吊挂尸体的保护

对于有明显死亡征象的勒死或缢死的尸体，则不必急于将尸体卸下，对尸体不要做任何接触。如发现绳子可能崩断，应相应地对尸体进行支撑。对于尚未死亡的如需急救的，可用剪刀将颈部未打结处的绳索剪断（切忌解绳），并将绳索完整地保存好。在摘卸吊挂者时应注意一定的方法，由一人或几人托住吊挂者，另一人将绳索剪断，然后将吊挂者轻放在适当地点进行抢救或保护，以免吊挂者被摔坏形成新的伤痕。

五、火场中尸体、尸块的保护

对于此类尸体、尸块，如果现场火已被扑灭而且无损坏可能的，可就地保护，不要移动。如果火未扑灭，并且火势有蔓延或者建筑物即将坍塌的，尸体有被烧毁或被倒塌的砖石覆盖的危险时，应设法将尸体、尸块移出火场保存。在移动搬运尸体、尸块时应尽可能使用担架、门板之类的工具，避免因搬动不当造成新的伤痕、沾染新的物质或者导致原来附着物的脱落。对于搬运出的尸体、尸块，如无特殊原因，仍应按搬动前尸体的姿势存放，以便勘验。

实训任务二　室内现场保护

📝 实训目的

一、了解室内现场保护的任务
二、掌握室内现场保护的方法
三、培养室内现场保护实践能力

✨ 实训素材及内容

真实案例：

报案人：刘某（男，50 岁，死者刘某某的父亲，现为某省某市机关工作人员，住某市机关大院内），范某（女，46 岁，死者刘某某的母亲，某省进出口贸易公司业务经理）。据两人反映，最后一次与死者刘某某通话时间为2013年5月23日15时。5月23日21时许，范某给儿子拨打小区当代城市家园住处固定电话时，电话无人接听，又数次拨打儿子的手机，均被告知"无法接通"。5月24日再次拨打儿子手机被告知该手机"已关机"。刘某夫妇便认为儿子有意外发生，遂于5月24日20时乘长途车抵达儿子的住所，发现儿子被害，立即向公安机关报案。

图1-2-1 现场概貌

图1-2-2 案发单元楼

图1-2-3 案发楼层

图1-2-4 现场带血拖鞋

图1-2-5 现场塑料盆中的烟蒂

图 1-2-6 室内情况

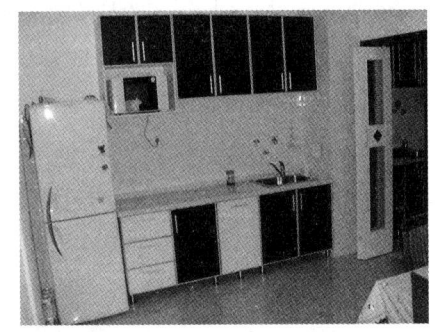

图 1-2-7 室内无翻动痕迹

实训内容：

根据素材中介绍的案件情况，分析该室内案件现场保护方法与步骤。

实训方法

一、实训方法与步骤

1. 室内现场相对室外现场而言，划定保护现场的范围和封锁保护范围要容易一些，因为房间的墙壁能明确地显示现场的中心部位，相应的，现场的外围也容易判明，只是外围划界大小的考虑。

2. 就室内现场而言，在划定保护范围时，首先应将墙壁以内的部分作为现场中心，划入保护范围，除此以外，重点是考虑墙壁以外，哪些部位是犯罪嫌疑人可能经过或可能留下潜在痕迹的部位，如相邻的房间，必经的楼道或大门等。将这些部位一并划入保护范围，就能满足保护和勘查的需要。

3. 在划定与室内紧邻的室外范围时，如果这些部位对同楼居住的人员的生活、工作影响不大，其范围可以适当扩大。如果有一定影响，则应考虑缩小。如果必须封锁进出现场必经的要道、大门或楼道而又可能会影响人们的生活需要时，可在封锁范围内留置必要的通道。

4. 实践中根据室内现场的不同保护方法也不同。

（1）独门独院的室内现场。对于此类现场可在房门、房间和院落围墙周围 4~5 米外的地方，划出一道现场警戒线，设岗看守，关闭大门。

（2）楼群内某个办公室或住户的室内现场。对于此类现场可在出事房间的门、窗周围设置警戒。如果对现场周围群众的工作、生活影响不大，现场保护的范围可扩大到通往出事房间的楼梯以及周围房间和通道；如果影响较大，在封闭室内现场的同时，对上述地方可能遗留痕迹、物品的区域进行巡视检查，如有可疑，就地保护起来。

（3）其他范围较小的室内现场。对于这类现场可先将现场的门窗封闭，但应事先记明门窗的原始状况，包括门窗开闭程度，玻璃、窗帘及门窗周围有无可疑痕迹、物品等。须注意的是现场保护人员在封闭现场时应避免接触可能留有犯罪痕迹、物品的地方，也不要把自己的指纹留在门窗上。

二、注意事项

1. 负责保护现场的人民警察应当根据案件具体情况，划定保护范围，设置警戒线和告示牌，禁止无关人员进入现场。

2. 负责保护现场的人民警察除抢救伤员、保护物证等紧急情况外，不得进入现场，不得触动现场的痕迹、物品和尸体。处理紧急情况时，应当尽可能避免破坏现场的痕迹、物品和尸体。

3. 负责保护现场的人民警察对可能受到自然、人为因素破坏的现场，应当对现场的痕迹、物品和尸体等采取相应的保护措施。

4. 负责现场保护的人民警察应当将现场保护情况及时报告给现场勘验、检查指挥员。

实训知识

现场痕迹、物品的保护方法

对现场的痕迹、物品的保护，是现场保护的重要内容，现场保护不仅指有效地封锁现场，还包括如何尽力使现场的痕迹、物品保持原始状态，不受破坏和变动。痕迹、物品的保护首先应遵循"无为"原则，即在封锁现场的前提下，只要没有特殊情况的出现，就不要去触碰或移动痕迹、物品。如出现特殊情况，可根据情况的不同分别采取以下措施：

一、遮盖法

这主要适用于室外现场痕迹、物品的保护，即因天气发生变化而可能造成室外现场已经发现的痕迹、物品损坏或灭失的，需用干净、无异味、不透风的物品如器物、塑料布等将痕迹、物品遮盖起来，防止其被日晒雨淋或其他自然现象侵袭。需要注意的是，运用此种方法时禁止用带有浓烈气味的器物遮盖，如果遇到下雨而且雨水较大时，应当在痕迹、物品周围挖一道排水沟排水，以免损坏痕迹、物品。

二、标记法

这指在犯罪痕迹、物品周围用粉笔圈画作标记，起到提醒作用。这主要适用于室外现场范围较大，痕迹、物品较分散的情况。这需要保护人员对于已经发现的痕迹、物品用粉笔划圈作出标记，或将专门的物证标示牌放于痕迹、物品旁，并编排序号作标记。

三、转移法

如果遇到一些紧急情况，如抢救伤员、扑灭火险时的痕迹、物品或处于特殊位置的痕迹、物品应及时选择用对痕迹、物品破坏最小的方式将其转移到安全地点，并详细记录转移前的原始状态。

四、记录保护

在特殊情况下，必须变动现场物品位置时，保护人员必须先行对痕迹、物品进行拍照、摄像，或用笔录方式将痕迹、物品的原始状态记录下来以达到保护的目的。

重大、特大案件现场的特殊保护

对于一些重大、特大案件的现场保护，在上述保护方法的基础上，应当采取更为严密的保护措施。通常根据需要将现场分为几个层次，每个层次有其保护方法。一般分为：第一保护区一般是在现场周边。在该区域设立相应的检查点，限制通过现场的车辆和阻止无关群众进入现场。必要时可以设立新闻中心，以接待媒体。第二保护区设在现场核心保护区的外围，只有到达现场的相关领导、公安民警、参加现场急救的人员和警用车辆才允许进入。在该区域可以设立现场指挥部，负责协调指挥现场勘查的各项工作。第三保护区是现场保护的核心区域，必须严格控制，只有现场勘验人员才准许进入该区域。

实 训 项 目 二

犯罪现场勘查组织与准备

实训任务一　现场勘查的指挥与分工

📝 实训目的

一、了解现场勘查指挥内容与组织分工形式

二、理解现场勘查组织分工小组的职责

三、培养现场勘查指挥与分工的协调能力

🎇 实训素材及内容

真实案例：

2015 年 8 月 17 日下午 2 时 15 分许，暂住某市东九苑 19 幢 3 单元 201 室的谢某（女，27 岁，某市长兴中心演艺吧经理）从男朋友家里出发，准备去暂住地附近的九龙海鲜棋牌房打牌，顺路回东九苑暂住处拿手机充电器。谢某走到家门口敲门无人应答，准备用钥匙开门，却发现保险门锁芯里有半截钥匙断塞在里边（如图 2 - 1 - 1），

图 2 - 1 - 1　断在门锁中的半截钥匙

等叫来锁匠打开房门进入，发现里面有液化气味和汽油味，其姐谢某清一家三口被捆绑杀害在家中卧室（如图2-1-2）。谢某迅速拨通了110报警电话。

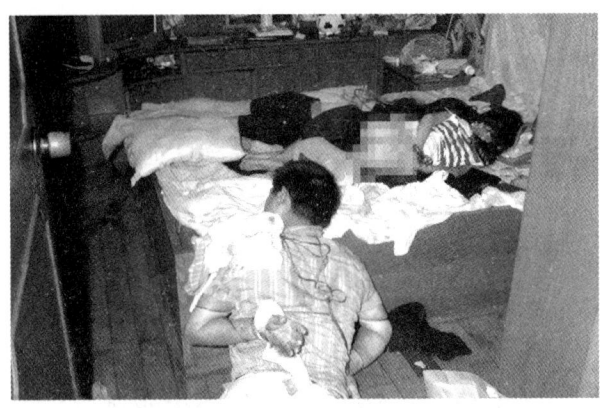

图2-1-2　现场尸体情况

接报后，某市公安局和分局两级公安机关的指挥员、侦查员、技术员以及按照某市局规定同步上案的行动技术、网络监察、市局办公室、科技等部门迅速到位，侦查工作全面展开。这是2015年该省范围内首次发生死亡3人的特大恶性案件，且案发地点在居民小区，群众安全受到威胁。各大媒体纷纷对案件进行了转载或报道，某些媒体为吸引眼球更是以"灭门惨案"作标题进行大幅宣传报道，案情通过报纸、电视、网站、电台等媒体迅速传遍某市乃至全国，一时间群众议论纷纷，社会反响相当强烈，人们期待着警方能够早日缉拿嫌凶、严惩杀人凶犯。鉴于案情特别重大，犯罪嫌疑人作案手段极其残忍，社会影响恶劣，省厅将此案列为2015年挂牌督办案件。

现场情况介绍：案发地的小区为封闭式管理小区，共32幢楼房。小区共有5个通道（如图2-1-3），两个主通道有保安值守，其他通道或全天关闭，或仅白天通行。

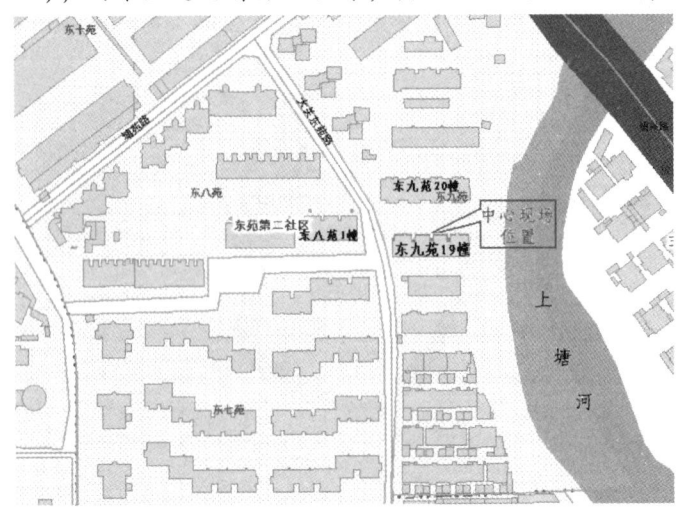

图2-1-3　现场方位图

小区围墙不高，且尚有坍塌的围墙出口。

　　3名死者集中在主卧室，双手均遭反绑，一个女包两条拉链被拉开，物品被掏空，倒扣在地板上（如图2-1-4）。谢某清、田某母女卧倒在大床上，田某国卧靠在门侧的大床边。谢某清衣着完整，口中被衣物堵塞，颈部有塑料绳子缠绕。田某紧贴母亲身边，颈部也有绳子缠绕，下身赤裸。田某国双腿着地，半俯卧在床边，颈部和双手有绳子缠绕，口中塞有衣物，双脚被衣服捆住。

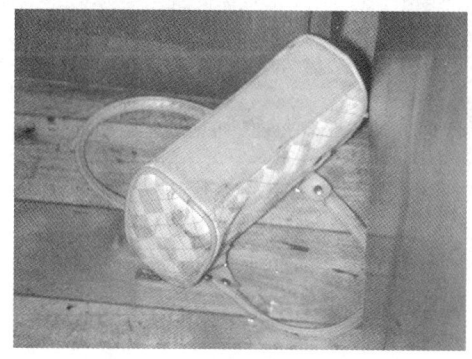

图2-1-4　被翻动的女包

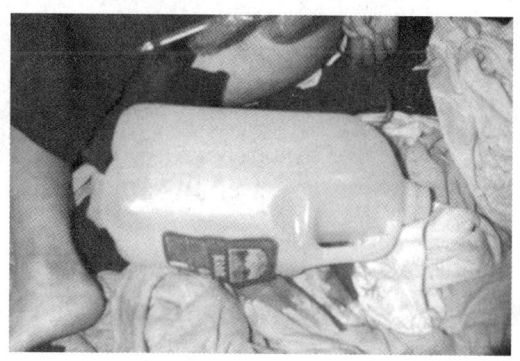

图2-1-5　盛装汽油的矿泉水桶

　　床上有一桶4升装的矿泉水塑料水桶，内有汽油残留（图2-1-5）；还有5只棉纱手套和可能原放在柜子里的衣物。尸体和衣物上均浇过汽油。靠门边的田某国脚后有一条浇过汽油的毛巾对开拖向门口，尾端有一个由盘香、火柴、木夹组成的延时点火装置（图2-1-6）。在次卧室小床上有田某国的血迹和田某发饰的碎片。厨房窗户被一个床用拖把顶开的棉被挡住，原来放在厨房的两把菜刀缺失，据谢某反映进门时厨房煤气瓶呈开启状。卫生间地面有重叠杂乱的两种鞋印（如图2-1-7），抽水马桶内留有一泡尿；打开下水管发现有一个"牡丹"牌烟蒂。厨房间的两把菜刀被插到卫生间抽水马桶上方顶棚铝塑扣板的缝隙中，菜刀上附有白色粗纱纤维，没有血迹。

图2-1-6　延时点火装置

图2-1-7　杂乱的脚印

专案技术人员通过现场外围搜索，发现在厨房窗户对应的楼下草丛中，有一个"牡丹"牌烟蒂（如图2－1－8）和一个500毫升"玉龙山泉"牌矿泉水塑料瓶子（如图2－1－9）。

图2－1－8　"牡丹"牌烟蒂

图2－1－9　"玉龙山泉"牌矿泉水瓶

实训内容：

根据素材中介绍的案件情况，分析犯罪现场勘查的指挥与分工及其职责。

实训方法

一、实训方法与步骤

（一）现场勘查的分工

为了全面、细致、及时、有效地勘查现场，根据本案的基本案情，可将现场勘查分为以下几组（如图2－1－10）：

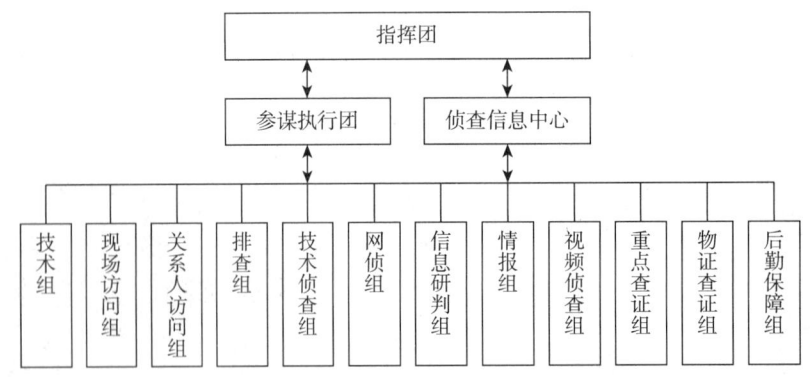

图2－1－10　案件现场勘查分工图

1. 技术组：犯罪嫌疑人欧某龙的朋友春节前也来过一次某市，因没有手机，他都是用公用电话与欧某龙联系。由此，专案组进一步调取犯罪嫌疑人电话单与公用电话单进行比对。最终确定电话为欧某龙与其同案犯所打。

2. 现场访问组：本案在现场勘查同时，专案民警围绕谢某、死者夫妇及现场周边开展全面深入的调查走访工作。本组以侦查人员为主，可吸纳派出所民警或保卫干部参加。主要职责是对被害人、事主、知情人和现场围观群众进行访问，了解一切与案件有关的情况，寻找、收集侦查线索，固定证人证言。

3. 关系人访问组：本案中专案侦查工作以谢某的主要社会关系为重要切入口，全面梳理谢某清妹妹的亲属、男女关系人、曾到过现场的人员、曾向其借钱的人员、曾与其有过矛盾的人员、酒吧常客以及酒吧内有前科的服务、管理人员等七个层次的人员，在梳理中对有前科劣迹人员着重展开深层次的排查。

4. 排查组：排查组对新、老夏威夷酒吧进行调查，共排查出演艺、服务、管理工作人员 95 人，对同属于夏威夷酒吧的惠春酒楼及棋牌房展开排查，排查出人员 67 人。对谢某几天的访问，排查出与谢某有男女关系的 8 人，曾借过钱的 9 人，与谢某一起赌博过的人员 34 人，曾向谢某借过汽车或钥匙的 9 人，曾到过现场的人员 25 人，与谢某有矛盾的 11 人，并梳理出谢某周围及在单位工作的人员中有前科劣迹的共 8 人。

5. 技术侦查组：一般由侦查人员、刑事技术人员或指派、聘请的具有专门知识的人组成。主要职责是对与犯罪有关的场所、痕迹、物品、人身、尸体进行勘验、检查，本案中技术侦查组负责发现提取现场的痕迹、物证，制作勘验、检查笔录，进行现场绘图、照相、录像等。本案中专案技术人员通过现场外围搜索，发现在厨房窗户对应的楼下草丛中，有一个"牡丹"牌烟蒂和一个 500 毫升"玉龙山泉"牌矿泉水塑料瓶。通过对现场提取各种可疑物品的检验，分别从手套上检出两种男性 DNA。在床靠背上提取到一小块血迹以及从小女孩身上提取的检材中同样检出男性 DNA，与手套上检出的 DNA 为同一人；在楼下草丛中提取的烟蒂和矿泉水瓶检出男性 DNA，与手套中检出的另一个男性 DNA 相同。

6. 网侦组：在指挥部办公的网监部门，他们在努力通过属于自己的侦查手段突破案件的同时，又为整个侦查工作提供源源不断的专业支持，从而确保了整个侦查工作快速同步推进。

7. 信息研判组：本案中从门窗没有撬压痕迹，以及进屋后被害人很快被控制的情况，判断案犯以和平方式（敲门或钥匙开门）进入现场。案犯戴手套，携带绳索，控制后实施勒杀；用盘香、火柴、木夹子、汽油制作延时点火装置，释放现场罐装液化气，用现场衣裤作助燃物，企图将现场付之一炬；临出门时塞住锁孔。这些均反映出案犯有预谋、沉着、老练、残忍等特征，分析案犯有较强的反侦查意识，非普通初犯所为，可能受过打击，有作案经验。同时对小女孩有类似性侵犯动作，似乎表明有一定的性饥渴，或是有一定年龄的人，至少不是 20 岁以下青少年所为。从现场翻包以及现场手机、现金和饰品失少，判断案犯是为财而来，属抢劫杀人，且嫌疑人作案具有一定的针对性，而非普通的毫无牵连的入室抢劫杀人案件。

8. 情报组：本案中通过对公话的话单通话信息分析碰撞发现，这些公话在与犯罪嫌疑人手机联系前后，分别拨打过一只归属地为青海西宁的小灵通，分析可能为欧某龙同案犯的关系人，与此同时，在旅馆查访中发现，16日傍晚在绍兴路的阿里巴巴旅馆有一名叫徐某良的新疆人退房。这些情况都为进一步明确另一名嫌疑人的身份、抓捕嫌疑人奠定了基础。

9. 视频侦查组：本案中通过对小区居住人员、保安、环卫工人、送奶工以及小区内的小吃店、台球摊、旅馆、网吧、副食品店等访问并查看小区监控，可以佐证谢某清一家三口确实于17日凌晨3时15分在小区西大门门口下车，步行进入小区，从监控上未发现有人跟踪谢家三口。

10. 机动组（重点查证组、物证查证组、后勤保障组）：主要由侦查人员、治安民警、警犬训练员及保卫人员组成。主要职责是通讯联络、现场搜索、追缉堵截、监视看管犯罪嫌疑人等。

（二）现场勘查的指挥

现场勘查是一项比较复杂细致的工作，时间紧、任务重。尤其是一些重大、特大案件，工作量大，人员多，如果没有统一的组织指挥，各项工作将很难协调一致。因此现场勘查的指挥工作应当坚持统一指挥的原则，周密组织，明确分工，协调行动，以便保证现场工作顺利地进行，提高现场勘查的效率与质量。

结合本案，省委常委、公安厅长王某忠当即批示："请某市局、某分局，组织力量强力侦破。"省委常委、市委书记王某平，市委副书记、市长蔡某，某区委书记俞某来关注案件侦查工作，指示公安机关全力以赴、尽快破案，并对参战民警表示慰问。省公安厅副厅长、市委常委、公安局长吴某飞，某区区长许某、区委副书记周某辉，省厅刑侦总队总队长徐某安、副总队长沈某等领导亲临现场了解案情，指导破案。市局常务副局长郑某胜、副局长童某伟，区委常委、分局局长杨某作为破案第一责任人始终战斗在第一线，与专案组民警同分析、同研究、同战斗。各级领导的身先士卒极大地激发了全体专案民警迎难而上、忘我工作的热情。同时专案组建立了一个大兵团、多层次、多警种的组织体系，以确保侦查工作的高速有效运作。专案组将参加"8·7"案件侦查工作的120余人，实际上分成了指挥团、参谋执行团、侦查信息中心以及12个工作组。省厅刑侦总队领导、市局分管刑侦副局长、刑侦支队长、分局局长、刑侦支队政委等作为指挥团成员，市局分管副局长为指挥长。

刑侦支队三名副支队长、分局分管副局长、刑侦大队长承担了侦查参谋和执行指挥团部署的工作。而侦查信息中心则由市局办公室、科技处、技侦、网监各一名同志参加，刑侦支队由一名信息研判侦查员和两名重案内勤以及分局刑侦大队两名重案内勤共同组成。

二、实训注意事项

1. 在组织指挥系统中，有一个鲜明的特点是，无论是指挥团，还是参谋执行团，或者是各个工作小组，在人数上都具备一定的规模，都由市区二级公安机关指挥员和侦查员组成。这不仅为整个指挥系统的通畅奠定了基础，为决策民主化、科学化创造了条件，也可以最大程度避免侦查工作的失误。

2. 各工作小组和侦查信息中心之间既独立又依存，既有分工又有协作，既有流水作业、各项工作环环相扣的特征，又有同步推进、上下通畅的机能。

实训知识

现场勘查指挥人员的条件与职责

一、指挥人员的条件

《公安机关刑事案件现场勘验检查规则》第 25 条规定：现场勘验、检查的指挥员由具有现场勘验、检查专业知识和组织指挥能力的人民警察担任。所以作为现场勘查的指挥员应当熟悉现场勘查的业务，能根据现场情况制定勘查对策，灵活机动、有条不紊地进行临场指挥，同时还具有一定的指挥能力，能充分协调各方力量，调动大家积极性，及时制定勘查方案，发挥每个侦查人员的主观能动性，果断做出侦查决策等。

二、指挥人员职责

根据《公安机关刑事案件现场勘验检查规则》第 26 条的规定，指挥人员依法履行以下职责：

1. 决定和组织实施现场勘验、检查的紧急措施；
2. 制定和实施现场勘验、检查的工作方案；
3. 对参加现场勘验、检查人员进行分工；
4. 指挥、协调现场勘验、检查工作；
5. 确定现场勘验、检查的见证人；
6. 审核现场勘验、检查工作记录；
7. 组织现场分析；
8. 决定对现场的处理。

现场勘查的指挥

一、对现场访问的指挥

根据现场情况，指挥人员及时布置开展现场访问工作；向现场访问组的人员介绍案情、现场情况及证人情况，带领访问人员全面视察现场，使其了解现场情况；同时根据案件情况，有针对性地安排访问重点和访问顺序，制定访问计划，以保证现场访问的有序性和目的的达成。抓住有利时机，及时开展现场访问。必要时，指挥员对重点访问对象进行亲自询问。掌握最初访问和现场勘验中获取的重要信息，及时调整下一步访问的重点和方向，把握现场访问的进程。

二、对现场实地勘验的指挥

对实地勘验的指挥是通过制定和实地勘验计划来实现的。对每一个现场进行实地勘验，现场勘查指挥人员都必须结合现场实际，精心策划和制定勘查计划。首先，指挥人员带领实地勘查人员，巡视现场，明确勘验的范围、重点、顺序、方法以及进入现场的路线和方法等；其次，明确划定勘验范围和搜索范围；最后，根据现场实际情况和勘查需要，灵活地有针对性地确定勘查顺序。同时结合案件合理调配警种和警力，以全面发现提取痕迹、物品为目标，指挥迅速开展实地勘验工作，把握最初勘验和调查访问中获取的重要信息，及时调整勘验的方向和重点，把握实地勘验的进程，协调各项勘验工作，保证勘验工作的动态平衡。

三、对处置现场紧急情况指挥

在现场勘查过程中，经常会遇到一些紧急情况，需要指挥人员果断采取相应措施进行处置。指挥人员应审时度势，针对现场上出现的紧急情况，如现场上有伤者需要抢救或存在爆炸隐患或火势蔓延等，应果断采取紧急措施，控制事态，排险救难。

四、对现场分析的指挥

在实地勘验和现场访问等工作基本结束后，指挥人员应召集参加勘查的侦查人员进行现场分析，在分析前指挥人员要首先形成一个有顺序、重点的分析思路，并且初步提出所要研究的问题；其次，根据案情明确汇报情况的顺序，确保汇报全面、细致、客观，充分发扬民主，认真听取不同见解与意见，注意分析的全面性；最后，指挥人员在综合大家意见的基础上全面总结归纳并部署下一步的侦查工作。分析中发现不明问题应及时复验现场。

实训任务二　现场勘查前的准备

实训目的

一、了解犯罪现场勘查准备活动的内容

二、掌握现场勘查前各项准备活动的工作要点

三、培养学生对犯罪现场勘查前工作的规划能力

⭐ **实训素材及内容**

真实案例：

2014年10月15日，下午14时55分，市公安局110指挥中心接群众报警称：在我市阳光公园内发现一女性头颅（图2-2-1）。接到报案后，市委常委、市公安局长、副局长等人立即赶赴现场并迅速成立专案组指挥侦破工作。案件的现场概貌情况如图2-2-2和图2-2-3。报警人四川籍男子冯某峰（男，17岁）和其女友谭某琦（女，18岁）两人于下午14时55分左右坐到公园西南角的长椅上时发现了人头；路过公园的老人周某川（男，76岁），也于当天下午14时30分左右在相同位置看到了人

图2-2-1　案发现场

图2-2-2　现场概貌（由南向北摄）

头。再根据案发公园内每日几乎24小时不间断有人员出入，一旦露尸就会被人很快发现，因此就能大胆分析案犯露尸时间在下午14时30分前相对近的时间段内。

头颅位于兰陵公园西南角的一把长椅南侧地面上，经过细致勘验，该头颅已高度腐败，头颅上有明显的打击痕迹与颈椎椎骨被切割分离的痕迹，明显属于死后一定时间再进行抛尸的现场；头颅北侧、椅子后方地面上有一条明显的70厘米的向外侧移动的痕迹，分析系嫌犯先把头颅放于长椅后方，为了让人尽快发现而移到椅子外侧更暴露的位置，要完成上述动作，案犯必须二次走到椅子后方。结合现场头颅完全裸露无包装物，分析案犯的目的是报复社会、制造社会轰动的可能性极大。

图2-2-3　现场概貌（由北向南摄）

实训内容：

将此抛尸案件作为实训讨论背景，讨论犯罪现场勘查前的准备活动内容以及各准备活动的工作要点。

实训方法

一、实训方法与步骤

1. 到达犯罪现场若有受伤或生命垂危的人，只要还有生命体征，不论是被害人还是犯罪嫌疑人均应立即展开救治。若伤势轻微，侦查人员可先行进行简单处理，若伤势较重，需要组织救护专人进行紧急救助或送往医院抢救。

2. 若现场有涉枪、涉爆、纵火、传染疾病、放射物质等可能危及勘查、检查人员人身安全的，应立即通知有关部门采取抢救措施或进行必要的防范措施，以排除险情或安全隐患。

3. 到达案发现场，要观察是否有犯罪嫌疑人在继续实施犯罪行为，或者没来得及逃离现场，或被群众抓获。若出现这些情况要及时派专人对犯罪嫌疑人进行看管和控制，防止犯罪嫌疑人逃跑、自杀、行凶或毁灭证据。

4. 检查现场保护的情况，若发现应保护的没有保护或者保护的方法措施不得当，要立即进行保护或者纠正保护措施。若现场保护范围划定不得当，要及时重新划定保护范围。

5. 正式勘查前要邀请见证人，并告知见证人的权利和义务。见证人要对侦查方法、程序、过程作见证。

6. 进一步了解案件和现场情况，掌握现场相关的工作进展。到达现场后首先，要听取前期做现场保护人员（如 110 巡警、保卫干部、派出所干警、联防人员等）的汇报，了解案件的发生、发现状况，了解报案人员或最先到达现场人员的基本情况；其次，对于听取汇报后的信息仍把握不清楚的，侦查人员可以直接询问案件报案人、发现人、被害人或事主，将疑虑了解清楚；最后，需要在现场保护人员的陪同下对现场进行巡视，以便进一步了解案件情况，为后续侦查工作的开展奠定基础。

7. 巡视现场后若发现现场有遇到科技性、工艺性或专业性很强的问题，侦查人员解决不了的情况下，根据《公安机关办理刑事案件程序规定》中的规定，可以聘请或指派具备专门知识的人员协助后续的现场勘查工作。

8. 赶赴现场后，应迅速建立现场和指挥中心的联络网，要做到现场、指挥中心、指挥人员、勘查人员相互间联络畅通，情报互通，协同办案。

二、实训注意事项

1. 抢救伤员时尽量不要过多变动现场。伤员送往医院时要安排专人跟随，特别是救助对象为犯罪嫌疑人时，侦查人员要提高警惕，防止发生安全问题或意外。

2. 若犯罪嫌疑人已经逃离，但逃跑的时间不长或逃跑方向明确，可采取紧急措施进行抓捕。若发现犯罪嫌疑人有比较高的潜在危险，虽然对于此类案件实施了犯罪，但仍有迹象表明有实施其他犯罪的可能，应立即通知有关公安机关部署力量进行控制和防范，并保护被侵害目标的安全。

3. 除了案件当事人、被害人及其近亲属以外，未成年人，精神、生理上有缺陷的人，不能正确履行见证义务的人，本地临时居住的人员都不适宜作为见证人。

4. 进入现场前还要对即将要使用到的器材、设备、药品、水电等工作进行安排与配置。

实训项目三

犯罪现场访问

实训任务一 现场访问

实训目的

一、了解现场访问的步骤

二、理解和掌握现场访问的方法

三、培养现场访问的实操能力

实训素材及内容

现场访问实例:

2005年9月17日,某市时代花园317号房东欧某云(女,28岁)刚吃完晚饭,三楼一个租住其房屋的房客(秦某)来找她说:"二楼卫生间里有人,还有臭味。"于是欧某云和该房客就报告了当地派出所值勤点。值勤点的人来了以后,把二楼卫生间的门打开进去一看,发现地上全部是血,躺着一个死人,脸上盖着毛巾,像是二楼租房子的王某志(男,29岁,某烟草公司驻该市的业务员)。欧某云即向派出所报案。派出所接到报案后,立即派员封锁了317号出租房的进出口,向欧某云初步了解情况后,电话报刑侦大队技术科,请求勘查现场。接到报案后,分局刑侦大队、技术中队干警即赶到现场,分两个组对现场进行了勘验和走访。

侦查员:我们是×××办案部门的民警(出示工作证件),现在有几个问题想找你了解核实。根据刑事诉讼法的有关规定,你应当如实提供证据、证言,如果有意作伪证或者隐匿罪证的,要负法律责任。你明白吗?

问:你二楼的房子出租了吗?

答:租出去了。

问:你是租给什么人?

答:我二楼的房子就只有三间带一个卫生间,这一层楼于2002年12月租给了广西某县的刘某，他住到 2002 年的 3 月份，因生意上的事离开我们市，就把房子转给王某志。

问：这个王某志像什么样子？

答：大约 29 岁，瘦瘦的，中等个儿，独自一个人住。

问：王某志平时穿什么衣服？

答：一般都穿西服，黑色皮鞋。这段时间常穿一件白色衬衣。

问：你清楚王某志平时的交往情况吗？

答：我们也不大清楚。一般他都是一个人回来，平常很少有人来找他。他装了一部电话，经常用电话和别人联系。王某志经常出差，有时一两个星期或半个月，出差近的地方就出去一天左右。

问：王某志是干什么的？

答：他同我们说是做烟草生意的，我们也不大清楚具体是做什么生意。

问：王某志有没有交通工具？

答：他没有什么交通工具，平时都是坐出租车。有时车挤，他就借我们的自行车骑。

问：最近这段时间你是否见过王某志？

答：没有。

问：你最后一次看见王某志是什么时候？

答：大约是上个星期的星期一、二左右。

问：你把最后一次见到王某志的情况讲一下？

答：王某志一般都不在家煮饭吃，有时一个人随便买点菜回来煮一顿。最后一次见到王某志之前，他说他到北京出了一趟差，还回了一次家。他大约是在 3 月 17 号左右出差去的，到了 4 月 6 号左右回来。那天吃完晚饭后，我带着孩子出来玩，走到路口遇到他，手里提着一个红色的行李箱。我问："你回来了？"他说："刚下飞机。"我回来后就把前几天收到的一封信交给他。后来有一天中午，我看见王某志买了一些菜回来，后来有两个人来找他与他一起吃饭（是中午还是晚上，记不清了）。大约到了 10 号（星期一）左右的晚上，我看见王某志买了一个冲便器回来，就跟他上楼去看。他把冲便器的包装盒打开，是个绿色的。他把冲便器放在便盆上试了试，说："冲便器大了一点，要把墙上的瓷砖敲下两块，只有明天再敲了。"然后我就走了。到了第二天中午两点左右，我听见敲墙的声音，上楼去看，见王某志在敲砖，旁边有一个 30 多岁的男子帮他扶着冲便器。这人有点瘦，个子不高。另外王某志客厅的灯亮着，电视开着，当时我没留意王某志穿什么衣服，只看了一眼就下楼了。后来我听见王某志叫我，说要借尖嘴钳子，我就找了钳子上楼到卫生间门口，把钳子交给他，那 30 岁左右的男子侧站着，我就下楼了。后过了半个小时左右，从楼上下来两个男的，其中一个就是帮王某志干活的，另外还有一个年轻点的，大约 20 多岁，稍胖点，个子不高，中等，穿件白衬衣。两人出门后，什么也没带，也没有说话，朝村口走了。两人间距一两步。

问：接着说？

答：后来我就回家做饭。另外那天正好三楼那几个人来租房子，当时大约两三点钟，我带租房子的人上三楼时，就看见一个年轻男子到三楼洗手，他穿一件白衬衣，还说"这房子还宽嘛"，我没有搭话。洗完手后，那人就下楼了。后来这两个男的出来时，那年轻人好像穿着王某志的那件方格西服，一楼卖米的那女的也看见了。从那天以后，我再没有见过王某志，也没有去看他的卫生间是否装好。

问：其他还有什么要补充的吗？

答：没有了。

问：以上所说的是事实吗？

答：是的。

实训内容：

根据提供的素材，掌握现场访问对象的选择、访问内容及访问方法等实操要点。

实训方法

一、实训方法与步骤

（一）访问的准备

1. 寻找目击证人和知情者。从现场围观的人群中发现访问对象；深入到现场周围去发现访问对象；从途经现场的来往人员中去发现；从案件现场的特点，寻找访问对象；围绕被害人的关系人进行查访，发现访问对象；可以通过新闻媒介寻找发现访问对象。

2. 调查了解访问对象的有关情况。

3. 安排访问顺序。

4. 邀请协助访问的人员。

5. 选择访问地点。

6. 准备好必要的法律手续和物品。

（二）现场访问的实施

1. 接触访问对象。创造良好的访问氛围（注意言行、尊重对方、尽力消除戒备、拘束、紧张、不信任及对方的防卫或对抗性情绪反应）；合适的开场白寻找共同点；不同对象要善于适应；转入正题。

2. 提出访问问题。

（1）提问的方式。问题相对要少，使对方认为他所谈到的情况都是重要的；尽量不要让对方用简单的"是"或"否"来回答；不要通过选择疑问句来限定对方的回答范围；有时只需简单重复对方最后一句话以提示其现在说到哪儿了；尽量避免在问题中包含答案；侦查员所提的问题都应是为达到询问目的而精心构建的整个问题系统中的一部分，就这些问题系统而言，发问顺序是从一般到具体；控制回答的提问。

（2）对象陈述及行为变化。应注意对象在陈述时的态度变化，如突然沉默、突然发怒、突然语无伦次、突然转入其他话题；应注意对象在陈述时的行为反应：如不自然地清清嗓子、不自然地改变坐姿、不必要地重复某些动件、目光闪烁、改口、转移话题、不断重复某一句话或某个词汇等。

应对方法：不要强迫对方；保持冷静，检查一下在此之前的问话顺序和谈话内容；查究造成这些变化的原因，应持一种理解和诚挚的态度，如果气氛良好的话，大多数被访问对象都能最终说出自己改变态度的理由。

（3）倾听。不要先入为主，不要希望别人讲什么，而应是听，在任何情况下都不要表现出对陈述的满足和失望；努力表现出对对象陈述的高度兴趣、兴趣要始终保持，不能有太大的起伏，不要轻易打断对方，防止有选择地听；应注意发现不一致和疏忽了的问题，但也不要立即指出和追问；应注意不要让对象脱离话题；对被询问人及其谈话内容进行分析（谈话的态度、有无保留、隐瞒）。

3. 引导和追询。查询细节；对前面访问内容中有疑问的地方进行追询；追询陈述内容中的事实根据（时间、情节、特征）；印证数个被访问对象关于同一事实的陈述是否吻合；对陈述的可靠程度作一初步评判（态度、旁证、主动被动、主观客观、个体意识）。

4. 结束访问。也应在礼貌、合作和友好的气氛中结束访问；并注意对所得访问材料进行必要的复查和旁证。

二、实训注意事项

1. 不宜离现场太远。要便于与勘查人员特别是指挥员进行联络，便于及时汇集访问获得的信息。

2. 进行现场访问时，侦查人员对访问对象所陈述的内容保密，对证人的姓名、身份保密。选择访问环境时要选择肃静、不易被他人听到、看到的场所，避开公共场所，尽量减轻访问对象的心理压力和精神负担。

3. 不影响访问对象的情绪。从心理学的角度讲，任何人的情绪都会受他人和周围环境干扰。选择访问地点和访问提问方式要避免使访问对象产生伤感和恐惧的心理。

4. 必要时才可以通知证人、被害人到公安机关提供证言。所谓必要的时候，是指案件涉及国家秘密时；证人、被害人所在单位或其家庭成员及住处周围的人与案件有利害关系时；证人、被害人在侦查阶段不愿公开自己的姓名和作证行为时；从有利于公安机关为证人、被害人保密，保证证人、被害人的安全，防止证人、被害人的单位、亲属或者其他人的干扰，有利于证人、被害人如实提供证言、被害人陈述，根据情况，侦查人员也可以通知证人、被害人到公安机关提供证言。除以上情况外，侦查人员要特别注意的是不要轻易地将访问对象带到当地派出所或公安局进行访问，以减少不必要的麻烦，避免对访问对象不利。

5. 不同案件因访问的具体内容有很大的差异，在具体工作中应结合现场勘查情况，结合侦查初期阶段应查明的核心问题，结合案件各要素之间的本质关联等因素进行后续访问的深挖。

 **实训知识**

几类特殊对象的访问

一、对未成年人访问

访问未成年人，应当通知其监护人到场。侦查人员在访问未成年证人、被害人时要注意：一是应尽量选择未成年人所熟悉的地点进行访问。访问时，侦查人员不宜过多，可以让其家长、老师在场。二是访问时侦查人员使用对方所熟悉的语言以免其难以理解提问或对提问作出随意理解而答非所问或难以回答。三是尽量让未成年人自由地主动陈述，不能使用暗示性或引诱性的语言。四是侦查人员态度要和蔼可亲，应尽量避免对同一问题进行反复的和进一步的追问提示。五是侦查人员听对方陈述时，不要随意打断其陈述或插话，要注意观察其表情。侦查人员在记录对方陈述的内容时，应有儿童语言的特色，不可按自己的理解记录，对手势表情也应作记录。另外，侦查人员应与未成年证人、被害人的家长、监护人或其他法定代理人进行思想上的沟通，让法定代理人配合侦查人员做好访问工作。

二、对老年人的访问

在访问老年人时侦查人员应注意：一是要保持尊重的态度，以取得其合作。二是要放慢访问时问话的节奏，让其有足够的时间去回忆和陈述。三是提问应简单明了，以减少老年人过多的思考和顾虑。四是老年人陈述中出现错误或离题太远，侦查人员只需提醒，有些问题必须进行追问时，应当采取委婉的方式和平缓的言辞进行。五是访问老年人的时间不宜太长并注意让其休息。另外，侦查人员在访问老年证人、被害人时，态度自始至终要做到对其尊重、热情、诚恳，作风要耐心、细致。

三、对女性的访问

访问女性时，侦查人员要注意：一是提供良好的谈话环境，营造平和的谈话氛围，让对方感到安全、宁静、信赖。二是访问时，最好要有女侦查人员参加，如果一时无女侦查人员时，可邀请女干部或老年女同志陪同，这样容易建立信任关系，可以在一定程度上消除她们的顾虑，有助于访问的顺利进行。

四、对聋哑人的访问

访问聋哑人时，侦查人员应注意：访问前，应了解其属于先天聋哑还是后天聋哑，对于受过教育的聋哑人可用笔谈的方式进行访问；对于未受过教育无法以文字表达意思的聋哑人则只能通过通晓哑语的人与其通过手势交谈，可以聘请聋哑学校的教师做翻译；若聋哑人的手势只有其父母、近亲属和邻居等人知晓时，可请他们做翻译，但访问结果要持慎重态度。访问时侦查人员的态度要诚恳、真诚，要表现出对聋哑人的尊重，要耐心听取其"陈述"，要仔细观察"陈述"的表情和动作，以便准确理解其所要表达的意思。

五、对盲人的访问

侦查人员在访问盲人之前应了解其是先天失明还是后天失明，了解其智力发育情况以及听觉、触觉和嗅觉的灵敏程度，特别是要注意其有无习惯性感知误差。访问盲人时要特别注意语言和语气，要表现出诚恳的态度和对盲人的尊重，要努力打消对方心中的疑虑，取得其信任；要耐心听取其陈述，不要干扰其回忆过程，要注意发挥盲人的感知优势，对于其感知能力较强的那些方面的情况可以要求其详细描述，对于其感知不清的情况不要反复追问，以免引起其反感或为了证明自己的能力而随口编造谎言。

实训任务二　现场访问笔录制作

实训目的

一、了解现场访问笔录制作的内容和格式
二、理解现场访问笔录制作的重点、难点
三、提升现场访问笔录制作的实践能力

实训素材及内容

真实案例：

某年 7 月 2 日凌晨，某省某县境内沙坪公路 176 公里 150 米处，有人发现公路边排水渠内横着一男一女两具尸体，渠内有一辆重庆产的 80 型摩托车。

县公安局接到报案后，速派交警和刑警赶赴现场勘查。现场位于隆昌、沙坪农场交界处，又是南北唯一的交通要道。经尸体检验发现，死者系该县某镇个体工商户赖某坤、陈某芬夫妇，骑摩托车的系赖某坤。两名死者头部均有多处钝器伤，致伤工具为直径 3.5 厘米的圆形平面硬质钝器，身体其他部位未见搏斗伤，死亡原因是头部受伤致昏后溺死。检查摩托车，未见撞击痕迹，各部件完好无损。根据现场环境及尸检情况不难推测，这显然系一起充分预谋的伪造交通肇事的凶杀案。侦查人员迅速围绕死者展开调查，获得如下情况：

1. 死者赖某坤 7 月 1 日下午向银行和其好友周某鸿借贷现金 1.8 万元，而钱在案发后查无下落。

2. 7 月 1 日下午 5 时许，赖某坤对周某鸿讲，"钱已交给楚某培，今晚运烟来，3 天后还给你钱"。

3. 赖某坤母亲反映，7 月 1 日晚饭后，赖某坤讲过，"晚上楚某培要送烟来，如果他到家里来喊，叫他到经销店找我"。

4. 沙坪农场法庭的同志证实，7 月 1 日 15 时 30 分许，沙坪桥有个人来找过楚某培。

5. 赖、陈两人办事谨慎，不可能在夜晚同时外出，且尸检未见搏斗伤，必定是熟人分别将两人骗出杀害。

6. 楚某培平时与赖、陈的交往关系甚密，而且会骑摩托车，具备熟人又会骑摩托车的作案条件。

实训内容：

根据素材中介绍的案件情况，对案件中知情人进行现场访问并按照要求制作现场访问笔录。要求格式完整，内容清晰，手续完备。

实训方法

一、实训方法与步骤

1. 可根据不同的案件类型选择制作访问笔录的类型：

（1）录音式笔录法：即证人怎么说就怎么记，照葫芦画个样。这种方法以证人的文化素质较高、语言精练、思维清晰、逻辑性强、记忆好、语速缓为前提。

（2）意记式笔录法：是根据证人的言辞通过笔录者的语言加工整理所做出的笔录，但一定要符合证人的本意。这种记录适用于那些词不达意、语无伦次、条理不清、思维杂乱的证人或有浓厚方言，不用意记无法表达清楚的情况。

（3）索描式笔录法：有时有的证人激动异常，不知所云，或是故意编造谎言，或是语速极快，连珠炮似的谈吐，令你无法笔录。遇到这种情况也有办法：准备一张草稿纸，先认真听，边听边将其谈话的内容、主要情节、关键环节，用简单明了的词汇先记下，待其说完，核准其内容的真实性或待对方的情绪调整好后再作充实完善补记到正式笔录上来。

2. 一定先了解案情，对案件的关键环节作出判断。这一要领的难点在于快速判断关键环节，争取在作笔录前十分有限的时间里多了解案情，同时抓住时机收集提取固定其他证据。

3. 一定先列提纲，对本次笔录要问的内容、要调查解决的问题做到心中有数。这样可以增强笔录的目的性、条理性和逻辑性。提纲里列出的问题，不管被询（讯）问人如何回答都应记录。民警在证人作否定回答时，常常认为没有价值不作记录，这是十分不好的习惯。怎么回答是一回事，某个细节问题我们有无调查、某一问题有无问及是另一回事。

4. 说明身份和告知词。

5. 有关证人、物证、书证的记录要尽可能详细。这关系到能否找到证人，能否收集到相关物证、书证，关系到这些人证、物证、书证的证明效力，关系到各种证据之间能否相互印证，关系到全案证据能否形成完整的证据链条。

6. 有关犯罪行为的四个构成要件的记录要尽可能详细。

7. 注意使用法律用语（如周岁、强奸案的性行为表述），但记录不应过于专业化。

8. 紧扣法律规定，围绕法律规定进行提问和调查，与行为客观方面的特征相呼应。关键字句不要先出现在"问"中，以避"暗示""诱导"之嫌，关键字句最好在"答"中出现后，在"问"中加以重复和强调。关于重要情节要专门单独发问，由被询（讯）问人重述。

9. 当被询问人拒绝签名时，依规定"侦查人员应当在笔录上注明"。

二、实训注意事项

1. 并不是所有的现场访问都要作笔录，只有其中具有证据价值的才需要作笔录。现场访问不仅仅是查明案件事实，发现侦查线索的侦查措施，同时也是获取证据的重要环节。现场访问的证据结果从目前我国的实际来看是以笔录的形式体现出来的。

2. 笔录不仅要由被询问人签名、捺印，涂改、增删、超出行高列宽、字间距不同（疏密不一）、中间空白的地方也要捺指印确认。

3. 笔录的询问人、记录人必须分别签名，杜绝一人办案，交叉询问等违反程序的做法。

4. 规范地进行笔录核对，由被询问人亲笔书写的签字时间要与笔录开始制作的时间一致；注意结尾的"以上笔录我看过（或读给我听过），与我所说的相符"的字样。

5. 注意收集原始的书证和物证。有时证人谈话中提及书证和物证，这时要注意收集提取。

6. 注意当地的方言、称谓的习惯和差别，方言和少数民族语言要正确使用。方言要与汉语衔接好，有的方言用汉语找不到词句，可用汉语拼音注。

 **实训知识**

现场访问笔录的内容与格式

一、访问笔录由首部、正文和尾部三部分组成

（一）首部

首部包括文书的名称，即首先印好文字的标题"现场访问笔录"，依次按规定写明访问开始和结束的具体时间（要具体到某时某分），访问地点，侦查员姓名，记录员姓名，访问对象姓名、性别、年龄、民族、工作单位及职业、现住址。另外还要写明访问对象与案件所涉及的某些特定的人或事件的关系（如系本案犯罪嫌疑人或被害人的亲属、邻居、同事或某事件的见证人等）。

（二）正文

正文是《现场访问笔录》的核心。一般采用问答的形式，根据侦查人员的访问和访问对象的回答，把访问的内容全面、准确、客观地记录下来。对访问对象陈述的每一个问题，都要记清楚人物、时间、地点、经过、结果，以及访问对象是如何得知上述情况的，还有无他人知道等。应当注意笔录要真实地反映整个访问的情况，决不能主观臆断，随意取舍。证明犯罪嫌疑人有罪、罪重的证言要记录，证明犯罪嫌疑人无罪、罪轻的证言也要记录。对访问对象陈述的情况，要写明是亲眼所见，亲耳所闻的，还是自己猜测或听别人传说的。对访问对象提供的物证、书证等证据材料，在笔录中也要反映出来，并说明其来源和证明的问题。

（三）尾部

《现场访问笔录》经访问对象核对后，由访问对象写明对笔录的意见，并让其签名（盖章）、捺指印。如果访问对象拒绝签名（盖章）、捺指印的，记录员应当在笔录中注明。最后，侦查人员和翻译人员也应当在笔录上签名或者盖章。

二、现场访问笔录的基本格式

现场访问笔录

时间_____年_____月_____日_____时_____分至_____日_____时_____分

地点_____

侦查员_____ 记录员_____

访问对象_____ 性别_____ 年龄_____ 民族_____

工作单位及职业_____

现住址_____

问：_____

_____

_____

_____

答：_____

_____

_____

_____

亲笔证词

一、《亲笔证词》包括首部、正文和尾部三部分组成

（一）首部

首部包括文书名称，即"亲笔证词"，证人或者被害人的基本情况，在何种情况下书写的，即写明是自行请求书写证词，还是应侦查人员的要求书写的。

（二）正文

正文是文书的主要部分。证人或者被害人应如实地写清时间、地点、人物及身份，事情的经过和结果，访问对象的感受、判断及其依据等。

（三）尾部

证人或被害人应当在末页紧接最后一行证词下面签名（盖章）、捺指印，并写明时间。

二、亲笔证词注意事项

1. 尽可能收集犯罪嫌疑人的亲笔供词。
2. 尽可能收集被害人、证人的亲笔证词。
3. 尽可能利用视听资料固定证据。

收集亲笔供词、亲笔证词既可增加证据的证明力，又可减轻警察的工作强度，同时体现尊重人权、以人为本、执法为民的宗旨，值得推广和尝试。

三、《亲笔证词》格式

于××××年××月××日收到

侦查员：

亲笔证词

我叫×××，汉族，××××年××月××日出生，××省××市人，××文化

程度，××公司职工，现住××市××路××号。应侦查人员（经我自行请求），我向公安机关提供如下情况（或我的受害经过如下）：

（时间、地点、人物及其身份，事件的经过、结果）

_____

_____

_____

以上情况是我亲眼所见（或亲耳所闻）（以上情况我是听某某说的。某某，男，现住××市××区××路×号），请公安机关查证。

证人（被害人）：

年　月　日

现场访问录音

一、录音的方法

1. 录音时，最好选用体积小、性能好、便于携带或隐藏的录音机。
2. 针对不同的访问对象采用公开录音或秘密录音，均可起到证据作用。
3. 公开录音时，要打消被访问对象的顾虑。

二、录音的要求

1. 访问中的录音要做到完整、准确、全面、清晰。
2. 录音的制作要求。事先约定好开始录音的暗号。录音的内容除了侦查人员介绍外，还包括访问对象的姓名、年龄、职业、工作单位、家庭住址及与犯罪嫌疑人或被害人、事主的关系，然后由侦查人员向访问对象告知《刑事诉讼法》相关规定，访问对象作出是否明白或是否愿意如实陈述的回答后，再请访问对象按照侦查人员提出的问题进行陈述。
3. 访问结束后，将录音磁带进行编号登记并妥善保存。《公安机关办理刑事案件程序规定》规定："可以作为证据使用的录音、录像带、电子数据存储介质，应记明案由、对象、内容、录取、复制的时间、地点、规格、类别、应用长度、文件格式及长度等，并妥为保管。"

犯罪现场实地勘验

实训任务一 人身勘验

实训一 尸体现象观察

实训目的

一、认识早、晚期各种尸体现象

二、掌握尸斑、尸僵等尸体现象的检查方法及法医学意义

实训素材及内容

实训素材:

尸检照片与录像,进行尸体现象的观察。

实训内容:

一、尸斑

尸体血液因重力而坠积于低下部位未受压迫的血管,并在该处皮肤呈现有色斑片,称为尸斑(livor mortis, lividity)。

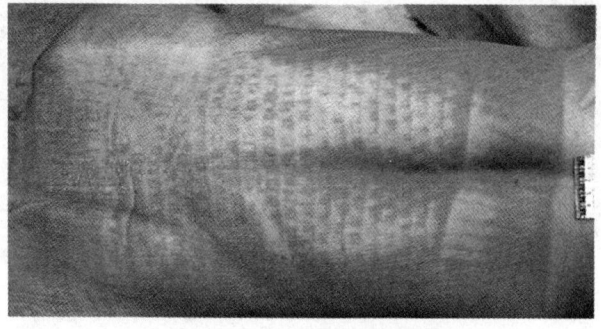

图 4 - 1 - 1 织物印痕尸斑

背部织物印痕尸斑反映织物形态特征

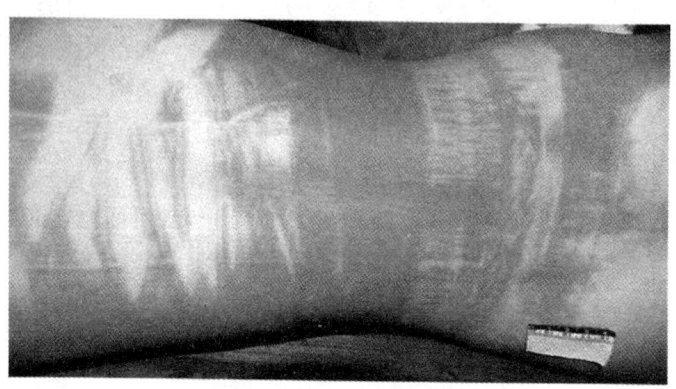

图4-1-2 衣物印痕尸斑

尸斑暗紫红色形成衣物着装压纹

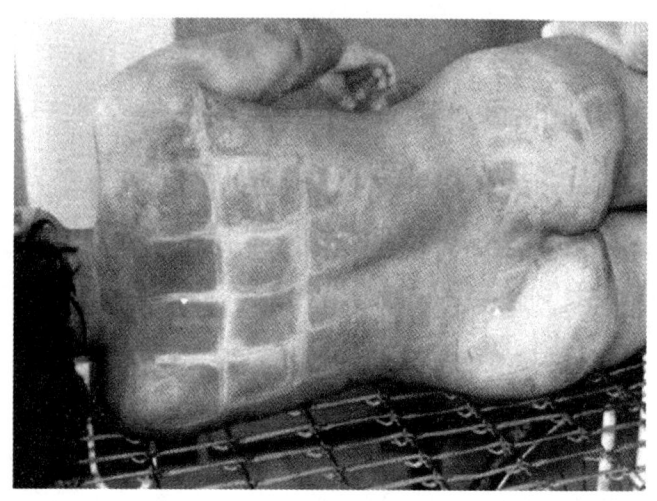

图4-1-3 金属网格印痕尸斑

背部尸斑与金属网格，形态相对应

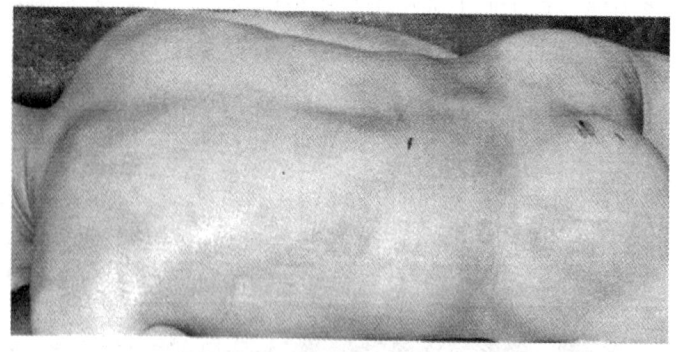

图4-1-4 失血性休克死亡尸斑

失血性休克所致尸斑，尸斑淡，出现晚

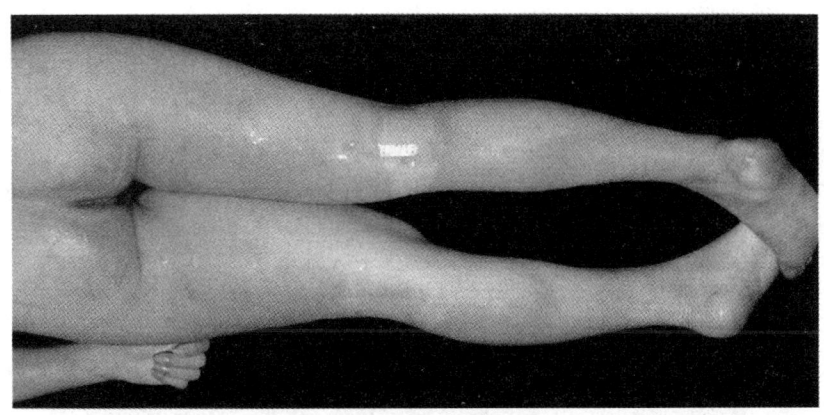

图4-1-5　一氧化碳中毒死亡尸斑

一氧化碳中毒死亡尸体，尸斑呈樱红色，出现早

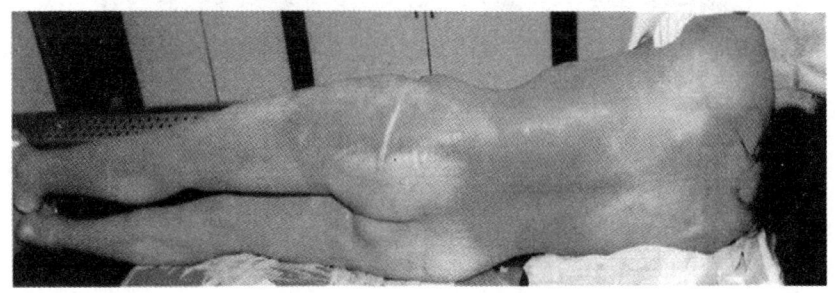

图4-1-6　氰化物中毒死亡尸斑

氰化物中毒死亡尸体，尸斑出现早，呈鲜红色

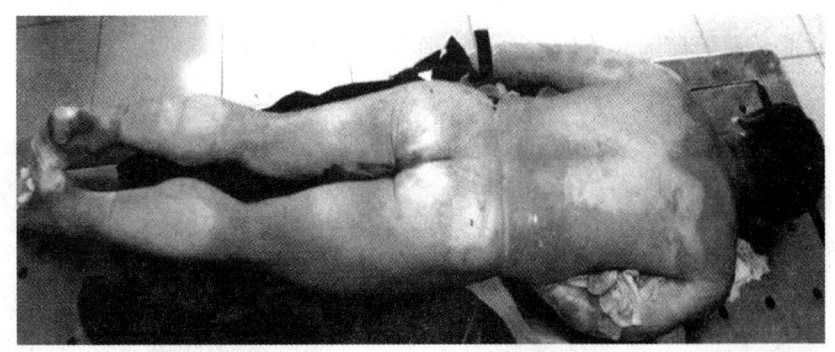

图4-1-7　亚硝酸盐中毒死亡尸斑

亚硝酸盐中毒死亡尸体，尸斑出现早，呈棕褐色

二、尸僵

人死后，各肌群发生僵硬并将关节固定的现象称为尸僵（rigor mortis, cadaveric rigidity）。尸僵对死因、死亡时间、尸体体位有无变化等有指向意义。

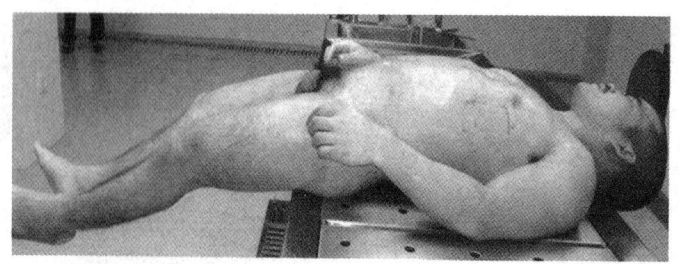

图 4 - 1 - 8　尸僵

尸僵形成，双下肢僵直

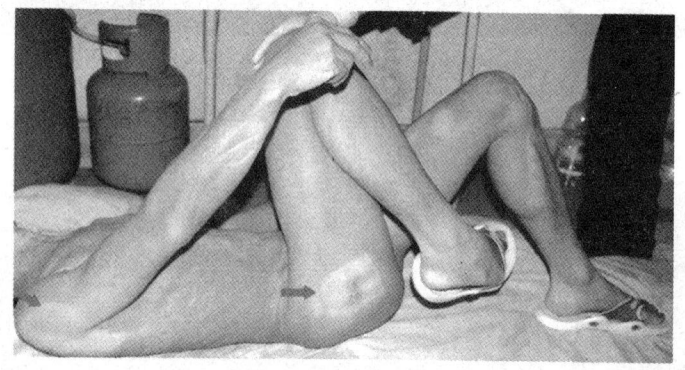

图 4 - 1 - 9　保持死亡时姿势尸僵

人死后尸僵将死亡时右侧卧位姿势固定，翻动尸体可见
尸体与接触物体因受压而苍白

三、皮革样化

尸表皮肤较薄的局部区域因水分迅速蒸发，干燥变硬，而呈蜡黄色、黄褐色或深褐色的羊皮纸样变化称为皮革样化（parch）。

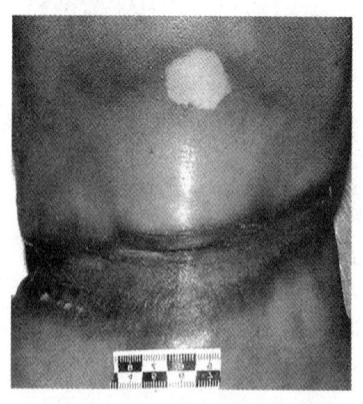

图 4 - 1 - 10　颈部缢沟皮革样化

颈部缢沟处皮肤干燥呈褐色皮革样变，在
缢沟处见皮肤形成绳索花纹的压痕

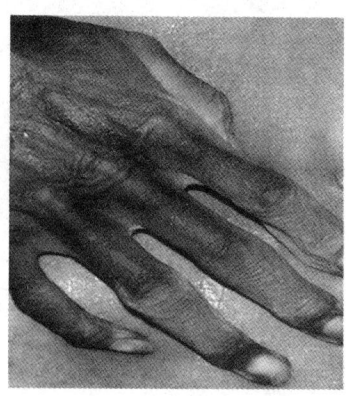

图 4 - 1 - 11　手背皮肤皮革样化

水分蒸发致双手背部皮肤呈褐色皮革样变

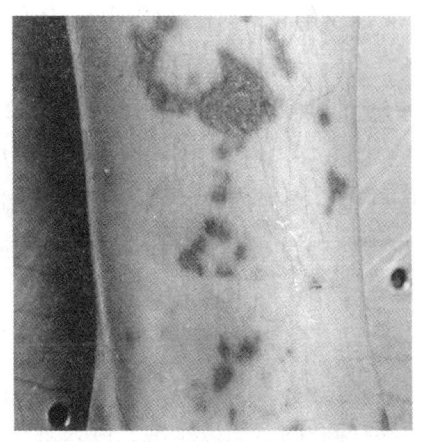

图 4 - 1 - 12　损伤局部皮革样化

右小腿外侧散在表皮剥脱，损伤处表面皮肤干燥形成褐色皮革样变

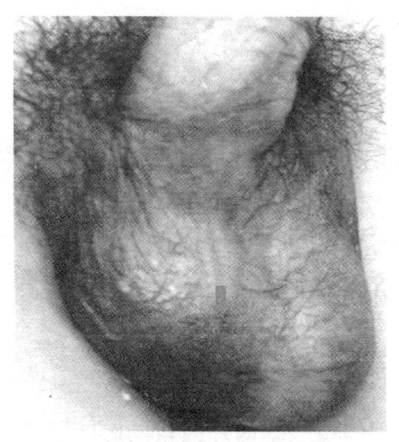

图 4 - 1 - 13　阴囊皮肤皮革样化

阴囊皮肤局部易干燥形成棕褐色皮革样变

四、角膜混浊

角膜的透明度减低，直至完全不能透视瞳孔，呈灰白色样外观，称角膜混浊（postmortem turbidity of cornea）。

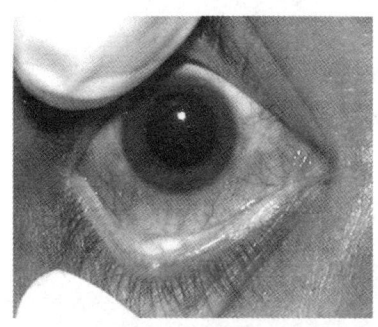

图 4 - 1 - 14　角膜无混浊

角膜透明，瞳孔散大清晰可见

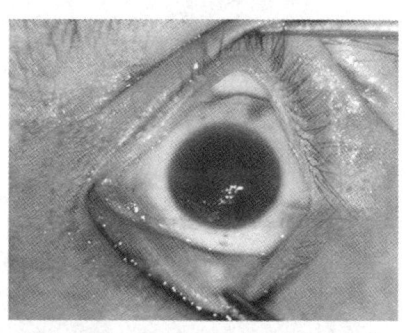

图 4 - 1 - 15　角膜轻度混浊

角膜轻度水肿形成云絮状混浊，瞳孔扩大表面可见小褶皱

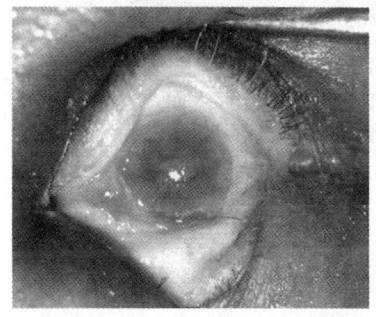

图 4 - 1 - 16　角膜中度混浊

角膜中度混浊呈云雾状，瞳孔隐约可见

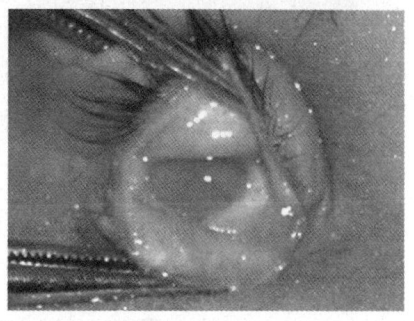

图 4 - 1 - 17　角膜重度混浊

角膜重度混浊呈乳白色，瞳孔完全不可见

角膜混浊一般是随死后经过时间的延长增加，故角膜混浊的程度可作为推测死亡时间的参考。死后 5～6 小时，角膜上可出现白色小斑点；以后斑点逐渐扩大，至 10～12 小时发展成云片状，但尚可透视瞳孔，称为轻度混浊（图 4 - 1 - 15）；15～24 小时呈云雾状、半透明，仍可透视瞳孔，为中度混浊（图 4 - 1 - 16）；到 48 小时以后或更长时间，不能透视瞳孔，为高度混浊（图 4 - 1 - 17）。受温度等因素的影响，上述随时间的规律性变化会有所改变，如在寒冷的环境中或是在冷藏条件下，死后 48 小时角膜仍可透明，甚至还较清晰。

五、尸体腐败

尸体腐败受内外因素的影响，出现尸绿、腐败静脉网、腐败水泡、巨人观等现象。

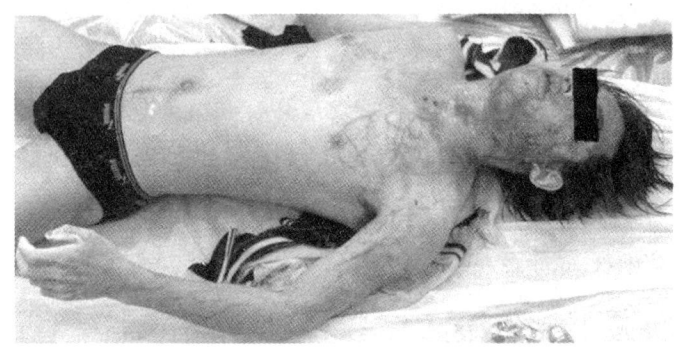

图 4 - 1 - 18　尸绿、腐败静脉网
尸体腐败形成硫化血红蛋白，透过腹部皮肤形成尸绿。颜面、胸部及上肢皮下静脉形成污绿色树枝状腐败静脉网

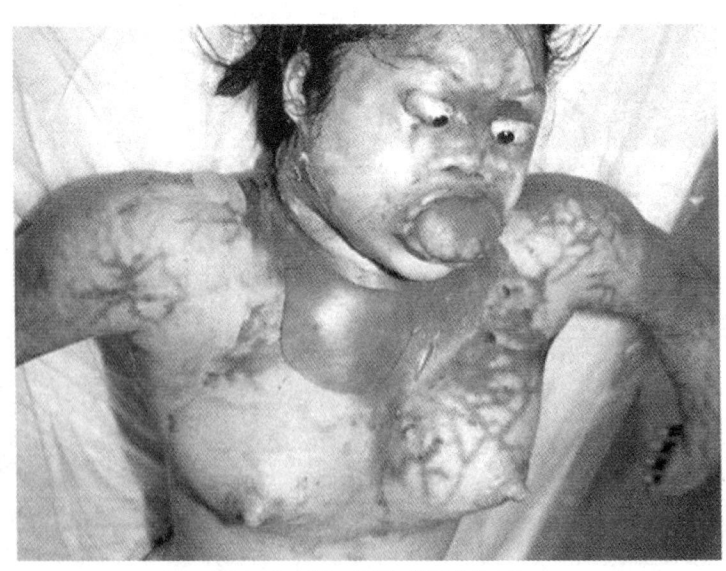

图 4 - 1 - 19　腐败"巨人"观
尸体高度腐败，颜面膨胀，眼球突出，口唇外翻，舌尖突出，躯干部膨胀隆起。颈、胸部产生融合性腐败水泡。颜面、胸腹、肢体形成污绿色腐败静脉网

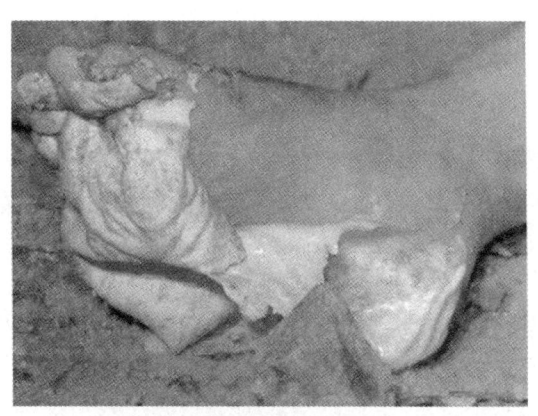

图 4 - 1 - 20　足部皮肤套状脱落

右足底表皮层因腐败，与真皮层剥离、脱落

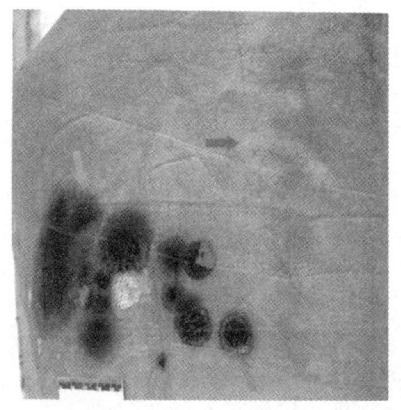

图 4 - 1 - 21　尸体霉斑

尸表霉斑，先为灰白色，霉菌死亡后呈黑褐色类圆形霉斑，斑块中有灰白色菌轮形成，上部皮肤形成薄层白色霉菌斑

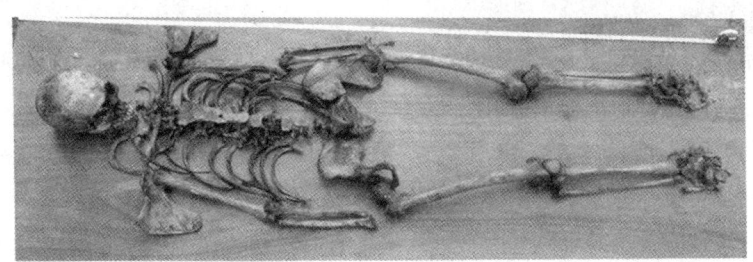

图 4 - 1 - 22　尸体白骨化

尸体软组织经腐败后完全消失，毛发、指（趾）甲脱落，仅剩骨骼

📓 实训巩固练习

1. 何谓尸斑？影响尸斑发生发展的因素有哪些？
2. 尸斑的法医学意义是什么？

实训二　机械性损伤形态观察

📝 实训目的

一、了解机械性损伤的基本种类及特征

二、掌握各种不同类型致伤物所致损伤的形态特点

⭐ 实训素材及内容

实训素材：

尸检照片、录像。

实训内容：

机械性损伤的基本形态。

一、擦伤

擦伤（abrasion）是指钝性致伤物与体表摩擦挤压造成的以表皮剥脱为主改变的损伤，又称表皮剥脱。

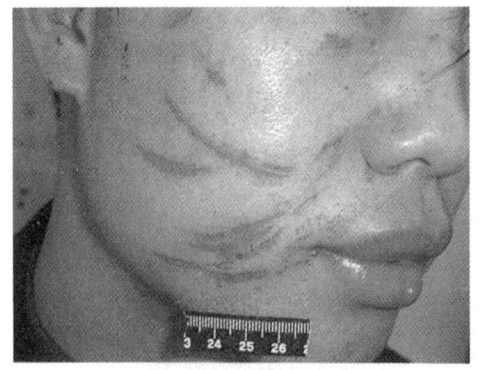

图 4 - 1 - 23　颜面部指甲抓伤

面部多条指甲抓伤，相对平行排列

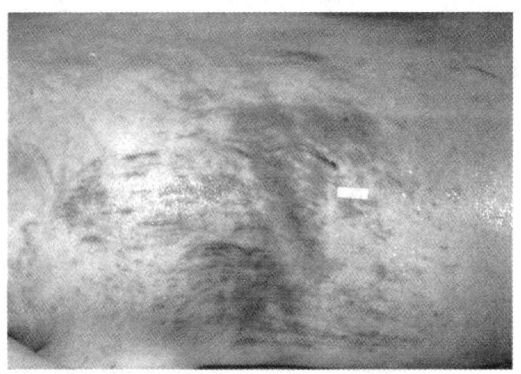

图 4 - 1 - 24　左背部皮肤擦伤

左背部皮肤与水泥地面摩擦形成片状、细条状擦伤

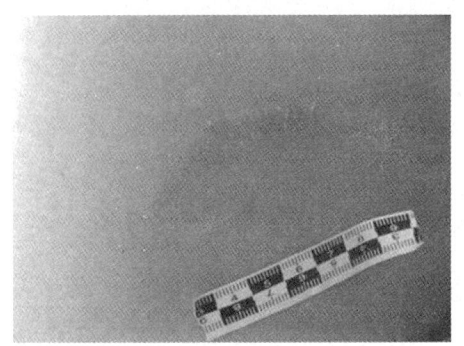

图 4 - 1 - 25　下肢表皮擦伤

擦伤处表皮翘起（可反应作用力方向）

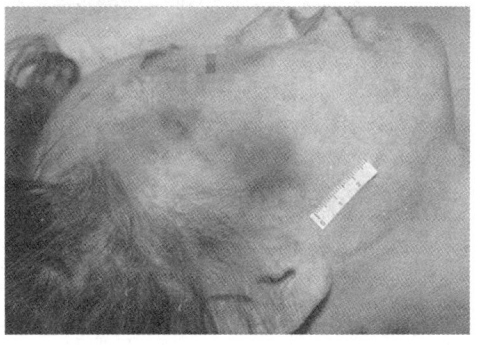

图 4 - 1 - 26　右面部撞擦伤

右面颊类圆形表皮缺失，损伤处轻度皮革样化

图 4 - 1 - 27　擦伤形成示意图

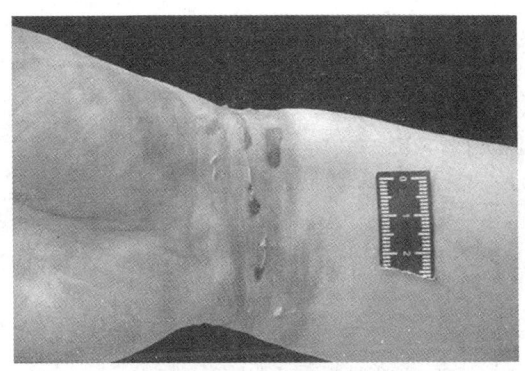

图 4 - 1 - 28 腕部捆绑压擦伤

右手腕部被绳索捆绑形成绳索压擦伤伴表皮剥脱，捆绑处远端肢体瘀血青紫（血液回流受阻所致）

二、挫伤

挫伤（contusions，bruise）是指由钝器作用造成的以皮内或（和）皮下组织出血为主要改变的闭合性损伤。

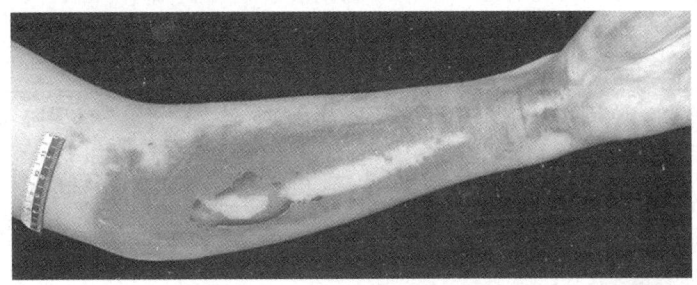

图 4 - 1 - 29 左前臂中空性皮下出血

高坠致左前臂拍击地面，尺骨投影地面上形成中空性皮下出血。自体骨形成中空性皮下出血与棍棒打击形成形态类似，形成机制也类似

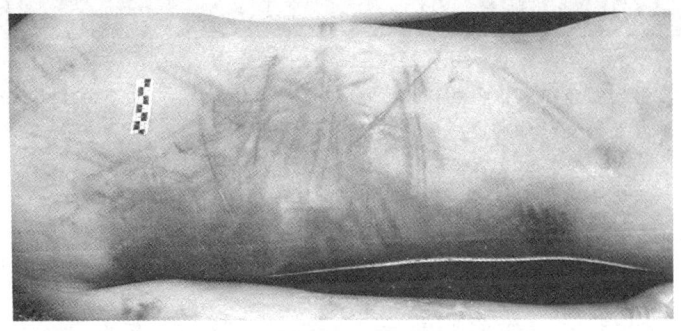

图 4 - 1 - 30 腰背部皮肤中空性皮下出血

尸体腰背部被人用铁质水管多次打击形成多条中空性皮下出血。部分中空性皮下出血相互交叉或重叠

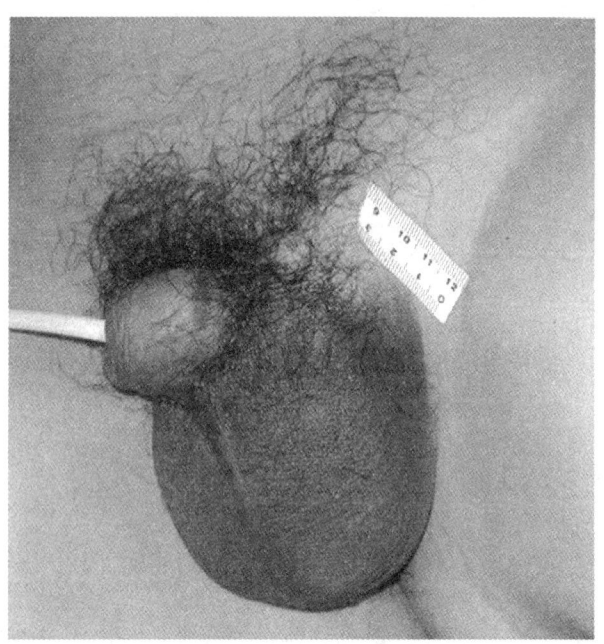

图 4 - 1 - 31　阴囊血肿

阴囊处皮下组织疏松，血管丰富，皮下出血容易扩散形成阴囊血肿。图为被人用脚踢上会阴部，形成血肿，外观阴囊明显肿大，颜色加深

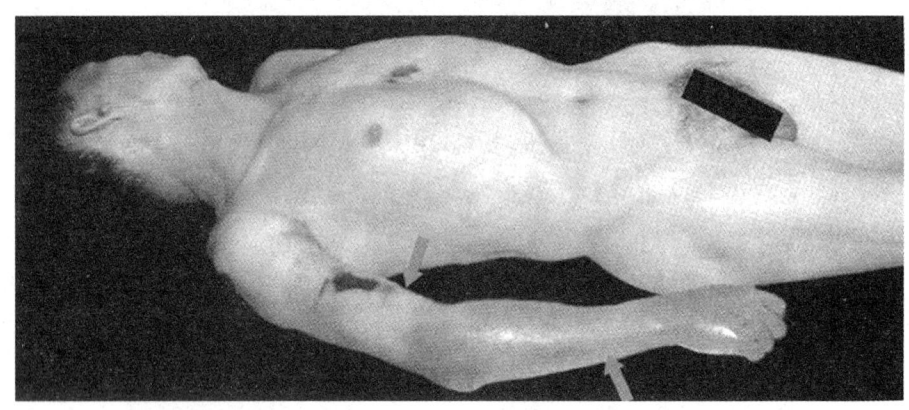

图 4 - 1 - 32　右上臂挫伤

由于暴雨后天台积水，杂物堵塞排水口，死者清理排水口时由于水流形成巨大负压，将其右上臂吸入排水口，负压致右上臂广泛挫伤

三、创

创（wound，laceration）指机械暴力作用于人体造成皮肤全层组织结构连续性完整性破坏的开放性损伤。

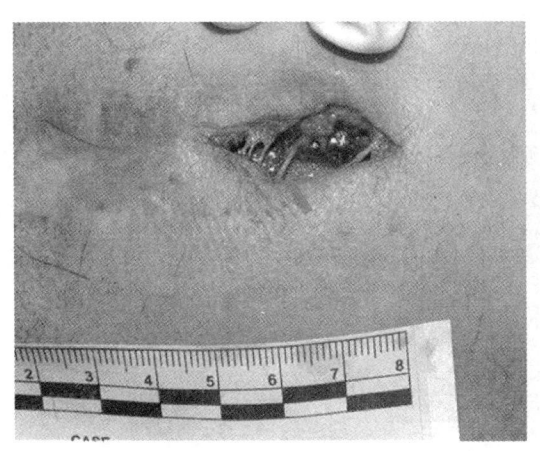

图 4 - 1 - 33　额部挫裂创

额部纵行创口，创缘不整齐，创壁间有组织间桥

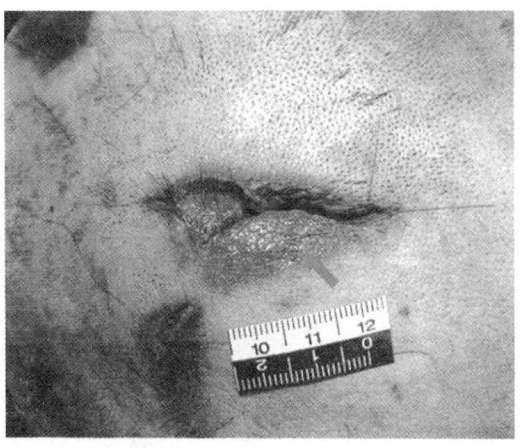

图 4 - 1 - 34　头部挫裂创

左顶部头皮挫裂创，创缘不整齐，伴挫伤带形成

图 4 - 1 - 35　小腿撕裂创

小腿膝关节至踝关节上方形成广泛撕裂创

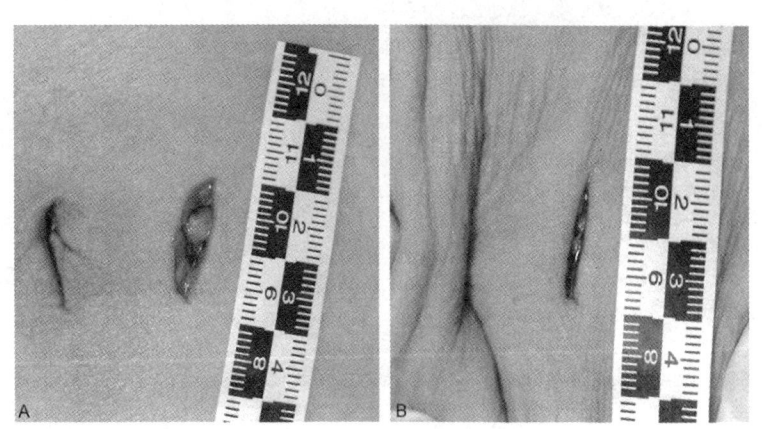

图 4 - 1 - 36　腹部刺创

脐部下方一刺创，创口哆开，创缘整齐，用手轻挤创口两边皮肤，显示创角上锐下钝，提示致伤物为单刃刺器

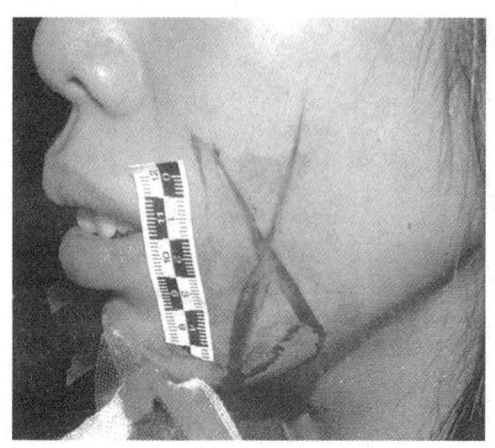

图 4 - 1 - 37 左面部刀片切创

左面部交叉状创口，创口上窄下宽，创角锐，创缘整齐，创缘合拢后呈细线状，创腔上浅下深

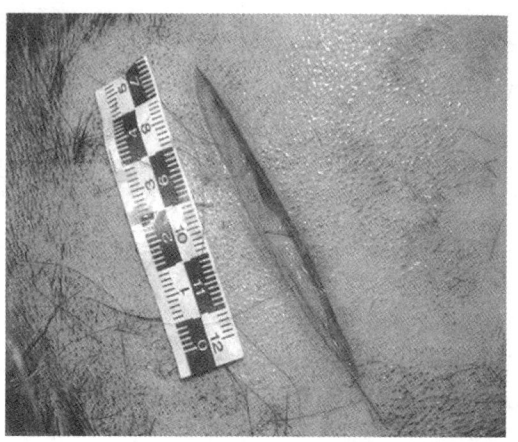

图 4 - 1 - 38 头部菜刀砍创

左颞枕部菜刀砍创，创缘平整，创角锐，创腔深达颅骨

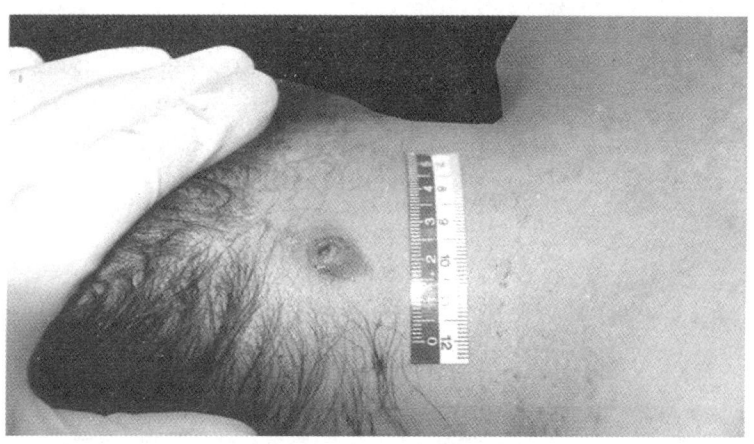

图 4 - 1 - 39 枪弹创

颈项部正中圆形创口，创口中央组织缺失，周围有擦拭轮和挫伤轮。挫伤轮左下方较宽，提示子弹射入时与该处皮肤形成小于 90° 射入角。本例为近距离隔着衣领射击所形成的枪弹射入口，烟晕及火药颗粒被衣领遮挡

四、肢体离断

肢体离断（dismemberment）是指强大暴力使人体各部遭受广泛而严重的破坏并断离的损伤。

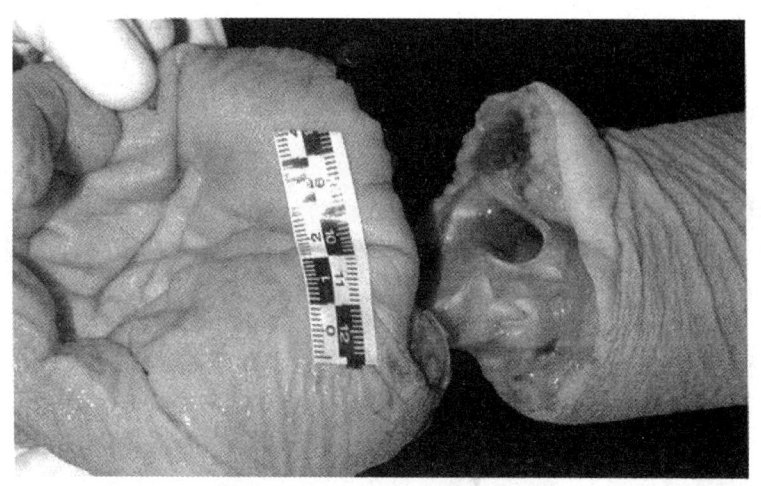

图 4 - 1 - 40　手离断

砍刀砍击至手腕部离断，离断边缘光滑整齐，骨断面平整

实训巩固练习

1. 挫伤的定义是钝器打击造成的 （　　　）

A. 皮下出血　　　　　　　　B. 皮内出血

C. 皮肤完整性破坏　　　　　D. 皮内或皮下出血

2. 擦伤的类型包括 （　　　）

A. 抓痕　　　　　　　　　　B. 擦痕

C. 撞痕　　　　　　　　　　D. 压擦痕

3. 挫伤的法医学意义包括 （　　　）

A. 暴力作用点

B. 生前伤的标志

C. 推断致伤物

D. 分析死亡原因

4. 什么是机械性损伤？机械性损伤的基本形态有哪些？

5. 请简述创的组成及挫裂创的基本特点。

实训三　钝器伤的形态观察

实训目的

一、了解钝器伤的基本种类及特征

二、掌握各种不同类型钝器所致损伤的形态特点

⭐ **实训素材及内容**

实训素材：

尸检照片、录像。

实训内容：

钝器伤（blunt force injury or blunt instrument injury）是由钝器（即无锋利刃缘、尖端的物体）作用于人体造成的机械性损伤。

一、棍棒伤

棍棒打击人体造成的损伤称棍棒伤（injury by club）。

（一）圆柱形棍棒伤

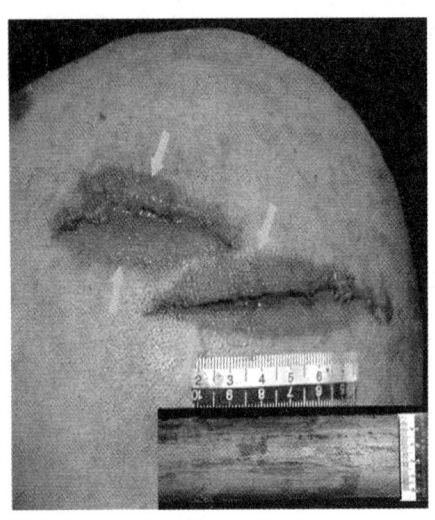

图 4-1-41 左顶部头皮挫裂伤

圆柱形木质棍棒打击头部致挫裂创，创伤伴挫伤带。创周双边挫伤带宽度接近一致，提示垂直打击

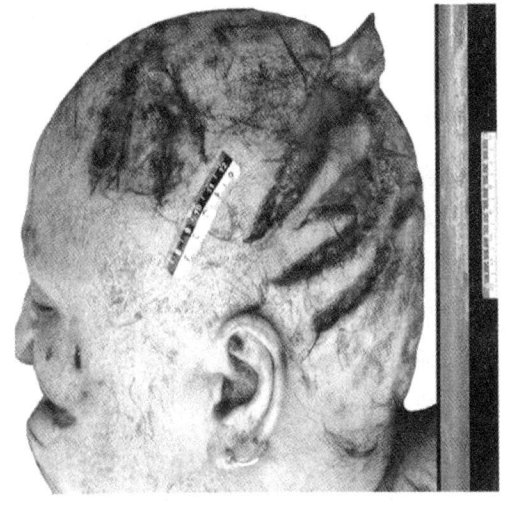

图 4-1-42 头皮挫裂创

铁棍打击致头皮条状挫裂创，创缘欠齐，创周无明显挫伤带。由于头皮下颅骨衬垫，头皮受到铁质棍棒打击易形成条状挫裂创

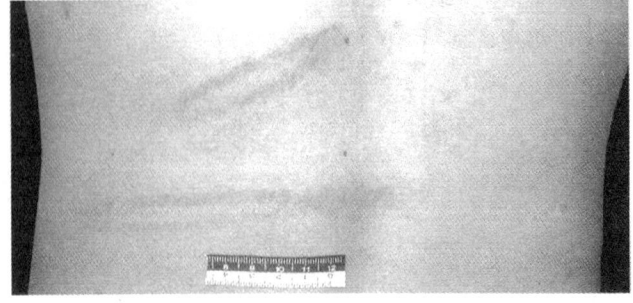

图 4-1-43 腰背部中空性皮下出血

棍棒打击致皮肤条状中空性皮下出血。其中宽窄大致反映棍棒接触面宽度

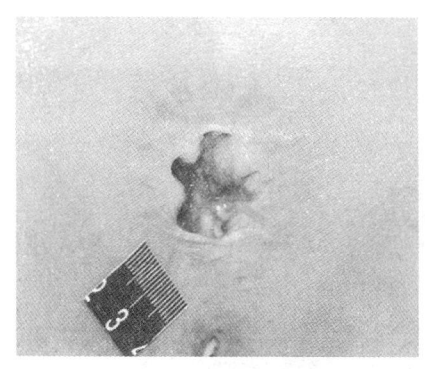

图 4 - 1 - 44　肛门捅伤

棍棒端捅击致肛周直肠黏膜破损出血

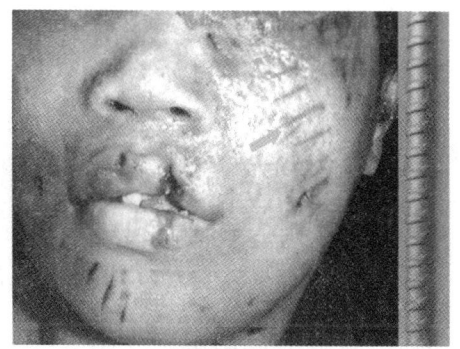

图 4 - 1 - 45　面部螺纹钢击伤

螺纹钢打击致伤，面颊部呈现螺纹
钢形状损伤，口唇部损伤特征不明显

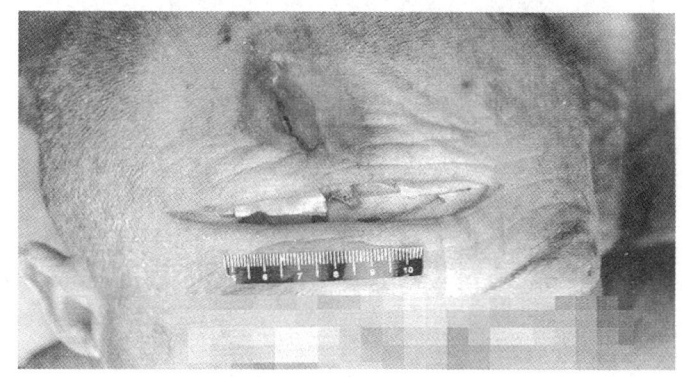

图 4 - 1 - 46　额部钝器、锐气联合损伤

棍棒打击致额部纵行挫裂创，创缘不整齐伴挫伤带，创角钝，创腔底部颞骨骨
折。菜刀刃致额部水平砍创，创缘整齐，创角锐利，创壁平整，创腔内无组织间
桥，创底额骨粉碎性骨折

（二）方柱形棍棒伤

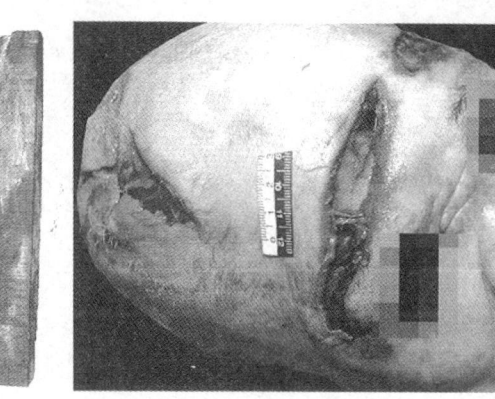

图 4 - 1 - 47　前额部头皮条状挫裂创

方形木质棍棒棱边垂直打击头部，形成条状挫裂创，创缘平直，创周伴出血带

二、不规则钝器伤

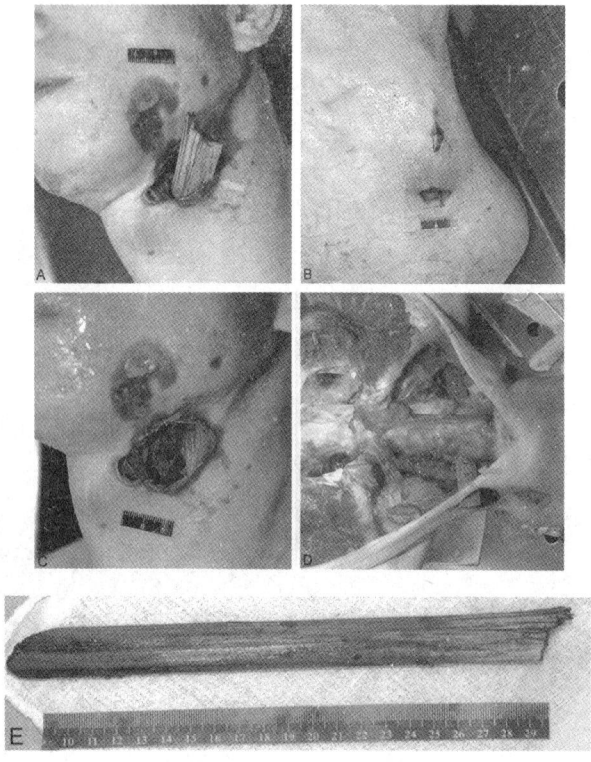

图 4 - 1 - 48 竹条捅创

A. 竹条斜插入左颈部；B. 竹条穿过颈部止于右肩胛皮下；C. 创口组织缺损；
D. 示创道角度；E. 致伤工具：竹条

三、砖、石伤

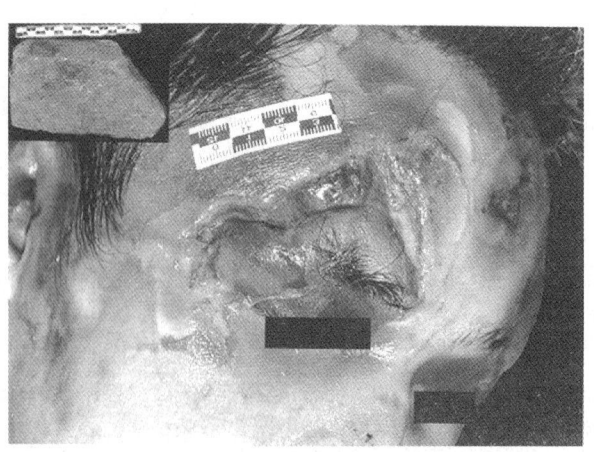

图 4 - 1 - 49 右额部挫裂创

砖头棱边、棱角多次打击头部，形成右额部挫裂创，创腔内有碎砖屑

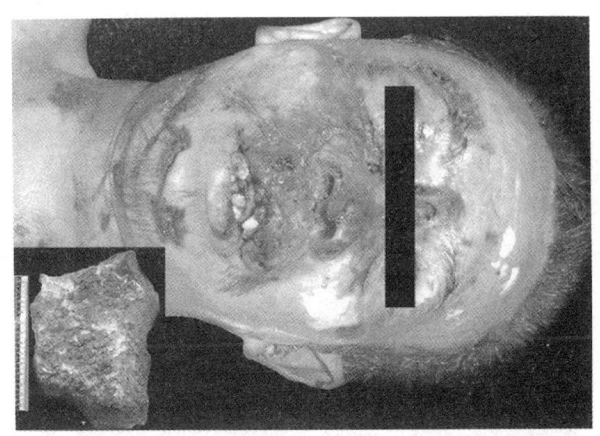

图 4 – 1 – 50　头部挫裂创

不规则石头打击形成大小不等、深浅不一的不规则损伤（左下角为致伤石块）

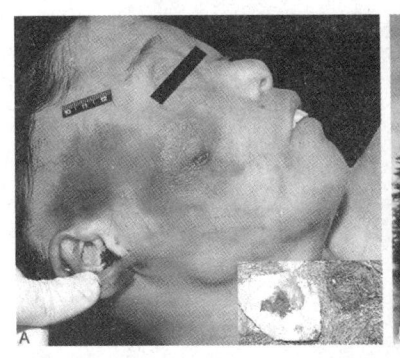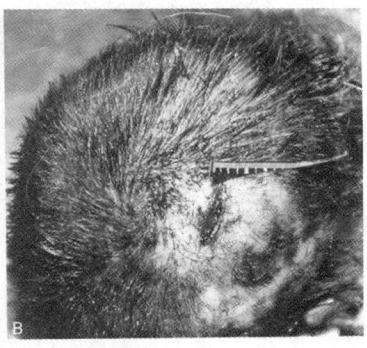

图 4 – 1 – 51　石块损伤

A. 石块致右颞、颧、颌部擦、挫伤（右下角为致伤石块）B. 石块致头顶部挫裂伤

四、锤击伤

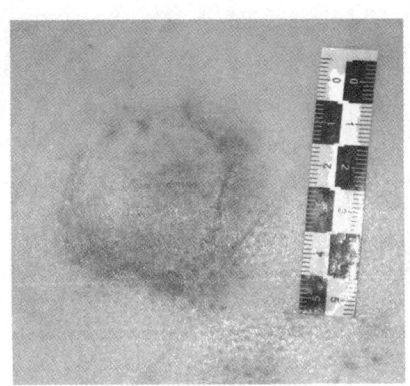

图 4 – 1 – 52　胸部锤击伤

锤面垂直击打胸部，形成与锤面形态相仿的损伤

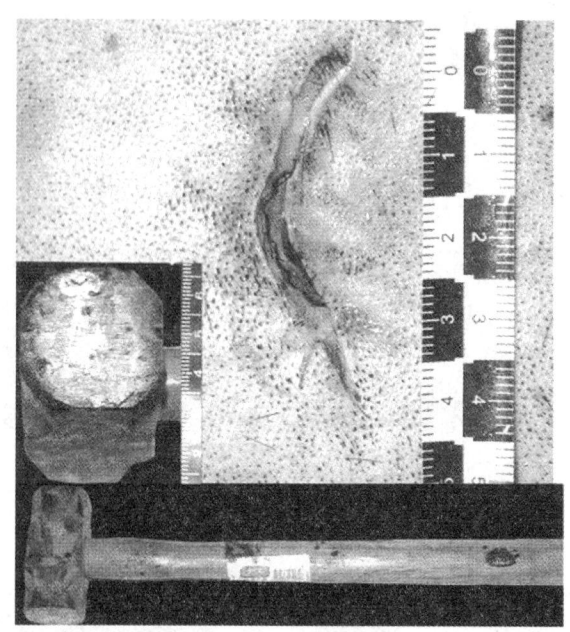

图 4 - 1 - 53　头顶部锤击伤

圆形锤面打击头顶部，形成弧形挫裂创

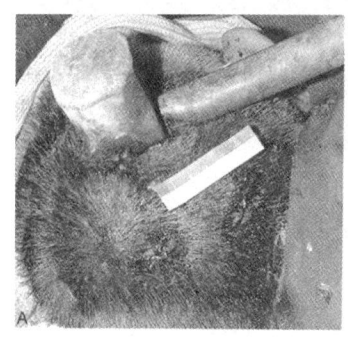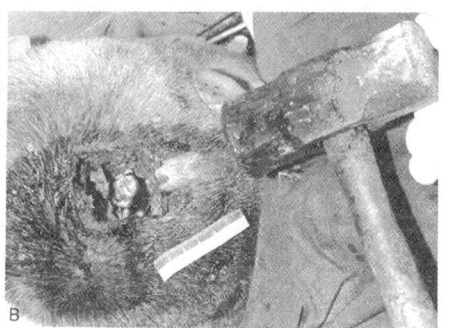

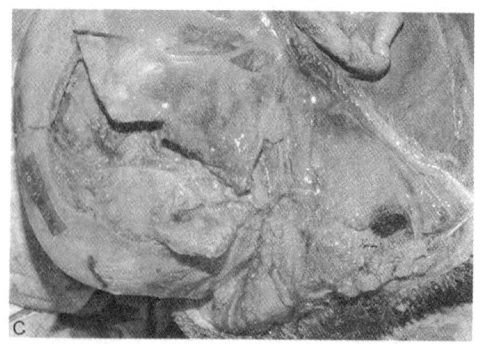

图 4 - 1 - 54　重锤致颅骨孔状骨折

　A. 重型铁锤打击右枕部、锤体陷入颅腔；B. 右顶枕部形成孔状骨折；C. 铁锤打击部位骨片陷入脑内

五、徒手伤

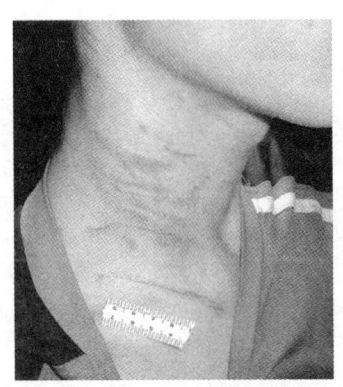

图4－1－55　右颈部指甲刮擦伤

右颈部指甲刮擦伤

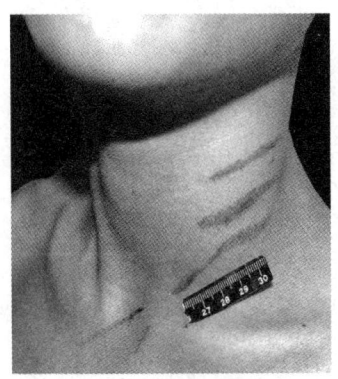

图4－1－56　左颈部刮擦伤

左颈部指甲刮擦伤

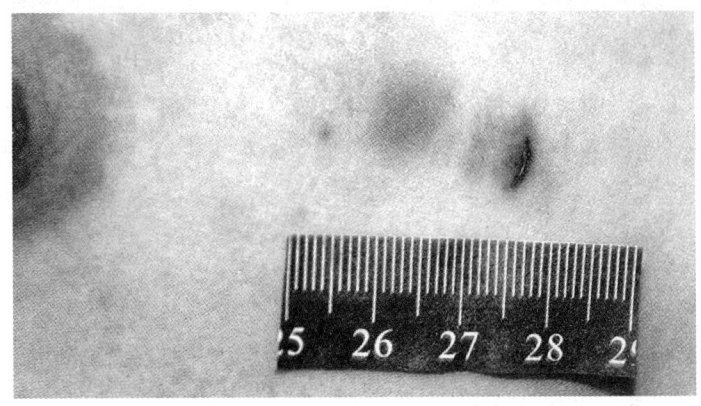

图4－1－57　乳房抓伤

左乳房上方指甲抓伤伴皮下出血

六、咬伤

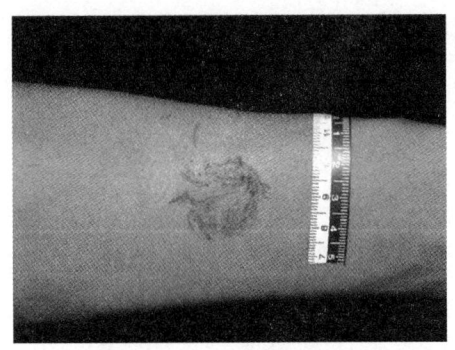

图4－1－58　前臂咬伤

左前臂前侧咬伤（咬痕显示牙齿滑动）

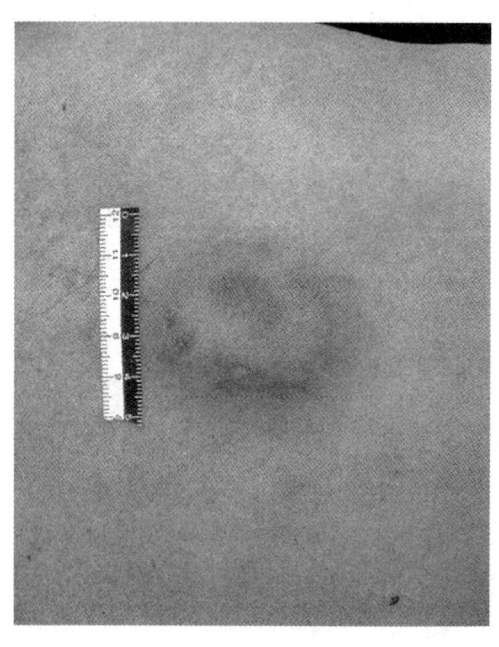

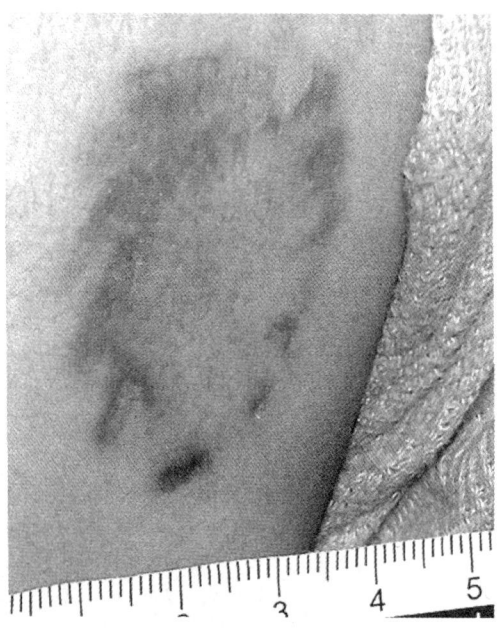

图 4 - 1 - 59 肩胛部咬伤
右肩胛部咬伤，咬伤中央皮下出血为吮吸伤

图 4 - 1 - 60 咬伤
牙齿滑动形成滑动型咬伤

 实训巩固练习

1. 棍棒伤的特征是什么？
2. 锤击伤的形态特征是什么？
3. 徒手伤有哪些，有何特点？

实训四 锐器伤的形态观察

 **实训目的**

一、了解锐器伤的基本种类及特征
二、掌握各种不同类型锐器所致损伤的形态特点

 **实训素材及内容**

实训素材：
尸检照片、录像。
实训内容：
锐器伤（sharp instrument injury）指利用致伤物的锐利的刃缘或（和）锋利尖端作用于人体所形成的损伤。具有锐利的刃缘或（和）锋利尖端的致伤物，称为锐器。

一、切器及切创

以刀刃部按压皮肤并用力牵拉致伤的锐器称为切器，其特点是有锐利而薄的刃缘。用切器的刃部下压，并沿刃缘的长轴方向推拉牵引形成的损伤，称为切创（incised wound）。

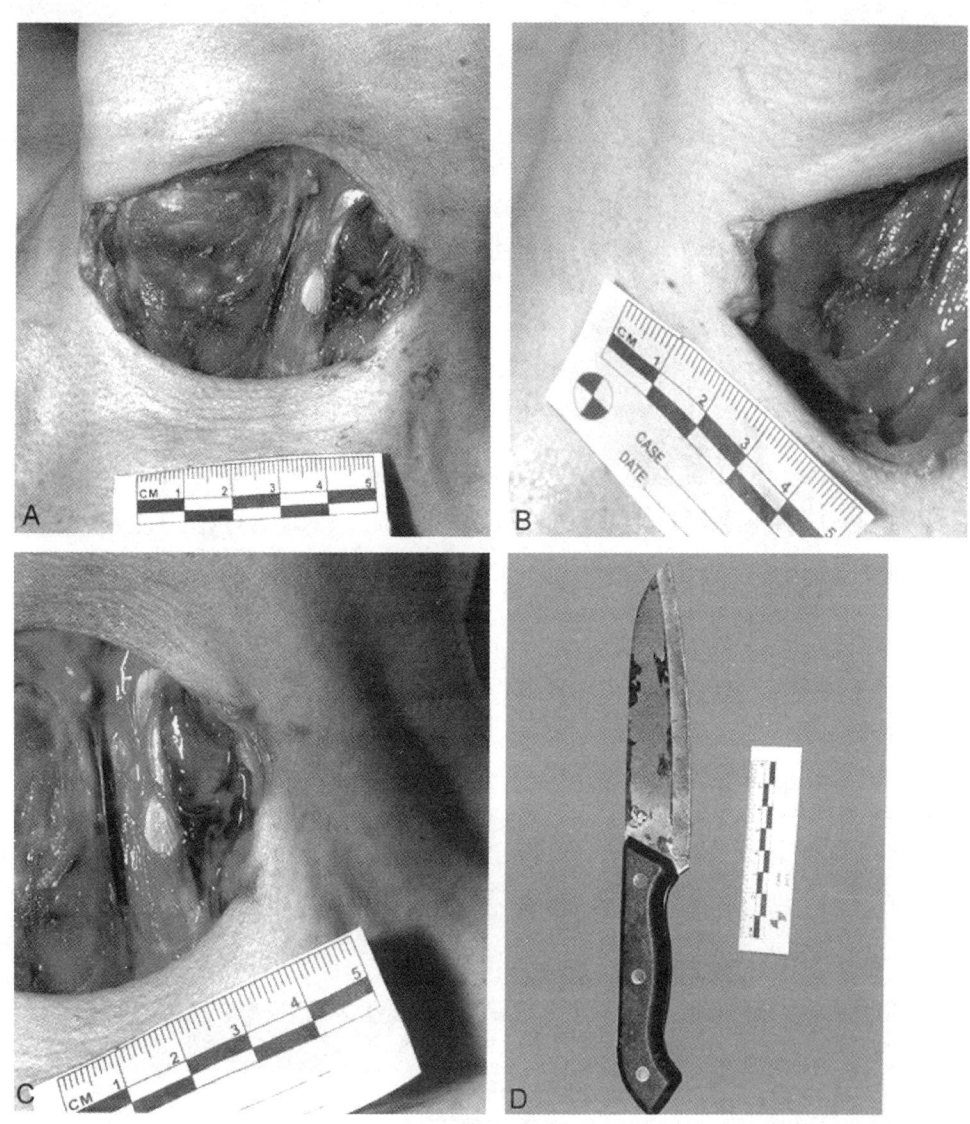

图 4 – 1 – 61　颈部自切创

A – C. 创缘整齐，创口左右两侧各有两处创角；D. 致伤工具为小号削切刀

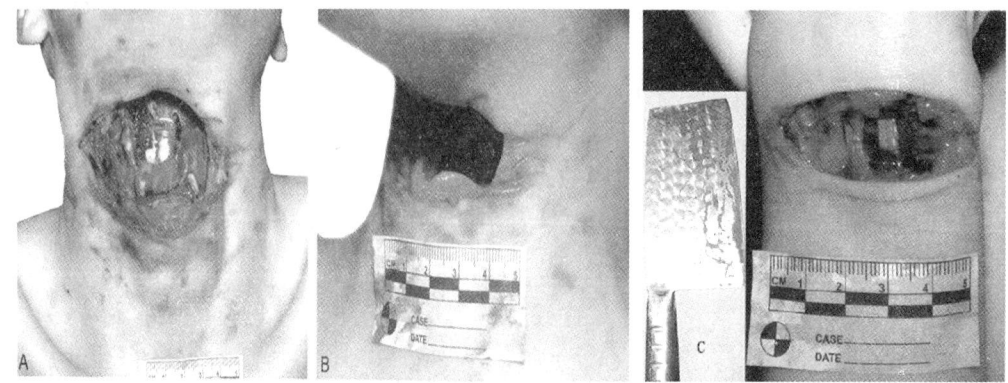

图 4 - 1 - 62 菜刀切创

A、B 颈前部多次切创，创缘整齐，左侧创角有浅切痕，伴皮瓣形成，气管断裂，双侧颈动脉完全断裂，创周伴散在擦挫伤（扼、掐所致）；C. 左手腕切创，创口呈舟状（左侧小图为致伤菜刀）

二、砍器及砍创

具有一定重量、便于自上而下垂直或倾斜挥动致伤的锐器称为砍器。挥动砍器，以其刃部自上而下垂直或倾斜作用于人体形成的损伤称为砍创（chop wound）。

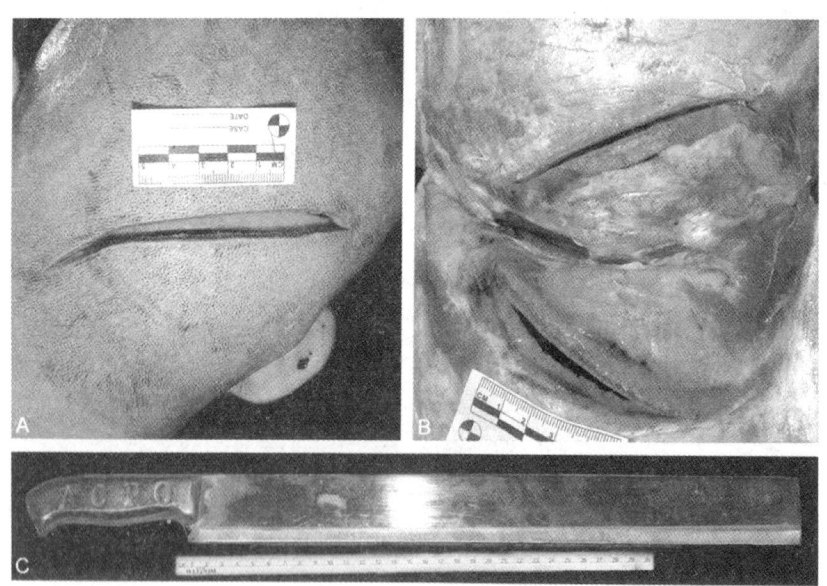

图 4 - 1 - 63 长刀砍创

A. 枕部长条形创口，创角锐利，创缘平直，深达颅骨；B. 颅骨线性骨折；C. 致伤物：长刀

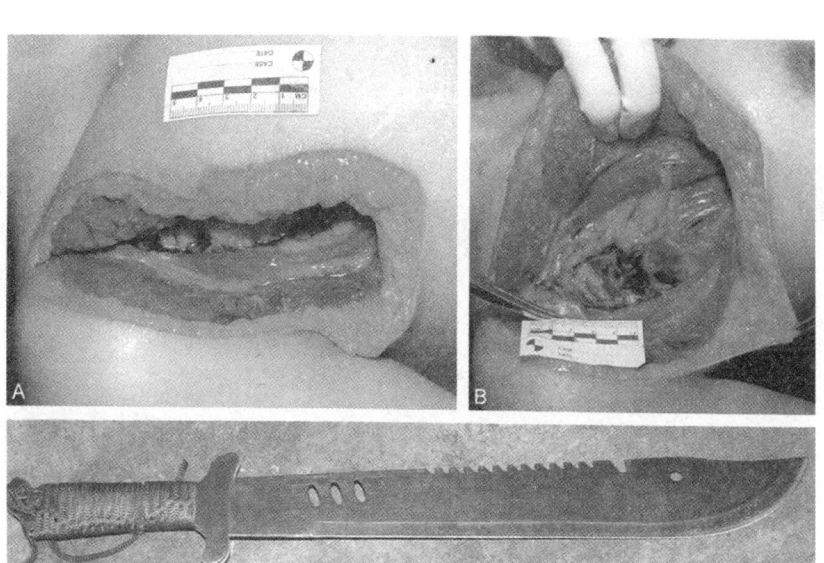

图4-1-64 右肩部砍创

右肩部哆开，创缘整齐，创腔深达胸腔，右锁骨骨折，致伤工具为长砍刀

三、刺器及刺创

具有体长和锋利尖端，或同时有锐利刃缘的致伤物均称为刺器（stab weapon）。具有锋利尖端的物体沿其长轴方向插入人体所形成的锐器伤，称为刺创（stab wound）。

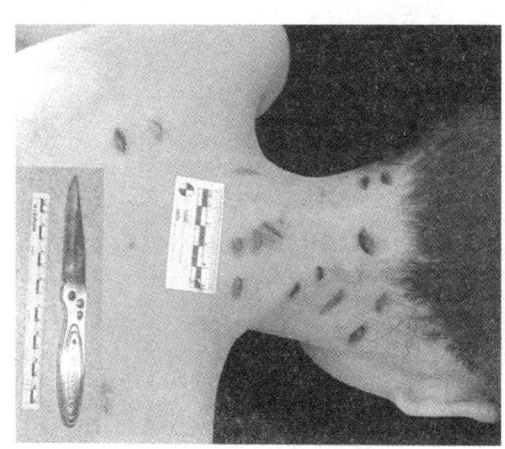

图4-1-65 项背部单刃刺创

项背部多处创口，深浅不一，创缘整齐，创角一锐一钝，致伤物为单刃刺器

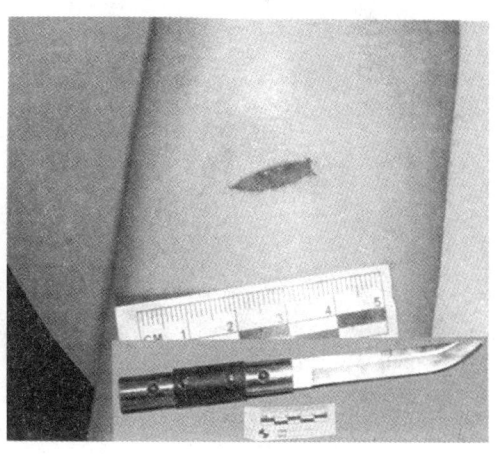

图4-1-66 小腿单刃刺创

创角一钝一锐，创缘整齐，无表剥脱及皮下出血（右下图为致伤刀）

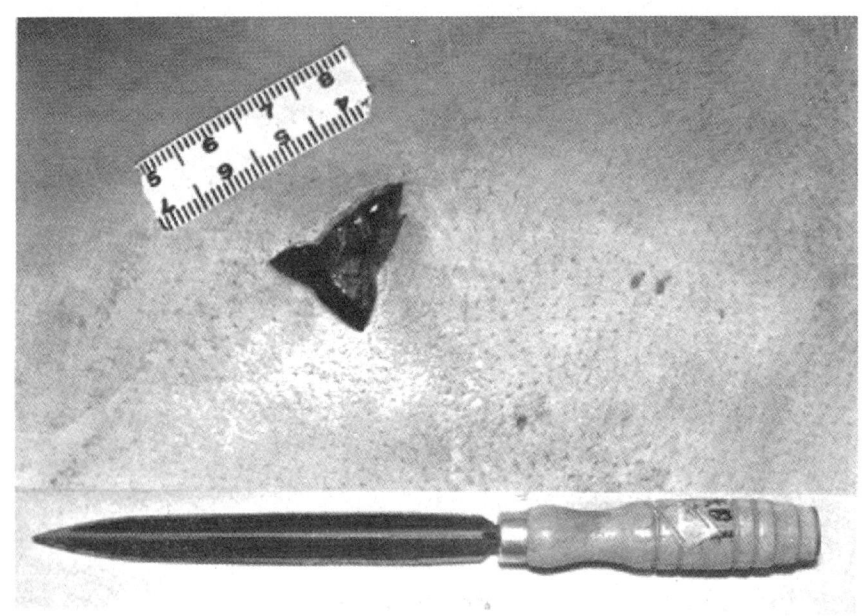

图4-1-67 三棱刮刀刺创

创口呈三角形，创角锐利，创缘整齐，无表皮剥脱及皮下出血（图下为致伤刀）

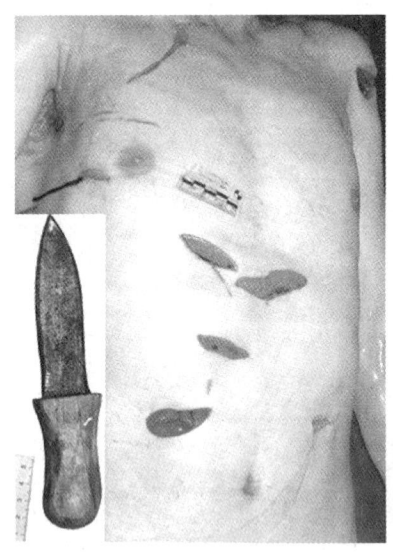

图4-1-68 自制刀具刺创

创口哆开，创角锐，创缘整齐无表皮剥脱及皮下出血（图左下为致伤刀）

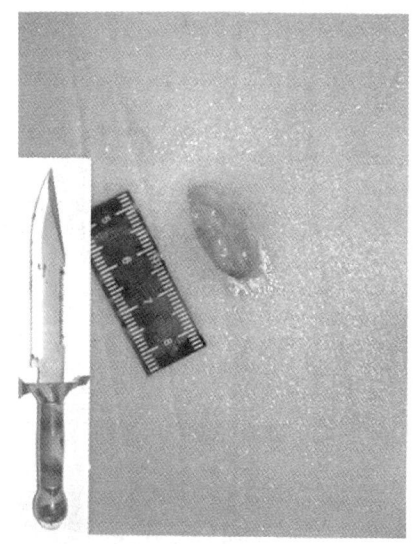

图4-1-69 背带小齿单刃锐器刺创

创口哆开，左上创角锐，右下创角钝；右下创角皮肤形成齿状损伤（图左下为致伤刀）

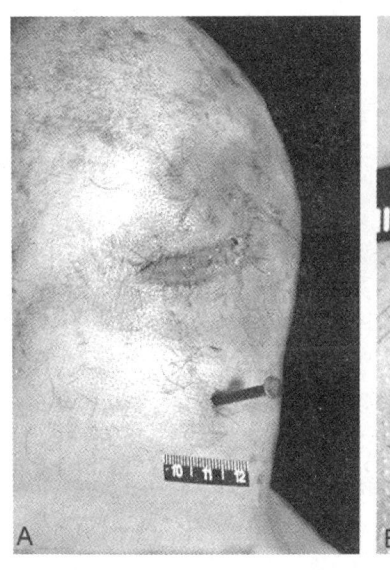
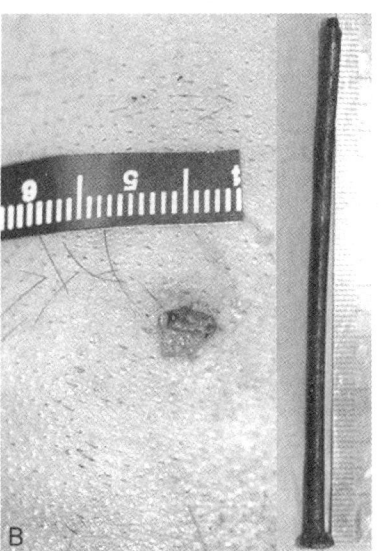

图 4 - 1 - 70　铁钉刺创

　　A. 铁钉致伤头颅，后枕部一铁钉钉入颅内；B. 铁钉拔出后，创口呈孔状，边缘不整齐（图右侧为致伤钉）

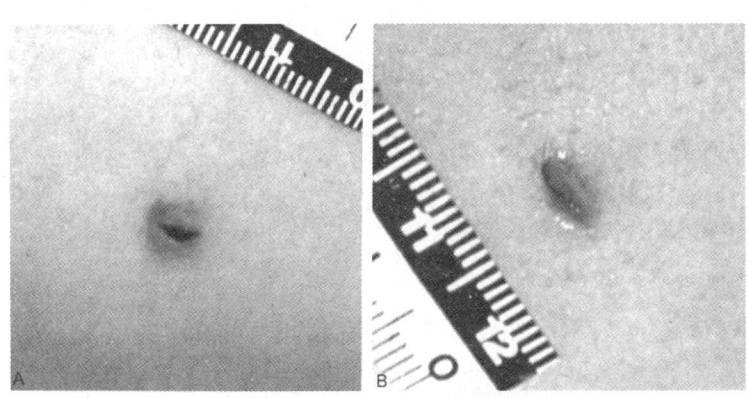

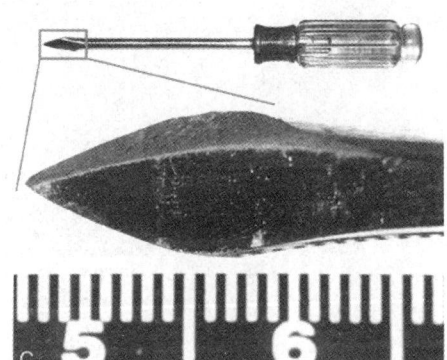

图 4 - 1 - 71　螺丝刀刺创

　　A. 螺丝刀创口为一字形，创周挫伤带为类圆形；B. 螺丝刀创口为一字形，创缘整齐，创周有挫伤带；C. 致伤工具为螺丝刀，端部较锐

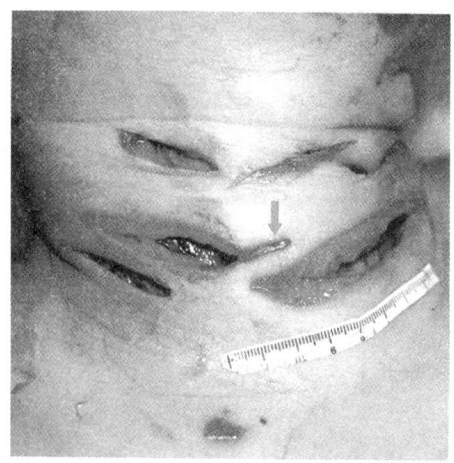

图 4 - 1 - 72　颈部单刃刺切创

颈部多处刺创，创缘整齐，创角一锐一钝，创周无挫伤，部分
创口形成切拖尾状

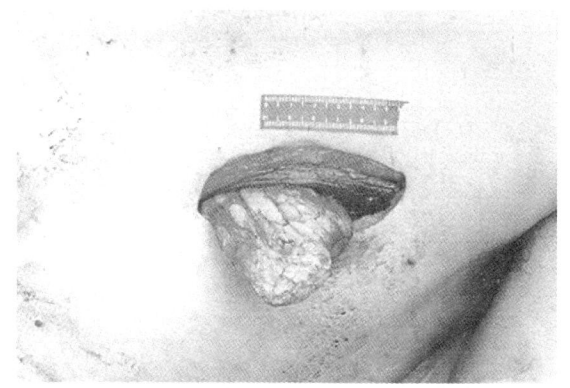

图 4 - 1 - 73　胸部开放性刺创

胸部刺创，肺尖部由创口膨出

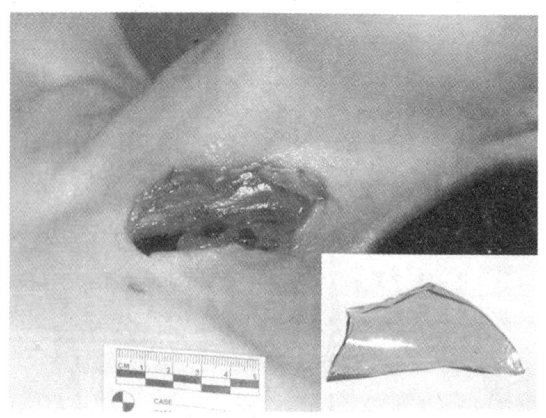

图 4 - 1 - 74　颈部玻璃瓶碎片刺创

创缘不整齐，伴有多个小皮瓣

四、剪器及剪创

以其两刃片刃口相向运动而夹剪致伤的锐器称为剪（scissor）。剪创是指以剪刀的两刃铰夹人体形成的损伤。

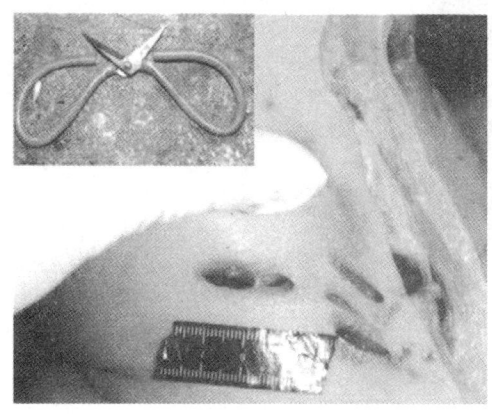

图 4-1-75　颈部剪创

右颈部剪创，创缘整齐，其中一剪创中间有尚未离断的组织，左侧创口大，较深，右侧创口小，较浅（图左上为致伤物）

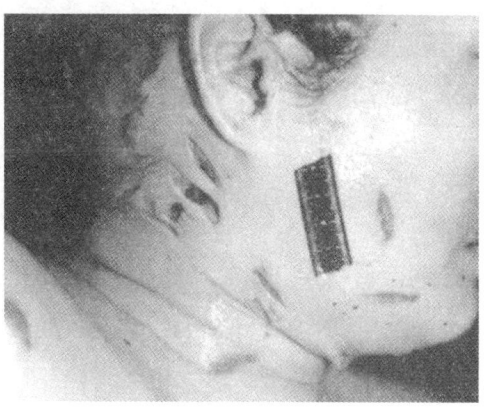

图 4-1-76　头颈部剪创单叶刺创

右乳突后，右下颌见多处剪刀单叶刺创，创缘齐

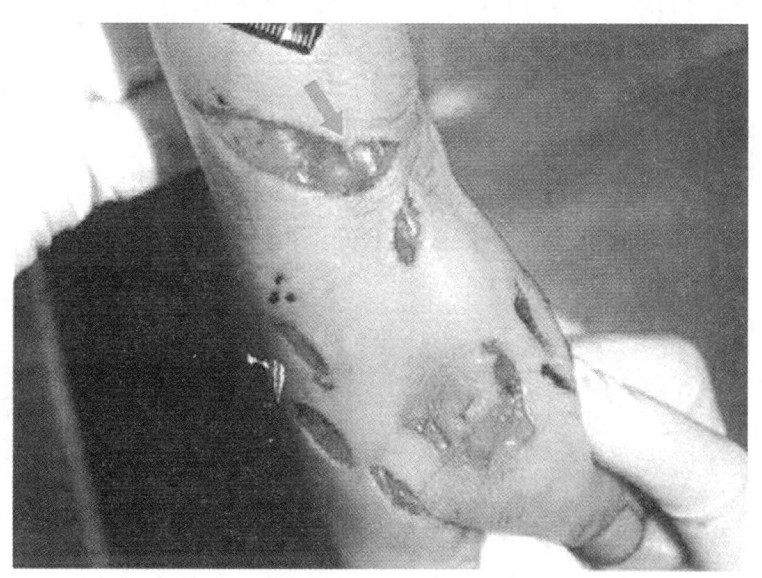

图 4-1-77　右手剪创

右手腕桡侧上方见一 V 字形剪创，上创缘形成一夹角。手背大鱼际处见多处未对合剪创，创缘齐

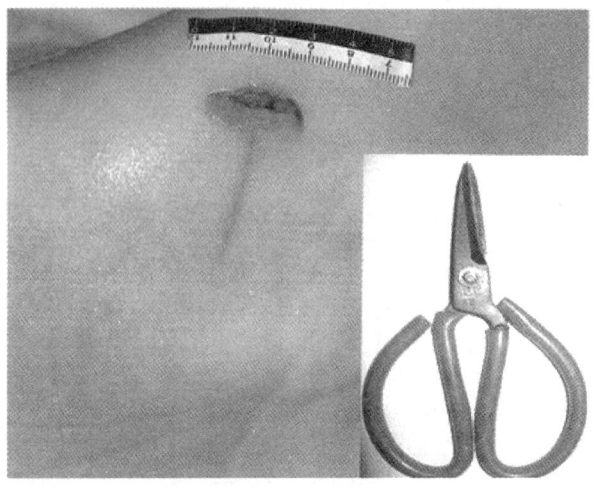

图 4 - 1 - 78   背部剪创

左肩背部剪刀两页合拢刺创，创口呈微 S 形特征，

下方有一条形划伤（图右下为致伤剪刀）

图 4 - 1 - 79   腰部剪刀斜刺创

创缘不整，上缘形成皮瓣

 实训巩固练习

1. 锐器创的共同特征有哪些？

2. 抵抗伤和试切创的定义和法医学意义？

3. 砍创的形态特征有哪些？

实训任务二 痕迹提取

模块一 犯罪现场手印提取

实训一 粉末法显现汗潜手印

实训目的

一、了解磁性粉显现汗潜手印的原理

二、掌握磁性粉显现汗潜手印的适用范围

三、熟练掌握磁性粉显现汗潜手印的操作规范

实训素材及内容

根据显现汗潜手印的方法,模拟一枚汗潜手印(拇指),利用磁性粉对该枚模拟汗潜手印进行显现。

实训方法

一、实训器材

磁性刷、磁性粉、手电或手机手电筒(如图4-2-1)。

图4-2-1 实训器材

二、实训方法与步骤

1. 模拟一枚汗潜手印(如图4-2-2),若手印清晰度不足,难以寻找,可采用反

射光观察法（如图4-2-3），用手电筒打侧光，对手印进行寻找与发现，直到寻找到所需提取的目标手印。

图4-2-2　寻找与发现目标手印

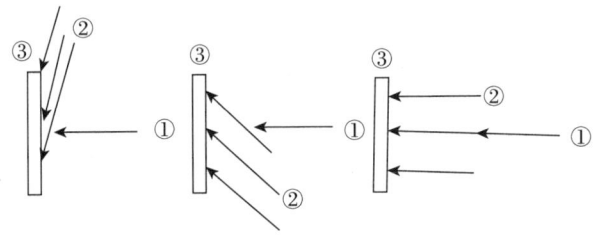

①观察方向　②光源　③不透明体

图4-2-3

2. 取出备好的磁性刷、磁性粉。磁性刷种类很多，但基本构造一样。分磁头、套管、升降杆三部分，磁头内装永久性磁铁，磁铁与套管内的升降杆连接，可随着升降杆升降。当磁铁降入套管头部时，产生磁力。（如图4-2-4、图4-2-5）

图4-2-4　磁性刷

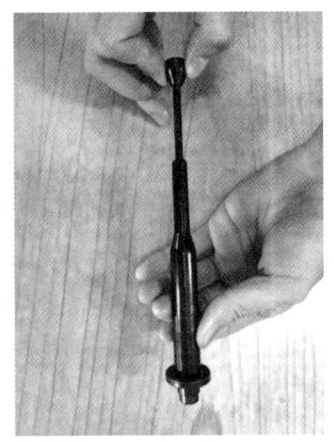

图4-2-5　磁性刷内升降杆

磁性粉是由具有黏性和显色作用的单一粉末或合成粉末与具有磁性的还原铁粉按一定比例组成的混合粉末。磁性粉又分成普通黑色磁性粉、静电磁性粉和彩色磁性粉三种。勘查现场时，磁性粉一般用来显现光滑客体上的新鲜汗液手印（如图4-2-6、图4-2-7）。由于承痕体为银白色铝镀门，此次实训以银黑双色磁性粉显现效果更佳。

图4-2-6　双色磁性粉　　　　　　　　　　图4-2-7　金粉

3. 待确定装备无损后，可用磁性刷吸起磁性粉末，粉末在磁力和还原铁粉的作用下形成"磁力粉穗"（如图4-2-8）。

图4-2-8　磁力粉穗

用粉穗尖端轻刷物体表面即可（如图4-2-9）。

图 4 – 2 – 9　刷显物体表面

轻刷直至手印清晰显现，后拍照保存。（如图 4 – 2 – 10）

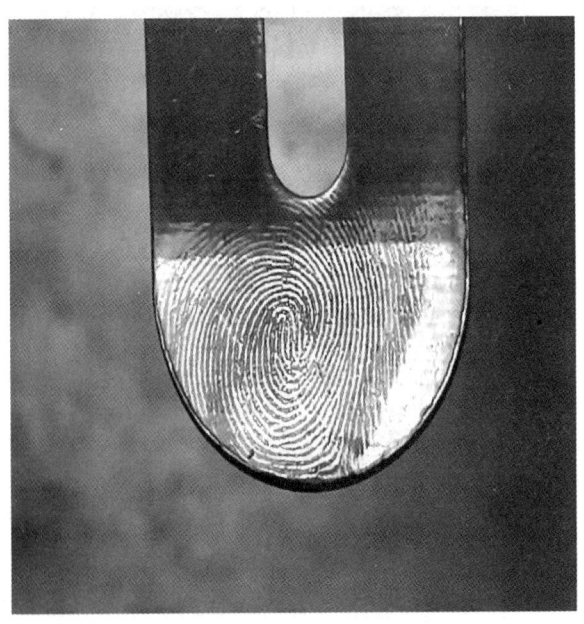

图 4 – 2 – 10　显现手印

4. 提取手印。手印显出后，用透明胶带粘贴于手印上。注意粘贴时不要破坏纹线，更不要留气泡，之后轻轻将胶带取下，粘到手印提取卡上即可。（如图 4 – 2 – 11）

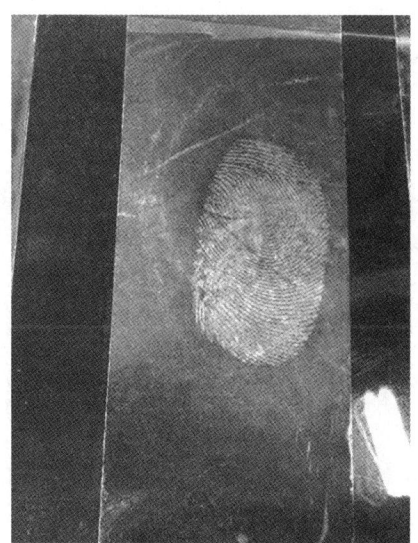

图 4-2-11 提取手印

三、实训注意事项

1. 在显现过程中需注意控制好磁性刷与承痕体之间的距离，切忌磁性刷头部与物面接触，最好悬空轻刷，以免划损手印纹线。

2. 如初刷效果不理想，可反复轻刷，显现后将多余粉末收回。

3. 如需提取，注意先拍照，后用胶带，以免破坏。

 **实训知识**

新鲜的汗液具有电负性和黏性，对粉末具有物理亲和力。汗潜手印的残留物与黑色磁性粉间有较强的吸附力，两者接触时便结合在一起，使原本无色的手印染色并显现出来而便于我们拍照固定、提取。

使用优点：粉末法适用于现场大多数客体，操作简单、快速，并且方便大面积寻找与提取汗液手印。

使用缺点：汗液手印因素干扰较多，容易出现假特征。若现勘人员对手印分析不准或提取操作不当将会破坏手印。手印一旦破坏，根据痕迹物证的不可逆特性，无法再使用其他方法进行二次处理。

实训二 502 胶熏显法显现汗潜手印

实训目的

一、了解 502 胶熏显法的原理

二、掌握 502 胶显现汗潜手印的范围

三、熟练掌握 502 胶熏显汗潜手印的操作规范

✦ **实训素材及内容**

根据 502 胶熏显法，模拟一枚汗潜手印（拇指），利用 502 胶对该枚手印进行熏蒸显现。

✎ **实训方法**

一、实训器材

HA - I 型手印熏蒸柜（如图 4 - 2 - 12）、502 胶（如图 4 - 2 - 13）、不渗透纸（如图 4 - 2 - 14）、锡箔纸托（如图 4 - 2 - 15）。

图 4 - 2 - 12　HA - I 型手印熏蒸柜

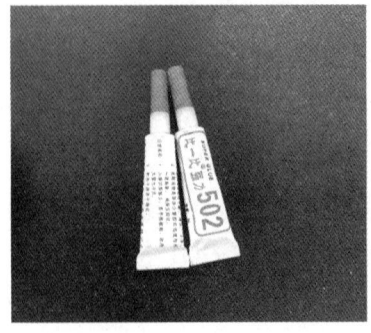

图 4 - 2 - 13　502 胶

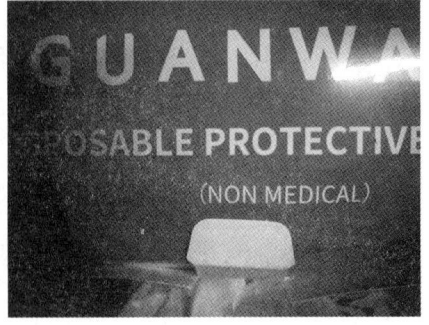

图 4 - 2 - 14　不渗透纸

图 4 - 2 - 15 锡箔纸托

二、实训方法与步骤

1. 模拟一枚汗潜指纹（拇指），在承痕体上按捺一枚指纹。

2. 准备两个小盛皿（锡箔纸托），将 502 胶注入其中一盛皿中，6 克为佳（如图 4 - 2 - 16），另一盛皿则注入清水。

图 4 - 2 - 16 注入 502 胶

502 胶与清水的比例一般为 1∶2，故清水应为 12 克，以保证其湿度环境达到理想状态。将二者备齐后，一同放入 HA - I 型手印熏蒸柜中的底层（如图 4 - 2 - 17）。随之，将承痕体悉数按序置于网格架上（如图 4 - 2 - 18），然后合紧柜门。

图 4 - 2 - 17　手印熏蒸柜

图 4 - 2 - 18　承痕体置于网格架上

3. 关闭柜门后，打开 HA - I 型手印熏蒸柜电源，加热 30 分钟，让 502 胶充分挥

发，熏染承痕体。（如图 4 - 2 - 19）

图 4 - 2 - 19　熏染承痕体

4. 待加热完成后，再排气 8 分钟，将多余气体排出。（如图 4 - 2 - 20）

图 4 - 2 - 20　排气

5. 取出承痕体，观察其显现效果。由于本次实训承痕体以非渗透纸与锡箔纸托为主，故下图以二者显现效果为示例。（如图 4 – 2 – 21、4 – 2 – 22）

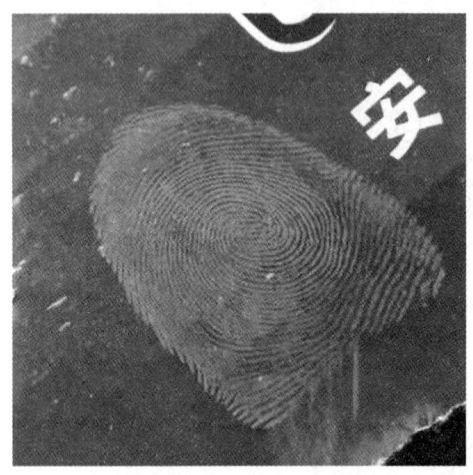 

图 4 – 2 – 21　非渗透纸承痕　　　　　　图 4 – 2 – 22　锡箔纸痕迹

三、实训注意事项

1. 502 胶汗潜手印的显现效果取决于手印的化学成分、新旧程度和显现条件。故在模拟指纹时可事先捂汗，以达最佳模拟效果。另外，需保证清水的数量，不可多，不可少。

2. 在选择适用承痕体上，应注意选用非渗透材质的客体。但经实训经验并结合显现效果得知，人造皮革显现效果相对较差，应尽量避免。

3. 在加热及排气过程中，切记将排气管伸出室外。

4. 由于 502 胶具有强烈刺鼻气味，故在从柜中取出显现完毕的客体时，可打开柜门进行进一步的排气及散热，在此过程中，实验人员应注意捂鼻后退。待温度下降到一定程度后，再行取出显现完毕的客体。

5. 如熏显过厚，可采取光照、升温等来完成对 502 胶的削薄。

🔖 **实训知识**

502 胶熏染原理

502 胶是以 a – 氢基丙烯酸乙酯为主体，含有少量对苯二酚和二氧化硫等阻聚剂的黏合剂。a – 氢基丙烯酸乙酯挥发后，其单体分子在汗液中水和氨基酸的引发下发生聚合反应，生成白色固体状的聚合物，从而显出手印，呈乳白色。而 HA – I 型手印熏蒸柜，可以促使其更快、更好地显现。

实训三 明胶指纹提取片提取汗潜手印

实训目的

一、了解白色明胶指纹提取片提取指纹的原理

二、掌握白色明胶指纹提取片的适用范围

三、熟练掌握白色明胶提取片提取指纹的操作规范

实训素材及内容

模拟一枚汗潜手印（拇指），利用磁性粉（或毛刷）对该枚模拟汗潜手印进行显现。显现完成后，利用白色明胶提取片对其进行提取并保存。

实训方法

一、实训器材

粉末：青铜粉（金粉）、磁性黑粉（如图4－2－23）。

图4－2－23 左为青铜粉，右为磁性黑粉

工具：毛刷、磁性刷、白色明胶指纹提取片（如图4－2－24）。

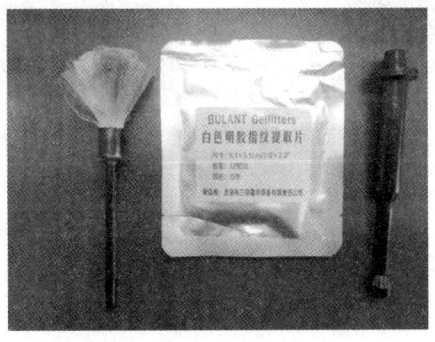

图4－2－24 提取工具

承痕客体：桌面（呈黑色）、玻璃柜面。

二、实训方法与步骤

1. 分别在两个客体处各模拟一枚汗潜手印（如图4-2-25、图4-2-26）。

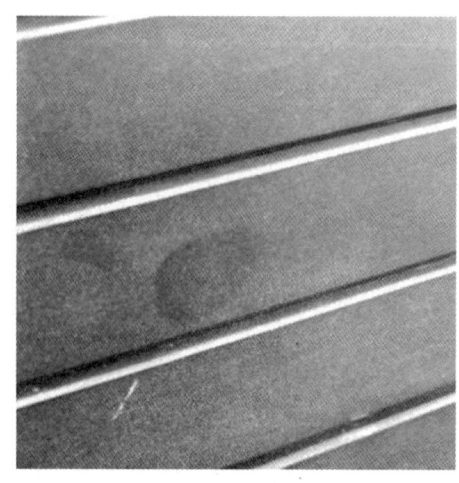

图4-2-25　桌面上的指纹

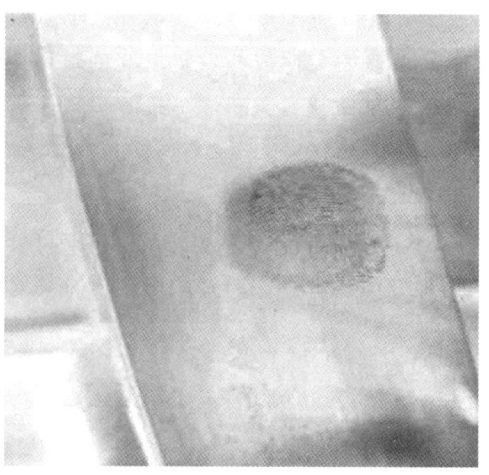

图4-2-26　玻璃上的指纹

2. 取出备好的粉末、毛刷、磁性刷对该汗潜手印进行显现。在实训过程中，显现汗潜指纹，应采取与客体色差较大的粉末，一为明显可清晰辨识纹路，二为提取指纹时减少失误。故黑色桌面的汗潜手印应选择青铜粉（金粉）为佳，而玻璃柜面的汗潜手印应采取磁性黑粉为佳（如图4-2-27、图4-2-28）。

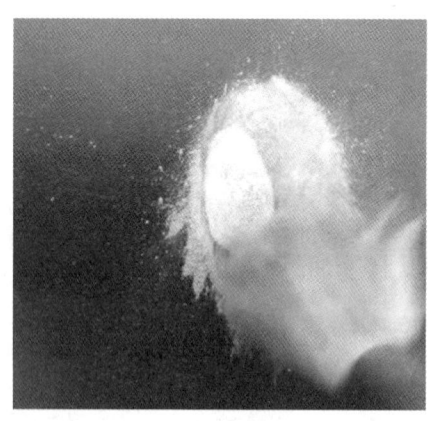

图4-2-27　金色粉末显现指纹

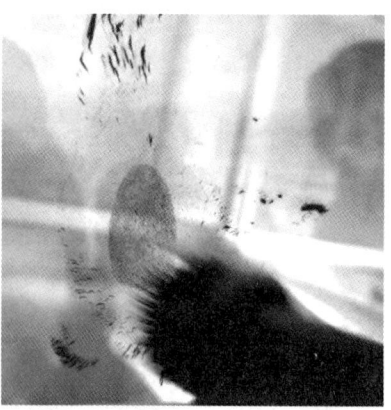

图4-2-28　黑色粉末显现指纹

3. 显现完成后，先拍照，后提取，以防失误造成不可逆的破坏。拍照结束后，取出白色明胶指纹提取片。

4. 取出一张提取片，先检查其是否洁净无污染（如图4-2-29）。

图4-2-29　干净的明胶提取片

将其表层塑料薄膜取下，反扣于干净处，留置待用（如图4-2-30）。

图4-2-30　表层塑料膜留置待用

5. 双手各捏于同边两角，倾斜徐徐覆盖于需提取指纹处（如图4-2-31、图4-2-32）。

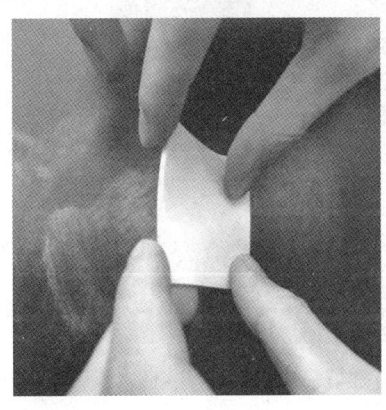

图4-2-31　　　　　　　　图4-2-32

从一端按压挤出气泡

6. 覆盖完成后，可用手指垂直匀力按压提取片，挤出多余气泡，促其提取效果更为理想（如图 4 - 2 - 33）。

图 4 - 2 - 33　轻压提取片

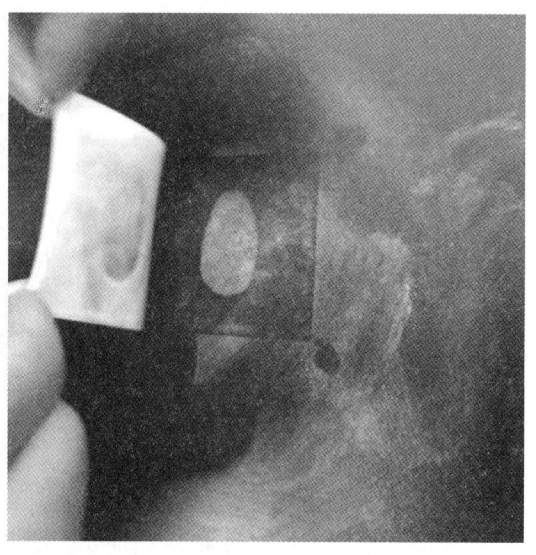

图 4 - 2 - 34　揭起提取片

7. 为避免指纹在揭起时破坏，故揭起也应徐徐而起，即两指合捏，轻轻揭起（如图 4 - 2 - 34）。

8. 揭下后，将原先留置的塑料薄膜盖上即可，提取到此完成（如图 4 - 2 - 35）。

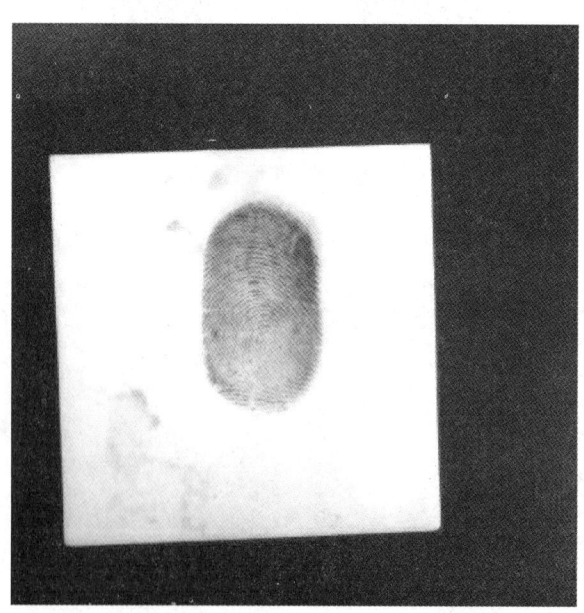

图 4 - 2 - 35　提取完成

三、实训注意事项

1. 指纹提取的前提在于指纹显现的效果程度，所以显现汗潜手印时应按照操作规范，按质按量按需按序完成。

2. 明胶指纹提取片为一次性用品，应避免重复使用。

3. 提取指纹后，切记盖上塑料薄膜，以防污染。

实训知识

明胶黏度适中，可以粘取经显现出的手印。且明胶提取片属于复印粘取法，可直接提取。另白色明胶表面光洁度极高，定向反射配光方式提高深色手印反差效果明显。

模块二　犯罪现场足迹提取

实训一　静电吸附仪提取平面粉尘足迹

实训目的

一、了解静电吸附法提取平面粉尘足迹的原理

二、掌握静电吸附法提取平面粉尘足迹的适用范围

三、熟练掌握静电吸附法提取平面粉尘足迹的操作规范

实训素材及内容

案例：

视频《法医密档第九集：血缢之谜》

根据素材中介绍的平面粉尘足迹提取方法，模拟一枚平面粉尘足迹，利用自由放电式静电吸附仪对该枚模拟粉尘足迹进行提取。

实训方法

一、实训器材

高压静电吸附仪、静电金属镀膜、塑料布、塑料板、蓝光手电筒、三套（头套、手套、脚套）、一罩（口罩）。（如图 4 - 2 - 36）

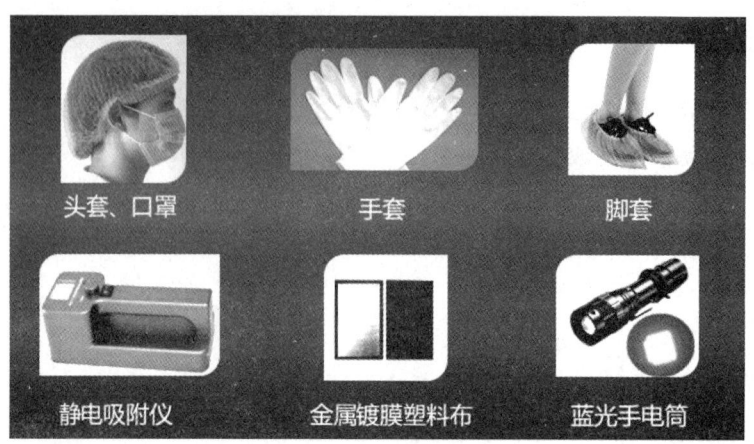

图 4 - 2 - 36　实训器材

二、实训方法与步骤

1. 模拟一枚平面粉尘足迹（如图 4 - 2 - 37）。

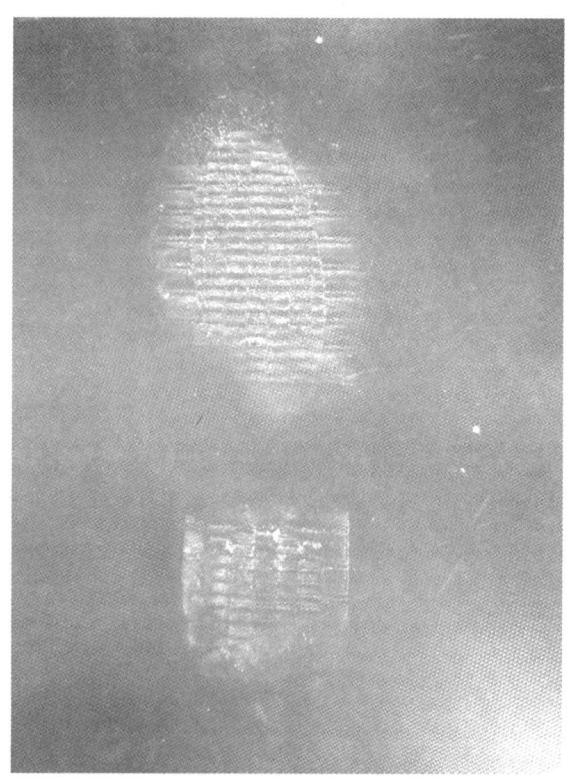

图 4 - 2 - 37　平面粉尘足迹

若足迹清晰度不够，可以使用蓝光手电筒进行足迹的寻找与发现（如图 4 - 2 - 38），直到寻找到所要提取的目标足迹（如图 4 - 2 - 39）。

图 4 - 2 - 38　寻找足迹

图 4 - 2 - 39　找到目标足迹

2. 将充好电的自由式静电吸附仪（如图 4 - 2 - 40）取出，用手摁压开关，如果听到静电吸附仪发出"嗞嗞"的声音，说明已经通电且产生电压，响声越大电量越充足，可以稍后使用；若没有听见响声，证明没有电压，不能使用，进行电源和线路检查。

图 4 - 2 - 40　自由式静电吸附仪

3. 取出静电吸附膜，将黑色面（图 4 - 2 - 41）朝向足迹，金属膜面（图 4 - 2 - 42）朝上。

图 4 – 2 – 41　静电吸附膜

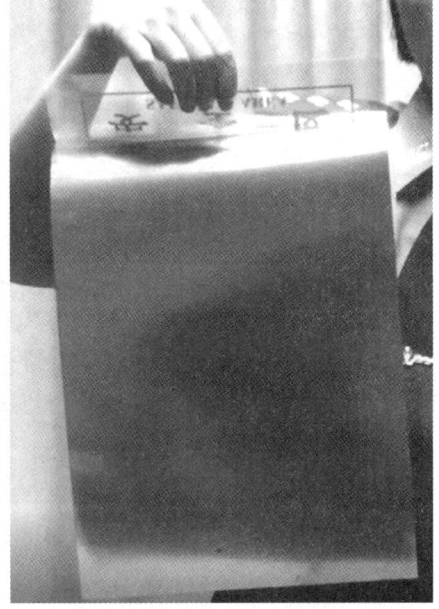

图 4 – 2 – 42　金属膜面

选好足迹的承载位置，一手持塑料膜的安全区域，一手按住塑料膜尾端，轻轻将塑料膜覆盖在所要提取的足迹之上（如图 4 – 2 – 43）。注意操作时要将足迹覆盖全面且不要擦蹭，以免将原始足迹痕迹毁损。

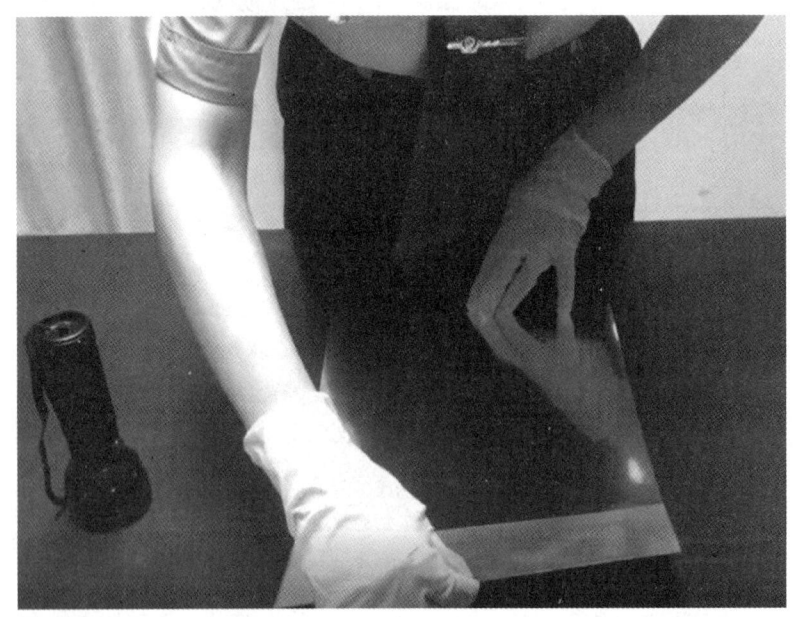

图 4 – 2 – 43　吸附

4. 将静电吸附仪电极的一侧对准金属面，地线与地板相连（图 4 – 2 – 44）。通电，此时静电通过金属膜面传导到整个塑料膜上，注意不要将电极的两侧同时接触塑料膜。

图4-2-44　静电吸附仪开始工作

5. 待塑料膜与客体接触并吸附紧贴时（如图4-2-45），高电压下持续30秒。

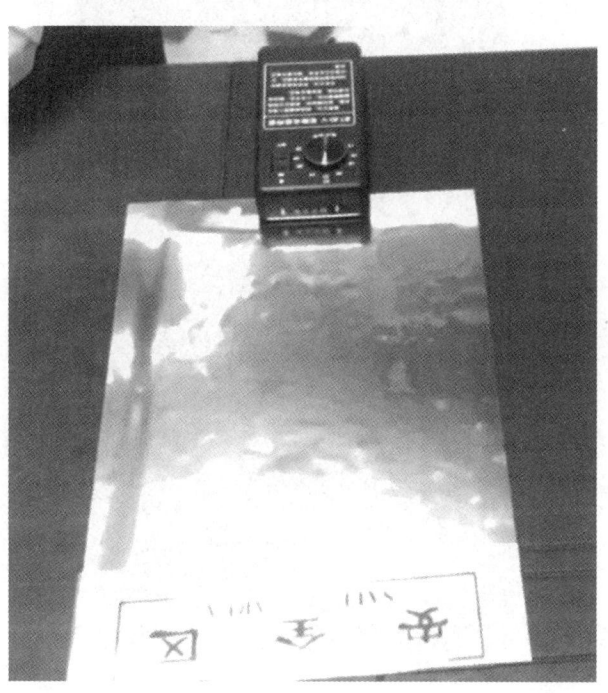

图4-2-45　高电压持续中

6. 关闭通电开关。一手拿起安全区域一手按住塑料膜尾端，轻轻提起塑料膜（如图 4 - 2 - 46），请注意不要擦蹭。

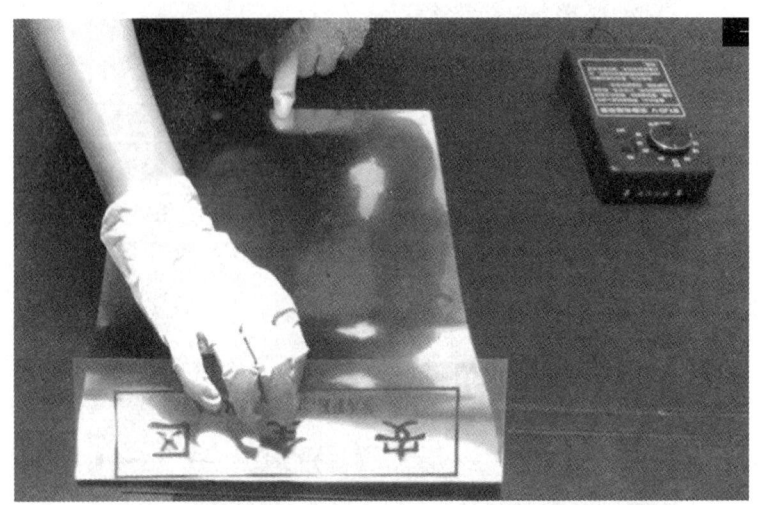

图 4 - 2 - 46　提起金属薄膜

7. 将塑料膜反转，即可得到需要提取的粉尘足迹痕迹（如图 4 - 2 - 47）。

图 4 - 2 - 47　得到粉尘足迹痕迹

三、实训注意事项

1. 当前静电吸附仪的种类较多，可根据足迹痕迹的实际情况进行选择。

2. 一般来说自由放电式静电发生仪的电压较高，使用更方便，提取效果更好。

3. 使用静电吸附法应保持金属膜、塑料膜与客体紧密贴合，不可擦蹭。

实训知识

粉尘颗粒是由无数具有电极性的分子组成。在没有外加电场时，这些分子取向是杂乱无章的，粉尘颗粒总体呈电中性。当有外加电场时，在电场力作用下，正、负电荷沿不同的电场方向移动，使得这些分子的极性取向发生一定程度的变化。这一变化的总效应是在粉尘颗粒的上部聚积一些负电荷，在下部聚积一些正电荷，这个过程为极化效应（如图 4 - 2 - 48）。

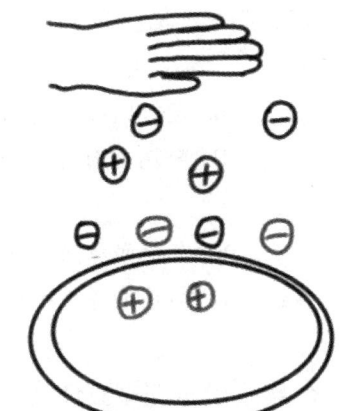

手掌上的负电荷会因为同性相斥远离泡沫盘，

图 4 - 2 - 48

静电吸附膜是在黑色塑料布的一面镀一层金属膜，将金属膜面朝上覆盖在地面上，在金属膜面上充电（一般为正电荷），由于塑料是绝缘体，电荷不能穿过塑料膜流入大地而是滞留在塑料膜表面，这些电荷将产生电场，由于电荷分布在一个平面，电场的方向指向地面，电场穿过塑料膜对下面的粉尘产生作用。即粉尘颗粒上部的负电荷受到向上的吸引，下部的正电荷受到向下的排斥力，当粉尘颗粒上部的电场强度大于下部电场强度时，粉尘颗粒受到的合力是向上的，粉尘就会克服自身重力向上运动。

 实训巩固练习

1. 下面哪些客体上的粉尘足迹可采用静电吸附方法进行提取（　　　）

A. 水泥地面　　　　　　　　　B. 水磨石地面

C. 木地板　　　　　　　　　　D. 纺织品

2. 用静电吸附法提取足迹只能在（　　　）的承痕客体上使用

A. 干燥　　　　　　　　　　　　B. 绝缘

C. 潮湿　　　　　　　　　　　　D. 非绝缘

3. 用静电吸附法提取足迹时，如果承痕客体表面粉尘过多时该如何操作（　　　）

A. 可用吹风机或扇子轻轻地除去多余的粉尘然后提取。

B. 可不用处理多余的粉尘，采用同样方法反复提取，直到清晰为止。

C. 此情形下不适用静电吸附法提取。

D. 用静电吸附法提取足迹时，承痕客体表面粉尘越多提取足迹越清晰。

4. 用静电薄膜轻轻地覆盖在足迹上，操作中要求做到（　　　）

A. 静电薄膜与客体接触即可。

B. 应保持静电薄膜与客体贴实。

C. 不要擦蹭、挪动静电薄膜，以免损坏足迹。

D. 可以擦蹭、挪动静电薄膜，不会损坏足迹。

5. 用静电薄膜覆盖足迹时，要求（　　　）

A. 塑料膜面（黑面）朝下。　　　B. 塑料膜面（黑面）朝上。

C. 金属板面（光面）朝上。　　　D. 金属板面（光面）朝下。

6. 静电吸附法提取的足迹（　　　）

A. 与地面原来足迹左右相反。　　B. 与地面原来足迹左右相同。

C. 与地面原来足迹上下相反。　　D. 与地面原来足迹上下相同。

实训二　石膏制模法提取立体足迹

实训目的

一、了解石膏制模法提取立体足迹的原理

二、掌握石膏制模法提取立体足迹的适用范围

三、熟练掌握石膏制模法提取立体足迹的操作规范

实训素材及内容

模拟一枚立体足迹，利用石膏制模法对该枚足迹进行提取。

实训方法

一、实训器材

石膏粉、清水、细沙、广口容器、骨架2只、"围墙"。（如图4-2-49）

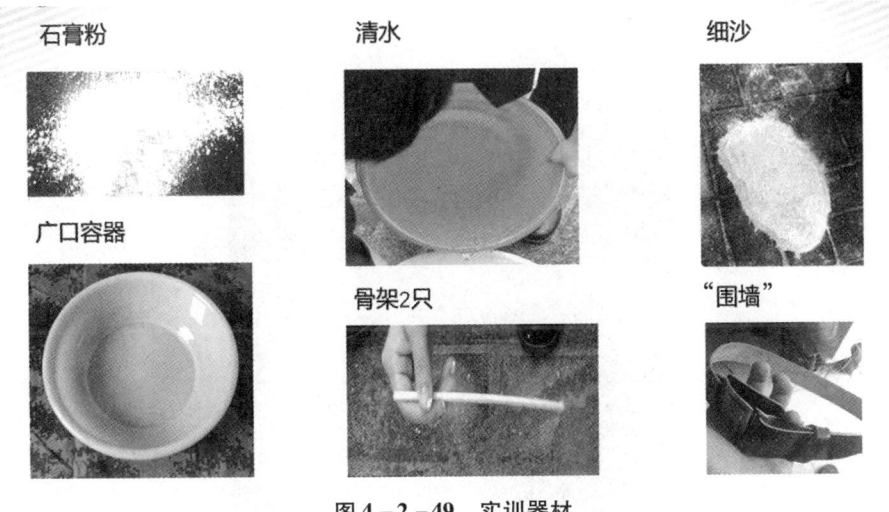

石膏粉　　　　清水　　　　细沙

广口容器

骨架2只　　　　"围墙"

图 4 – 2 – 49　实训器材

二、实训方法与步骤

1. 模拟一枚立体足迹。为了达到更好的实验效果，从沙池筛出细沙（如图 4 – 2 – 50），将筛好的细沙铺平，模拟出立体足迹作为提取样本（如图 4 – 2 – 51）。

图 4 – 2 – 50　筛沙

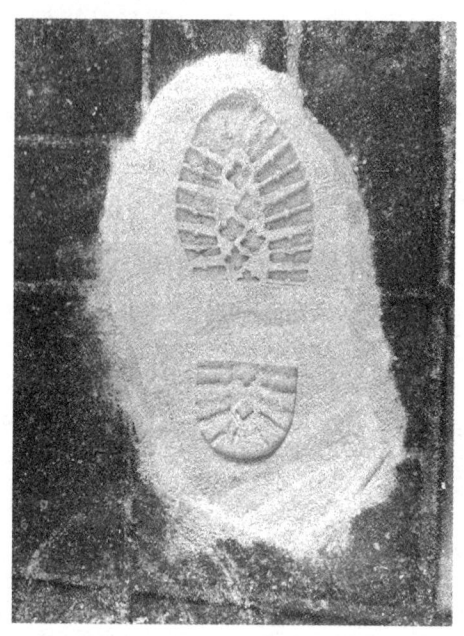

图 4 - 2 - 51　模拟立体足迹

2. 制作"围墙"。对模拟好的立体足迹用铁制"围墙"套住，若没有铁制"围墙"可在模拟足迹外围砌 3 至 4 厘米的泥土"围墙"代替，可用多余的细沙在外围固定"围墙"。砌"围墙"是为了防止石膏液灌入时外溢（如图 4 - 2 - 52）。

图 4 - 2 - 52　制作"围墙"

3. 备齐并检查所需物品。利用石膏模型提取立体足迹所需的器材有：石膏粉、清水、细沙、广口容器、铁制"围墙"、骨架 2 只（可用干树枝、铁丝、竹筷子代替，但其长度不能超过足迹长度）。

4. 制作石膏液。

（1）直接调制石膏液（如图 4－2－53）。将广口容器盛装适量的清水，一手均匀地将石膏粉撒入水中，一般石膏和水的重量比为 3∶5 左右，一手利用搅拌工具顺一个方向匀速搅拌，也可根据需求边搅拌边加入清水。动作尽量轻，搅拌过程尽量不产生气泡，若产生气泡，会影响模型效果。此方法调制石膏液要尽量缩短时间，否则石膏液将有可能在容器中凝固无法进行灌制。

图 4－2－53 调制石膏液

（2）浸泡石膏法。将广口容器盛装清水，均匀地撒入石膏粉，让粉末沉入水底，形成饱和悬浊液。静置 8～10 分钟左右，观察液体状态，可根据所需浓度适当增加或减少表层的清水，一般清水高度保持在 1～1.5 毫米，同时加以匀速搅拌，即可制模。利用此方法调制的石膏液凝固速度慢，可不砌"围墙"，可用来提取斜面上的足迹。

5. 灌注石膏液。从足迹最低处边沿紧贴地面，将调制好的石膏液缓慢灌入，随着石膏液体量增大，液面可自行流动并自然灌满整个立体足迹的表面（如图 4－2－54）。当石膏液面距离足迹最高处 1 厘米左右时可停止灌注石膏液，将准备好的骨架平稳地放入，让其固定下来（如图 4－2－55）。再继续灌注石膏液，直到石膏液完全覆盖骨架为止。注意，继续灌注石膏液时不能让骨架浮起，骨架需要紧贴第一层石膏液表面，同时继续灌注的石膏液可以较先前浓稠一些，但也可产生自流形态，以保证得到的立体足迹光滑、平整。

图 4 – 2 – 54　灌入石膏液　　　　　　　　图 4 – 2 – 55　放入骨架

6. 取模。灌注石膏半小时后，石膏逐渐凝固，可用铁钉等工具在足迹一面刻写案件的信息，如时间、地点、编号等（如图 4 – 2 – 56）。在石膏模型未完全凝固前去除"围墙"，同时将模型周围的沙土进行松动，当模型凝固后双手朝内用力搬动进行取模（如图 4 – 2 – 57）。同时，清理足迹内滚入、掉落、风吹进的泥丸，沙石、树叶、草叶、纸屑等物，以及降落或渗透的雨水，在不损坏足迹特征的前提下，可分别用镊子、洗耳球、黏性软物或吸水纸等，小心地将杂物取出，将水吸干。

图 4 – 2 – 56　刻写案件信息

图 4 - 2 - 57　取模

7. 冲洗。待模型干后，可用清水清洗。冲洗时，可双手托住模型两端在水中冲洗，也可以一手举着模型，一手向模型浇水，将模型冲洗干净直到显现出足迹特征。

8. 晾晒。冲洗好的模型应放在通风阴凉处风干，不可高温烘干，易碎裂（如图 4 - 2 - 58）。晒干后的模型应妥善保管，防止尖锐物品刮擦，防止碰撞、掉落、断裂。运输时要用棉布或棉絮进行包裹以做到不互撞、不挤压，防止破裂。

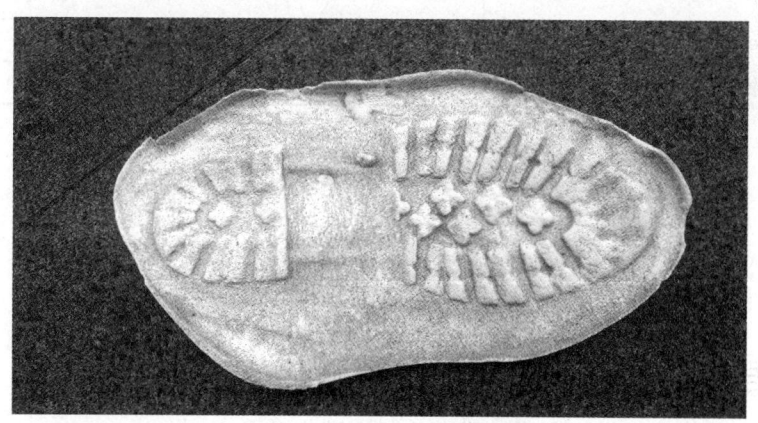

图 4 - 2 - 58　清洗并晾晒

三、实训注意事项

1. 制作"围墙"时请保持足迹形态的完整性，要将模拟足迹的起落足延伸痕迹也囊括进"围墙"内。

2. 骨架不选择新鲜树枝，为防止新鲜树枝干后的收缩力引起后续石膏足迹模型破裂。

3. 取模后，除去黏附于模型上的泥土时，不可用指甲等硬物去抠挖，应用指腹进行挑取。

4. 冲洗足迹模型时水势不应太急，切忌用硬物刮洗，不能将模型底洗得发白，需保持承痕体原本的色调，不破坏足迹特征。

5. 装箱运输足迹模型时，应用软布或棉絮包裹严实，与其他足迹隔开，将运输箱内的空隙用碎纸或泡沫填充满，防止模型互相挤压或晃动。

实训知识

石膏是单斜晶系矿物，是主要化学成分为硫酸钙（$CaSO_4$）的水合物。石膏是一种用途广泛的工业材料和建筑材料。可用于水泥缓凝剂、石膏建筑制品、模型制作、医用食品添加剂、硫酸生产、纸张填料、油漆填料等。石膏及其制品的微孔结构和加热脱水性，使之具有优良的隔音、隔热和防火性能。

实训巩固练习

几种常用提取足迹方法的比较

方　法	适用范围	主要技术规范	备注或评价
拍照提取			
原物提取			
石膏制模法提取			
静电吸附法提取			

模块三　犯罪现场工具痕迹提取

实训一　硅橡胶提取法

 实训目的

一、了解硅橡胶提取工具痕迹的意义与使用范围

二、熟练硅橡胶提取工具痕迹的操作规范

实训素材及内容

根据硅橡胶提取工具痕迹的方法，模拟一枚线条状工具痕迹或凹陷状撬压痕迹，利用硅橡胶对该模拟痕迹进行提取。

实训方法

1. 实训器材：留有线条状痕迹或凹陷状痕迹的金属板若干块、甘油、硅橡胶、调胶板。

2. 实训方法与步骤：

（1）观察待提取的线条状或凹陷状工具痕迹的大小；

（2）在工具痕迹的表面均匀地薄涂一层甘油；

（3）根据工具痕迹上留有的痕迹大小，取适量的硅橡胶在调胶板上调匀；

（4）将调制好的硅橡胶涂抹在痕迹表面；

（5）待硅橡胶凝固后，从硅橡胶模型的边缘处缓慢揭起，便可取下模型。

实训知识

一、硅橡胶的化学性质

硅橡胶是指主链由硅和氧原子交替构成，硅原子上通常连有两个有机基团的橡胶。普通的硅橡胶主要由含甲基和少量乙烯基的硅氧链节组成。苯基的引入可提高硅橡胶的耐高低温性能，三氟丙基及氰基的引入则可提高硅橡胶的耐温及耐油性能。硅橡胶耐低温性能良好，一般在 −55℃ 下仍能工作。引入苯基后，可达 −73℃。硅橡胶的耐热性能也很突出，在180℃下可长期工作，稍高于200℃也能承受数周或更长时间仍有弹性，瞬时可耐300℃以上的高温。硅橡胶的透气性好，氧气透过率在合成聚合物中是最高的。其特点是塑形较为细致，能将痕迹中较细微的特征反映出来，弹性较大、不易破损或断裂。

二、硅橡胶提取工具痕迹的适用范围

硅橡胶提取法常用于深浅不一、面积不等的承载于金属或木质材料客体上的线条状或凹陷状的痕迹。

<h2 style="text-align:center">实训二　硬塑料提取法</h2>

 **实训目的**

一、了解硬塑料提取工具痕迹的意义与使用范围

二、熟练硬塑料提取工具痕迹的操作规范

✦ **实训素材及内容**

根据硬塑料提取工具痕迹的方法，模拟空洞状工具痕迹或凹陷状工具痕迹，利用硬塑料对该模拟痕迹进行提取。

✦ **实训方法**

1. 实训器材：留有空洞状痕迹或凹陷状痕迹的金属板若干块、甘油、硬塑料块。
2. 实训方法与步骤：
(1) 观察待提取的空洞状或凹陷状的工具痕迹；
(2) 根据痕迹的大小，取适量的硬塑料，将硬塑料放入热水中进行浸泡；
(3) 待硬塑料软化后取出，去除表面水珠；
(4) 在待提取痕迹的表面薄涂一层甘油；
(5) 将软化的硬塑料按压于痕迹中，并尽量将痕迹外多余的硬塑料制作成圆锥或塔形，可提高模型的硬度，待硬塑料固化后，即可取下模型。

✦ **实训知识**

一、硬塑料的性质

硬塑料的成分一般是松香、石蜡和一些填充物质。常温为固态、稳定性强，制作工具痕迹模型可以将痕迹反映得较为清楚且易于保存和运输。

二、硬塑料提取工具痕迹的适用范围

硬塑料提取工具痕迹适用于提取金属及木质客体表面上的空洞状或凹陷状痕迹。

实训三　注塑枪提取法

✦ **实训目的**

一、了解注塑枪提取工具痕迹的意义与使用范围
二、熟练注塑枪提取工具痕迹的操作规范

✦ **实训素材及内容**

根据注塑枪提取工具痕迹的方法，模拟金属或木质客体上的凹陷状工具痕迹，利用注塑枪对该模拟痕迹进行提取。

实训方法

1. 实训器材：留有凹陷状痕迹的金属板或木板若干块、甘油、注塑枪。

2. 实训方法与步骤：

（1）观察待提取的凹陷状工具痕迹；

（2）检查注塑枪的完好性，确保可以正常使用；

（3）根据痕迹的大小，卸下料嘴，打开注塑枪的软化室，加入适量的橡胶粒；

（4）安好料嘴，通电，对软化室进行加温。通电约 3~5 分钟后，即可切断软化室的电源；

（5）在工具痕迹客体上涂抹一层甘油；

（6）对准待提取痕迹，握住注塑枪握柄，将液体胶料挤压入痕迹内。挤压范围尽量大一些，可将痕迹进行全方位覆盖，以便提取完全；

（7）待胶冷却后，提取出痕迹。

实训知识

1. 注塑枪结构。

2. 注塑枪提取工具痕迹的适用范围。注塑枪提取工具痕迹适用于提取金属及木质客体表面上的凹陷状痕迹。

实训四　口香糖提取法

实训目的

一、了解使用口香糖提取工具痕迹的使用范围

二、熟练口香糖提取工具痕迹的操作规范

实训素材及内容

根据口香糖提取工具痕迹的方法，模拟金属或木质客体上的凹陷状工具痕迹，利用口香糖对该模拟痕迹进行提取。

实训方法

1. 实训器材：留有凹陷状痕迹的金属板或木板若干块、甘油、口香糖。

2. 实训方法与步骤：

（1）观察待提取的凹陷状工具痕迹；

（2）在金属板或木板表面涂上甘油；

（3）咀嚼口香糖 15~20 分钟，然后将口香糖揉成球状；

（4）将口香糖按入痕迹中，使口香糖模型呈球体或椎体形状，以此来提高模型的强度；

（5）待口香糖固化后，从边缘缓慢揭开，完成痕迹的提取。

实训知识

一、口香糖的性质

口香糖是以天然树胶或甘油树脂为基础胶体，加入糖浆、薄荷、甜味剂等调和压制而成的一种供人们放入口中嚼咬的糖，其成分有酯胶质约 25%，咀嚼一段时间后有一定的黏性，塑形力较强，可用于工具痕迹的提取。

二、口香糖提取工具痕迹的适用范围

口香糖提取工具痕迹适用于提取金属及木质客体表面上的凹陷状痕迹。

模块四　犯罪现场物品提取

实训一　犯罪现场遗留物品的提取

实训目的

一、培养学生发现、提取犯罪遗留物的能力

二、熟练掌握提取犯罪现场遗留物的操作规范

实训素材及内容

案例：

2017 年 12 月 9 日早 6 时，发现村民王某利死于自己家中。经勘查，死者仰卧于自己独居卧室的床上，死者的衣兜被翻动且掏出，身盖一棉被；头部两侧的床面上有大量喷溅血迹；头部左侧颅骨塌陷；肋骨呈广泛性骨折；颈部有 9cm 长的切割伤。该床下一块红砖的棱角处沾有血迹和毛发。靠东墙的壁洞里有一把铁柄菜刀，刀刃上沾有血迹，刀柄上有两枚灰粉指纹。床边桌子上的煤油灯罩上有两枚浅红色粉末的加层指纹。室内被翻动，大量谷物、地瓜粉散落在地。

经法医检验，死者是最后一次进餐 6 小时后死亡的。经调查死者 8 日晚 6 时在邻居家吃的晚饭。

实训内容：

根据以上案件描述对工具痕迹的提取进行训练。

实训方法

一、实训器材

头套、手套、脚套、口罩、木质、竹质、塑料质镊子、吸管、纱布、海绵、棉布条、塑料袋、纸袋、包装纸盒、玻璃容器、金属容器、犯罪工具、玻璃、纺织品等。

二、实训方法与步骤

（一）固体物的提取方法

1. 工具物证的提取方式。提取工具固体物时应先用洁净、柔软的包裹物把提取的固体物包好，然后放入塑料袋、纸盒或容器中保存。对于一些不规则的工具物证要保护好其边缘形态；对于各种工具要防止和其他物品碰撞，以免又形成新的痕迹（如图4-2-59、图4-2-60）。

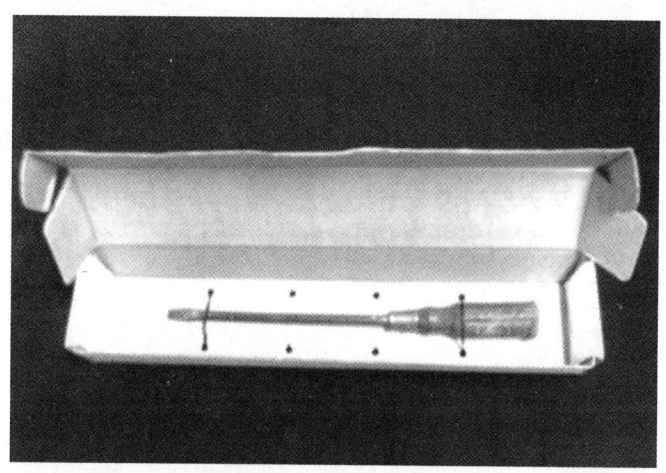

图4-2-59　固定所要提取的工具

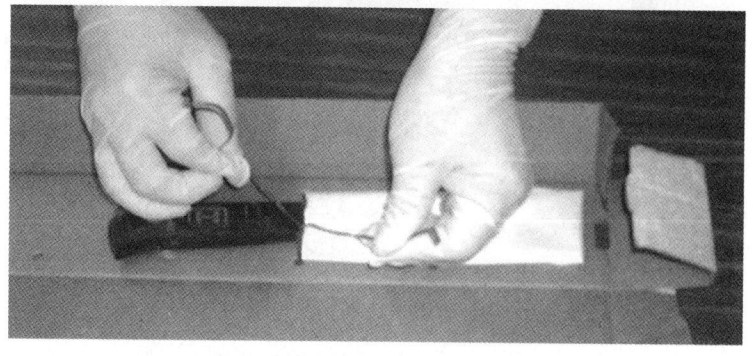

图4-2-60　包裹所要提取的刀具

2. 纺织品物证的提取方式。

（1）提取方式：要尽量在案发后四小时内提取纺织品物证。为防止提取后纺织品物证的进一步转移，要把衣物尽快装入封闭的棕色纸袋或聚乙烯袋中（纸袋更好一些，如图4-2-61），每个纸袋只装入一件纺织品。

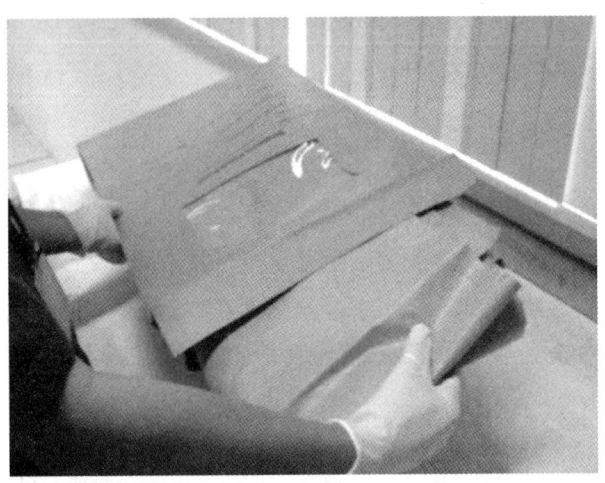

图4-2-61　提取纺织品物证的包装纸袋

提取现场的线、绳子或带子时，要尽可能取全长并保护好两端（如图4-2-62），并写明调查人是否剪下一端；如果是捆绑用的，带有结扣，应注意保存结扣的原状，必须剪下绳索时，应从无扣处剪断，以便分析研究结扣的方式和特点，犯罪嫌疑人的职业和习惯（如图4-2-63、图4-2-64、图4-2-65、图4-2-66）。

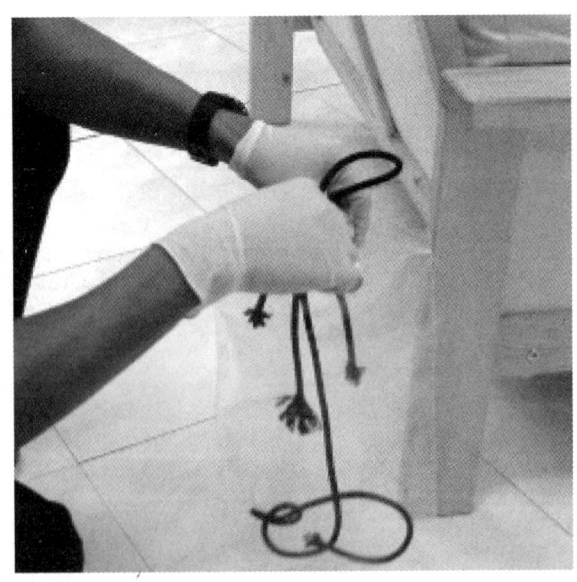

图4-2-62　犯罪现场提取绳子

图 4 - 2 - 63　犯罪现场待提取的绳结

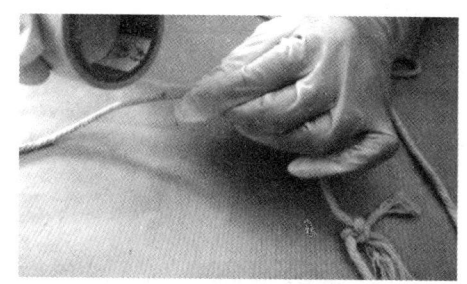

图 4 - 2 - 64　绳结两端用不同颜色的胶纸进行标注

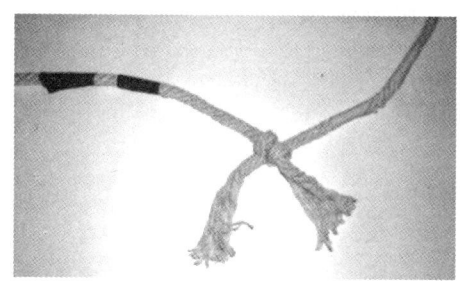

图 4 - 2 - 65　标注好的绳结

图 4 - 2 - 66　沿绳结标注点中间剪下绳结

　　提取现场遗留的纺织品时，同样要注意发现和提取纺织品上的各种附着物。纺织品物证在现场上接触的物质不同，上面可能存有各种附着物，比如血迹、污垢、斑痕、泥土、灰尘、油污等，这些附着物应在检验纺织品物证前进行检查，对衣兜或缝隙处残留的其他物质也要进行检查。

　　（2）注意事项：包装前不能将嫌疑人，受害人的衣物放在一起，对面积比较大的物品，比如床单、毯子、枕套等，要在做好标记之后，整齐地将其表面叠在最里面，并加入衬纸（如图 4 - 2 - 67、图 4 - 2 - 68）；对小毯子应小心地卷起来，直接送往实

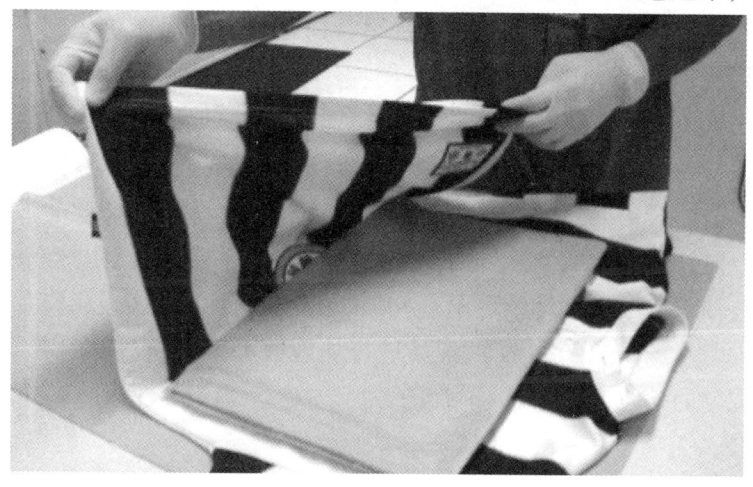

图 4 - 2 - 67　较大纺织品提取

验室；对汽车坐垫要用塑料布包裹好；对较大的纺织品物证检验，如地毯等，根据剪裁情况，多取几个部位的剪裁（要包括全部的纤维种类和颜色），以便进行比对。注意提取、保存纺织品上的人体气味，特别是帽子、手套、鞋垫和袜子等气味，以便使用警犬鉴别或进行气味分析。对包尸布也要特别注意，因为包尸布很可能与嫌疑人有关。

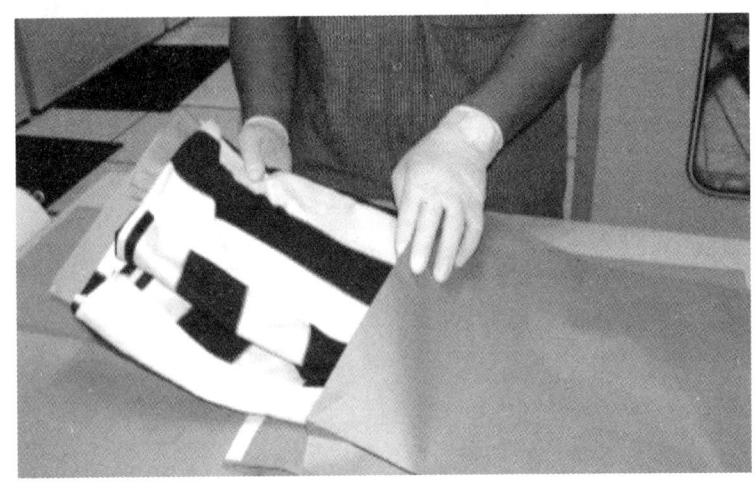

图4-2-68　整齐叠放纺织品放入包装袋

3. 玻璃物证的提取方式。

（1）提取方法：为了防止金属对元素的影响，提取玻璃物证的时候不能使用金属的镊子，应该使用木质、竹质、塑料质的镊子，用干净的塑料袋或纸盒盛放；肉眼能观察到的玻璃碎片，用检材收集勺提取，用干净的塑料袋或纸盒盛放；玻璃碎片比较分散的时候，用毛刷轻刷地面，使碎片收拢，装入塑料袋或纸盒中保存。

（2）注意事项：当交通事故现场的玻璃碎片较多时，应将所有的玻璃全部收集起来，尤其要注意玻璃碎片会散落在较长一段路面上，更应仔细收集全，用塑料袋或纸盒包装好，便于进行玻璃碎片重新拼对，如果玻璃断面能机械吻合，其作用是很大的（如图4-2-69、图4-2-70、图4-2-71）。由于玻璃物证的种类很多，如大小车灯玻璃、挡风玻璃、前后视镜以及色彩各异的玻璃制零部件，因此要分别提取，分别盛放在不同的塑料袋或纸盒中保存。当玻璃碎片或微粒附着在被害人的衣服上、人体表面时，更应注意仔细勘查，将所有附着在被害人处的玻璃物证全部提取下来，及时注明提取部位的名称，这是一类非常重要的物证。当玻璃碎片上有指纹、血迹、油斑、油漆、纤维等附着物时，要妥善保管好该玻璃碎片，不能破坏该附着物的原始状态。待有关技术人员进行处理（拍照、检验、附着物提取）后，再进行玻璃成分的检验。

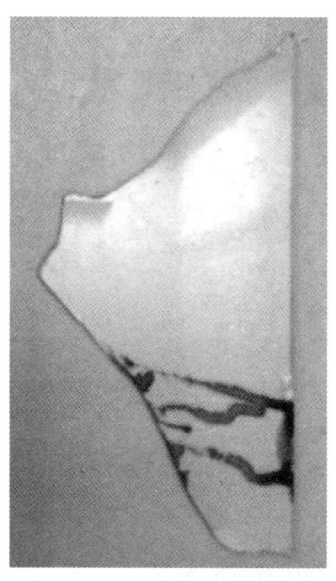

图 4 - 2 - 69　带血迹的玻璃碎片

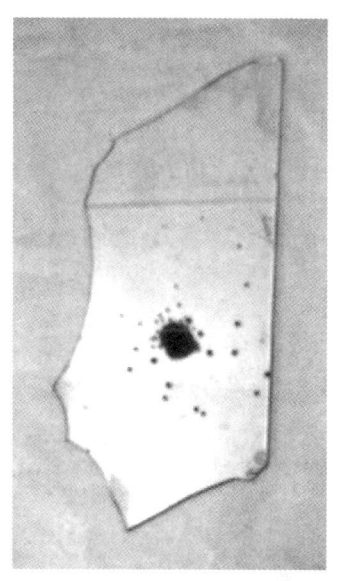

图 4 - 2 - 70　带滴血状血迹的玻璃碎片

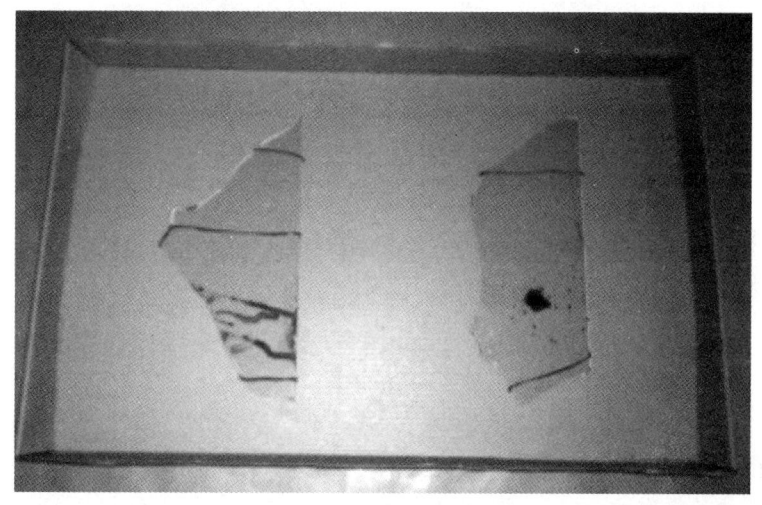

图 4 - 2 - 71　玻璃碎片的提取与包装

（二）液体物的提取方法

对在现场上发现犯罪遗留的液体物时，应用吸管采集后放置于密封的玻璃容器、金属容器或塑料容器内（如图 4 - 2 - 72、图 4 - 2 - 73），选择容器时要避免被提取的液体与容器发生化学反应，或用干净的纱布、海绵或脱脂棉浸洗晾干后放入密封的玻璃容器内，然后注明案件名称、时间、地点等。提取液体物时应注意对于易燃易爆的物品一定要防止撞击和受热；而且液体不能直接放入塑料袋中，以防止发生化学反应。

图 4 - 2 - 72　可盛装液体的塑料容器

图 4 - 2 - 73　可盛装液体的金属容器

（三）食物的提取方法

食物容易变质，尤其是在气温比较高的情况下，腐败的速度更快。所以对于在食物中投毒等案件，在现场发现食物要提取时，应将食物放在密封的玻璃容器中，并以最快速度送检。

（四）污物的提取方法

对于一些与案件有关的遗留污物，如粪便、呕吐物等，提取时可将其放入密封的玻璃容器中进行安全隔离，然后注明时间、地点、案别等，并尽快送检。

实训知识

发现犯罪遗留物的重点部位

犯罪遗留物是犯罪分子实施犯罪行为时留在现场上的物品，如一些固体物品、液体、污物、食物等，这些往往体积都比较大，特征明显，在实践中是不难发现的。必要时可借助专门仪器设备去发现。

玻璃碎片的识别方法

当玻璃碎片较大时，勘查工作人员很容易判断是无机玻璃还是有机玻璃；玻璃物证很微小时，玻璃会与某些透明的塑料、树脂、矿物、盐类等固体物质相混淆；由于玻璃是不溶于水的，其比重也大于水（多为 $2.1g/cm^3$ 以上），因此，我们可以根据玻璃的上述特性，采用简单的方法识别玻璃物证。

将上述碎片或微粒物质倒进洁净、透明容器中，加入干净的自来水，盐类微粒通常会溶解于水中，而许多塑料和树脂（包括有机玻璃）会漂浮在水上，我们小心地用倾泻法倒出上层水和漂浮物质，余下下层水和比重大的物质，在倾倒去下层水后，将水底的碎片和微粒物质取出，用金属针头或大头针测试碎片和微粒物质的硬度，便可将塑料、树脂与无机玻璃区分开来。至于水底的不溶于水的盐类和矿物质可以用普通的偏光显微镜加以区分，方法是：先调整偏光显微镜的起偏器和检偏器成正交位置，然后将碎片和微粒物质放在显微镜的载物台上，任意旋转载物台，若视场一直保持暗的状态，则碎片或微粒是玻璃或者是各类同性的矿物；若任意旋转载物台后，视场发生了变化，便利用单色光照明，其强度发生变化，再用白光照明时，视场出现不同的色彩，则可断定此碎片或微粒物质不是玻璃。

实训二　生物生化类物品的提取

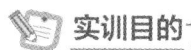 **实训目的**

一、培养学生发现、提取生物生化类物品的能力
二、熟练掌握提取生物生化类物品的操作规范

 **实训素材及内容**

案例：

某年 12 月 26 日上午 7 时，某市公安局接报：该市靓丽发廊小姐田某被杀于发廊后屋住室中。经勘查，该发廊位于市中心，临街是工作间，门窗直对马路，无破坏痕迹。工作间后门直通后屋住室，住室窗子完好无损。死者田某呈裸体仰卧于床上，胸罩裤头被撕开，衣物、鞋袜被丢于床下，所有的衣兜被翻动。死者头部两侧的枕头、被子上溅有大量喷溅血，最远可达 1.2 米的地面上。在桌下的地面上发现带血的尖刀一把。住室的衣柜、桌抽屉、旅行袋均被翻动，大量衣物、杂志、食品及生活用品散落在地上，上面有零星血迹。

在住室及工作间地面上发现有拖鞋和袜子的血足迹。经尸体检验，死者的颈部被切开，喉管及两侧颈动脉被切断，左侧胸部有 3 处刺伤，在死者阴道内未检见精液，经胃内容物检验，判断死者是最后一次进餐后 7 个小时左右死亡。

经调查,死者田某(女,21岁)。由于是从外地独身来此工作,一直单身住于该房,室内带血尖刀是她们平常削水果用的,平时一直放在衣柜上面用报纸盖着。在25日晚6点左右,发廊三个小姐在附近餐馆吃完面条后,她就回发廊了。

实训内容:

根据以上案件描述对生物物证类痕迹进行提取训练。

实训方法

一、实训器材

头套、手套、脚套、口罩、木质、竹质、塑料质镊子、紫外灯光、多波段光源、包装纸袋、包装塑料袋、包装纸盒、医用纱布、脱脂棉球、棉棒等。

二、实训方法与步骤

(一)发现血迹等生物物证的方法

现场上的生物物证多以斑迹的形式存在,除了血迹外,多数生物物证无明显颜色,不容易发现,但在特殊光源的照射下,血迹等生物物证能够发出强烈的荧光。所以对于这些生物物证可以借助自然光发现,也可以用人造光源进行斜光照射发现,也可以用特种光源如紫外灯光、多波段光源照射等发现。

(二)提取血迹、毛发、精斑等生物物证的方法

1. 血迹提取方法主要有:原物提取法即对于粘附有血迹的物体如树叶、衣裤等直接可以提取原物。也可以用转移提取法即对于墙面、地面、皮肤表面上的血迹可用医用纱布、棉线等进行提取(如图4-2-74、图4-2-75)。

图4-2-74 裁剪法提取地毯上的血迹痕迹

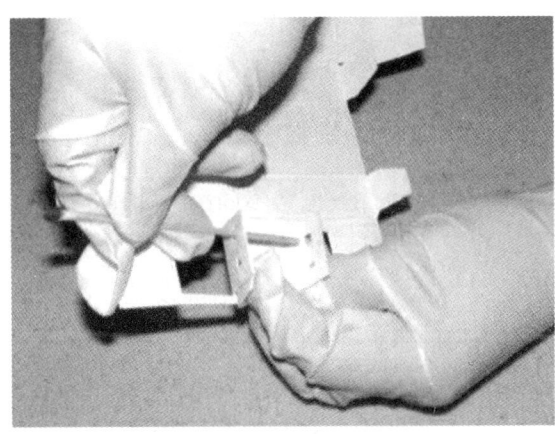

图 4 - 2 - 75　棉棒提取血迹痕迹

2. 毛发的提取方法有：原物提取和用胶带纸粘取。如果提取的毛发是潮湿的应先晾干后装入透气的袋子或盒子中送检。对毛发应分别提取、包装并记录提取部位，动作要轻柔，防止扯断毛发。

3. 精斑的提取方法有：原物提取即对于附在树叶、卫生纸、避孕套等上的精斑可连承附客体物一起提取（如图 4 - 2 - 76）；转移提取法即对于大件物品上的精斑可以用医用纱布、脱脂棉球等收集。

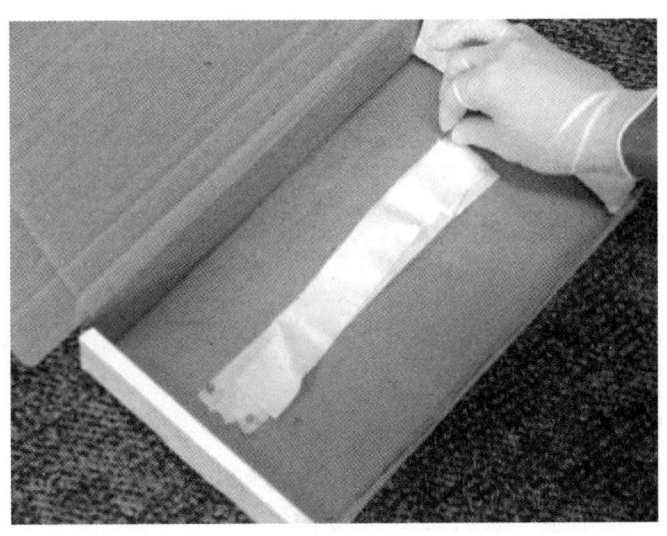

图 4 - 2 - 76　附带有精液的卫生纸的提取[1]

---

〔1〕　以上图 4 - 2 - 59 至图 4 - 2 - 76 为中国人民公安大学罗亚平教授《物证保管相关问题》课件中图片。此处为了教学需求，将图片引入。

实训知识

发现血迹等生物物证的重点部位

生物物证的种类不同，发现的重点也是不同的，如血迹，可以围绕尸体或实施犯罪行为的场所进行搜索；毛发可以在现场进出口、犯罪分子行走的路线、凶器、交通工具、现场中心部位、受损物体、被害人衣裤上等发现；而精斑可以在被害人衣裤、阴部、大腿内侧、强奸发生地的床单、地面、泥土、杂草等上面寻找。

实训三　文书材料的提取

实训目的

一、培养学生发现、提取文书类材料的能力
二、熟练掌握提取文书类材料的操作规范

实训素材及内容

案例：

某鉴定所文件检验鉴定典型案例

【案情简介】

某法院在审理原告秦××与被告秦×纠纷一案时，被告给原告出具了两份过磅单，其中过磅单第三联背面有原告的签名。事后，原告拿着两份过磅单找被告催要欠款，但被告声称过磅单第三联背面有原告的签字，证明所欠款项已经结清。原告对两个签名不认可，法院先后委托河南某鉴定中心（鉴定意见：否定同一）、安徽某鉴定中心（鉴定意见：认定同一）、某政法大学司法鉴定中心（鉴定意见：否定同一）进行笔迹鉴定。因三次鉴定意见不一致，被告要求进行重新鉴定，法院经法定程序确定，将该案委托至我所。

【鉴定过程】

本鉴定依据《文书鉴定通用规范（SF/Z JD0201001 – 2010）》、《笔迹鉴定规范（SF/Z JD0201002 –2010）》，使用蔡司 Stemi DV4 体视显微镜对送检材料进行检验：

1. 自然光下观察，两份检材第三联背面的"秦××"签名为蓝色字迹，经放大观察均为书写形式，书写速度中等，运笔正常，可以检验。

2. 供比对的样本均为自然样本，样本中的"秦××"签名书写速度中等，特征反应明显，可供比对。

3. 将两份检材中被鉴定的"秦××"签名与样本中的"秦××"签名进行比对检验，发现二者在书写概貌特征，相同字的写法、笔顺、搭配、运笔形态及连笔动作等特征上均相符合。

【分析说明】

综合评断两份检材中被鉴定的"秦××"签名与样本中的"秦××"签名，两者笔迹特征符合点数量多、价值高，特征总和反映了同一人的书写习惯。

【鉴定意见】

两份检材第三联背面的"秦××"签名与样本中的"秦××"签名是同一人书写。

附笔迹特征比对表：

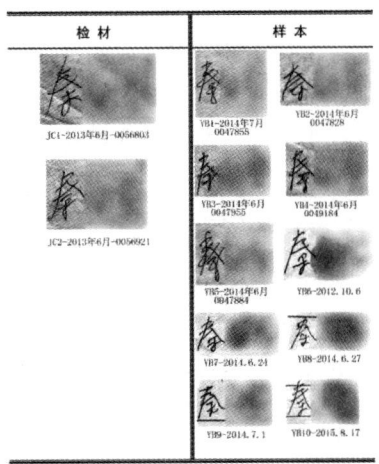

实训内容：

根据以上案件描述对文书材料的提取与鉴定进行训练。

实训方法

一、实训器材

头套、手套、脚套、口罩、镊子、玻璃板、透明胶带、水雾、甘油或丙酮溶液等。

二、实训方法与步骤

1. 对于已发现的文书材料提取应按照先封后动的顺序进行，而且勘验人员必须要戴手套，使用镊子等工具，不宜用手直接进行提取。

2. 提取文书材料应根据文书的特点采用不同的方法。有的采用提取原物的方法，有的用拍照的方法等。

（1）提取已被撕破的文书，应先将文书的碎片收集起来，展平后再按纸张的种类、页码、格子线等特点，文字颜色及内容、字体、笔迹特征等进行分类，放在玻璃上依次进行拼接对合，之后用另一块玻璃盖住，片夹边缘可用透明胶带或胶布包封。对被撕碎的文书提取时不能使用胶水粘接，以免增加新的痕迹或破坏痕迹。对于散落而没有撕碎的，可使用透明胶带按要求进行粘取。

（2）被烧毁的文书提取时切忌直接用手拿取或用镊子夹取。应先用纸板或小扇轻轻煽动，使纸灰微微浮动，抓住时机将其慢慢移动到玻璃片上，也可先喷水雾、甘油或丙酮溶液等润滑剂使其软化，然后将纸灰移到玻璃片上，用玻璃板按上述方法夹好后即可包封提取。喷洒水雾、甘油等的喷嘴不能直接面对纸灰。

（3）被水浸泡的文书不能用手，而应用镊子轻轻夹起放在玻璃片上并仔细展平。对于浸泡时间长，纸张已经非常软而容易碎的，应用玻璃片直接插入水中，从文书的下面将其托起，提出水面，然后用另一块玻璃片盖住，最后用绳索或橡皮筋捆扎牢固，以防止玻璃滑动。

实训知识

发现文书材料的重点部位

现场上的文书材料往往出自被害人或犯罪嫌疑人之手，当然也是有其他情况的，但不论怎样，与案件有关的文书材料发现时，应重点在现场上文书可能存在的部位进行查找，如书柜、书架、抽屉、书包、书桌、文件袋、信封、垃圾桶等。

实训四　微量物质的提取

实训目的

一、培养学生发现、提取微量物质的能力
二、熟练掌握提取微量物质的操作规范

实训素材及内容

案例：

2018 年 1 月 15 日，浙江省杭州市有人报案称，在某条公路左侧的河道里发现了一堆血肉模糊的尸体。经法医确认，这是一具女尸的部分，从躯干解剖情况看，死者为女性，约 30 岁，系被人用外力扼住颈部，导致窒息而死亡，死亡后尸体被分解。经检验，死者没有被性侵的迹象。此外，在死者的肩部等地方发现一些黑色的物质粘在皮肤表面，经勘查，这种黑色物质不是尸体周围的东西，应该是罪犯在运输尸体过程中粘上的，经讨论，根据尸体的完整性和河道的地理位置判断，第一现场很可能就在抛尸现场几公里之内。两天后，果然在河道下游打捞出死者的四肢和头颅。经过拼接，一具基本完整的女尸呈现出来，死者为女性，约 30 岁，身高 160cm，长发，南方人。经毒化检验，没有发现死者有服用镇静剂或其他药物的迹象，专案组的目光再次盯在黑色物质上，他们发现死者的头发上也有黑色物质，这种黑色物质具有一定的柔韧性，类似染发用的染发剂。死者身上未带任何首饰，但死者生前有戴戒指和耳环的痕迹，专案组又经调查得知，周围地区有一女性失踪，经失踪者家人辨认确认死者身份。

死者头上和身上的黑色物质再次成为专案组关注的焦点，只有从此入手才能找出死者被杀的第一现场。因为死者被杀死并分尸，肯定是在某个秘密地点进行的，如果没有一个隐蔽的作案地点，无法完成全部作案过程，而且，死者是在短短一个晚上，先被杀死后被碎尸的。

检验人员用红外线检测仪检测出那块神秘黑色的物质是油漆。检验人员首先用放大镜对黑色物质进行观察，显现其黏性状态，死者的头发被粘在一起，取出后进行点燃，发现这种物质可以燃烧，而且燃烧的时间比较长，燃烧时冒黑烟，说明这是有机物，而且是一种高分子有机物。为了不破坏被检物的化学性质，检验人员决定运用红外线检测仪和质谱仪对黑色物质做检验。综合检验结果，这是一种油漆类的涂料，这就是案件关键突破口。据此推断，尸体曾经在有油漆的地方放置过，或者曾经接触过油漆，或者在运输过程中与油漆有过接触。这条信息引起了专案组极大关注，在抛尸中心地点两公里的地方住过一位油漆工，但在案件发生之前就回家过年了。不过，案发后，有人曾在这个地方进行装修，说是厕所漏了要整理厕所，这间房屋的主人是冯某，经调查得知，冯某和死者是情侣关系，此时冯某成为本案的重点嫌疑人。这间屋子本来是由租房人居住，但现在租房人回家过年，没有人在此居住。死者完全有可能跟随冯某来到此处，出租屋是租给一位油漆工居住，屋中必然有油漆涂料，如果冯某在此作案，或者在此碎尸过程中极有可能沾上油漆，如果冯某在此屋作案，很有可能杀人后会对房屋进行装修，以掩盖犯罪现场，他碎尸时会有东西扔进下水道，导致水管被堵，故对厕所进行装修。侦查人员立即对这间出租屋进行搜查，搜查时发现厕所抹了一层新水泥，揭开水泥，没有发现什么特别可疑的痕迹，就在侦查人员失望的时候，在厕所的排水管上，突然发现了一块黏黏的黑色物质，他们小心地把它取下来带回检测，发现厕所排水管上的黑色物质与死者身上发现的黑色物质完全一样。

实训内容：

根据以上案件描述对微量物证的提取进行实操训练。

实训方法

一、实训器材

照明灯、放大镜、镊子、手术刀、金属或硬纸壳带套盖盒子、玻璃带塞试管等。

二、实训方法与步骤

（一）纺织品纤维物证的提取

1. 寻找的方法：强光照射并改变照射角度、借助放大镜寻找。

2. 寻找的部位：犯罪嫌疑人遗留物，进出现场的出入口与活动路线，受害人的手中及身上等。

3. 采集方法：①镊子夹取法。适用肉眼可见，易采集的纤维；采集后放于白纸包装或装入具塞试管中。②粘取法。适用于附着于客体上较为牢固的、短小不容易为镊子夹取的纤维；采集后直接贴于干净的载玻片上固定。③吸集器法。适用于对于散落在地面的纤维。④拍打法。适用于衣兜或口袋内的纤维检材，在干净的大白纸或玻璃板上，反转后轻轻抖动，拍打震落。

4. 注意事项：①现场采集时，关窗户，戴口罩、戴手套脚套；采集工具干净；包装要牢固，最好将检材放入金属或硬纸壳带套盖的盒中，也可放于玻璃带塞试管中。并且注明编号等。②现场提取的纤维要与犯罪嫌疑人处的物品做比对。③采取现场线材或绳索时，要保存结扣的形状。④现场遗留纺织品，同时要注意发现纺织品上附着的物质，特别是纺织品上的人体气味，以便于警犬进行气味的辨别。

（二）涂料物证的提取

1. 采集方法：对于不易直接采取下来的涂料碎片，如镶嵌在工具缝隙中的涂料碎片，可用薄膜保护法连同载体一起采取。对于容易直接采取的涂料碎片，可用非金属镊子夹取、用不锈钢手术刀刮取或用胶纸粘取。如涂料为多层时，应尽量保持原涂料的层次，有利于同一认定。微小涂料检材可在放大镜或者立体显微镜下采集；未干涂料用玻璃棒或玻璃纸粘取后放于带塞试管中包装；肇事车辆涂料提取时，应提取与碰撞摩擦部位完全相同的油漆片，在刮擦痕迹附近部位采集才有意义；汽车涂料的多层性，决定提取时采用手术刀从漆层底部挖取或切除涂料的方法，保证完整性。

2. 注意事项：①注意收集案发现场的门、锁、作案工具或可疑车辆的涂料作为比对样品。②采取比对样品时，应采取未受损伤或污染的涂料。如采取嫌疑作案工具上的涂料为比对样品时，应在未受污损压痕的相邻区域采取，绝不可在压痕本身处采取，否则会破坏压痕，影响痕迹特征的分析。③涂料碎片物证及比对样品应分别放在洁净的玻璃瓶内或纸盒内，保持原形，防止压碎，同时避免涂料物证污染和远离热源。

（三）爆炸残留物物证的提取

1. 采集方法：①系列尘土检材的采集，消除空白干扰；以炸点为起点，沿同一个方向，在距离炸点 0.5m、1m、2m、3m、4m、5m 等处采集表面尘土，面积不应小于 50cm×50cm，怀疑高级炸药，面积应在 80cm×80cm。②炸点尘土检材的采集，去除回填土，采集压缩壁上尘土。③爆炸残留物存在概率较高部位检材，污染少，自身杂质少，距离恰当的尘土，如屋檐下、墙壁上、桌面、窗台等部位的尘土，可用于定性检验的检材。

2. 注意事项：①注意采集烟熏检材，炸点附近以及抛出物上的烟熏物证少，但十分纯净；炸药成分基本上来源于原始炸药成分；黑火药和烟火药爆炸案件中使用较多；物证提取时，附着物一并提取；物体体积较大时，使用丙酮棉球擦拭。②采集炸药包装物检材（炸药包装物往往附着一些炸药原形物）。③采集死伤者衣物的检材。

（四）残渣、木屑、粉屑等物证的提取

1. 采集方法：①对于残渣碎片、木屑、纤维、纸片等用镊子夹取后放入玻璃管或物证袋内密封，金属碎屑用非金属镊子提取。②量多的粉屑物质可用洁净的软毛刷子直接扫取，放入干净密封的容器内密封。③面积较小客体上的微量物质或颗粒状的少量物质可用透明胶带纸覆盖在微量物质表面，反复用力按压后将胶带纸揭开贴在洁净的玻璃上。

2. 注意事项：以上不论哪种方法提取到微量物质后都应当在包装物外注明时间、地点、案别、提取部位、方法、提取人等内容。

实训知识

发现微量物质的重点部位与方法

微量物质是现场中可能与案件有关的细小物质的总称。因其量小物微，寻找困难。如遗留在现场上的粉尘、油漆、纤维等都属于微量物质。

（一）发现微量物质的重点部位

1. 现场中心部位：犯罪分子在实施犯罪行为的过程中往往会有一些微量物质遗留在现场，所以这些部位是发现微量物质的重点。

2. 现场进出口及犯罪分子逃跑路线。

3. 犯罪分子销赃、藏匿罪证的场所。

（二）发现微量物质的方法

对于微量物质可借助于人工光并利用放大镜进行发现，也可以使用磁铁、紫外线灯发现。

实 训 项 目 五

犯罪现场勘查记录

实训任务一　现场照相

实训一　现场拍照

实训目的

一、了解现场照相照片构成内容

二、掌握现场拍照手法

三、熟练掌握现场照相操作规范

实训素材及内容

实训内容：根据模拟刑事案件现场，根据现场情况制定现场拍摄计划并从现场照相表现形式出发，选择恰当的照相表现手法进行现场拍照。

实训方法

一、实训器材

相机、滤光镜、光源、近摄装置、辅助设备等。

（一）相机

作为现场照相的相机，单镜头反光式照相机为首选。前提条件为该类相机性能好、质量过关、较耐用。通常使用的135单镜头反光照相机具备自动曝光、自动测光的功能，配有标准镜头及28mm~85mm的微距变焦镜头。在案件条件允许的情况下，可使用旋转式照相机，它可使镜头在拍摄时从一端向另一端匀速旋转，机身可以保持不动，拍摄的视角广，基本无变形现象。此类相机也很适合现场方位照相和室内概貌照相。

（二）滤光镜

适用于现场照相的滤光镜种类很多：黑白照相用滤光镜；彩色照相用色温镜；红外线照相用滤光镜、偏振镜、UV 滤光镜。同时，不同密度的红、黄、蓝、绿滤光镜，红外、紫外、偏振、色温转换滤光镜均应配备齐全。

（三）光源

现场照相时应配备两只闪光指数在 28 以上的电子闪光灯，且要配备备用电池。在闪光灯的选择上应选用体积小、重量轻、方便携带、闪光指数高并具有自动控制曝光和输出功率控制的小型闪光灯。同时，2m～5m 的同步线或同步感应器不可或缺。有条件的情况下，还可配备小型聚光灯、现场勘查灯和碘钨灯。

（四）近摄装置

现场照相近摄装置有：近摄皮腔、近摄接圈、近拍镜、微距镜头、反向接圈反装镜头、旋转式双向无极可变摄影接环。当使用近摄镜头时，应使用带有微距功能的定焦或变焦镜头；近摄镜头应选择与相机镜头匹配、成像清晰、相差较小的近摄镜头；近摄接圈和皮腔或者近摄调焦导轨应与相机相匹配，拍照时的倍率为 1∶10～1∶1 左右。镜头反装时，必须有反向接圈，它是与相机机身和反装镜头相连的装置。反向接圈安装后，镜头的调焦功能不可再用，应将镜头的距离标尺调到最近物距上。

（五）附属设备

比例尺，现场照相应备有黑底白刻度、白底黑刻度、彩色或者透明比例尺。比例尺的最小单位为 mm，刻度的误差不超过 1%。还应该备有钢卷尺、皮尺。

金属三脚架，要选择优质且坚固的三脚架，且三脚架的云台可以在三维方向上转动。

感光材料，现场照相应备有全色片、盲色片、彩色负片等，有条件时还可配备红外、紫外片等感光材料。

其他器具，现场照相应备好暗房袋、快门线、痕迹物证编号标签、简易背景幕和柔光、反光、遮光器。偏远地区还应配备好黑白冲洗器具。

二、实训方法与步骤

（一）现场照相前的准备

由于案件性质、现场拍摄条件各不相同，为了保证在各种条件下，现场照相能顺利进行，拍摄前充分的准备必不可少。

照相机，通常使用的 135 单镜头反光照相机具备自动曝光、自动测光的功能，配有标准镜头及 28mm～85mm 的微距变焦镜头，能适用各种范围和广度的现场取景拍摄。

灯具及其他配件。闪光灯选择较大指数为宜。其他附配件详见"一、实训器材"部分。

（二）了解案情

拍摄人员到达现场后，应与其他勘验人员通过现场发现和保护人员一同了解案件的发生，发现的时间、地点和经过，现场原始状况、变动情况及保护措施，出入现场的人员及原因，财产损失情况，人员伤亡情况，抢救伤者对现场面貌造成影响的情况等。

（三）熟悉现场

照相者了解现场案发大致情况后，需要对现场进行初步观察。熟悉现场是进行现场拍照的前提条件，在观察和熟悉现场的过程中，需按照现场勘查的规定进行。

（四）固定现场

这个环节可和熟悉现场环节同时进行。在巡视和观察现场的同时（详细勘查开始之前），迅速准确地对现场概貌状况进行拍照固定。

（五）现场构思

根据现场状况，明确现场拍摄的内容、重点，构思安排多个画面、镜头的组合结构和对整个现场的表述方法。构思内容应包括以下几个方面：由于现场照片要构成一组有序的图册，拍摄时要考虑内容和内容之间的衔接；要考虑每张照片的主题，每张照片如何选择拍摄点及如何用光；拍摄的顺序及进度等。

（六）制定拍照计划

当两人以上共同承担复杂现场的拍照或录像时，应共同研究制定拍摄计划，统筹安排拍摄内容的先后顺序，并明确分工具体任务和责任范围。

（七）照相顺序

为避免痕迹和物证的损坏，照相时应遵循一定的拍照顺序，并根据现场勘查的情况，按照轻重缓急顺序进行拍照，确保拍照顺利进行。

（八）查漏补缺

整个现场拍摄完毕后，应检查有无漏拍、错拍和技术失误。如需对现场全部或部分保留时，应及时向现场指挥人员提出。

三、实训注意事项

1. 现场照相设备和器材应有序安放在专用的箱包中，并要时常检查这些设备，保证设备的完整性、可使用性以及可靠性。出现场时用较短的时间井然有序地快速检查整理好后，即可赶赴现场。

2. 为了不污染现场，观察时应戴好手套、脚套，不移动现场中的任何物体，不在现场留下无关的痕迹。

3. 观察和熟悉的内容包括现场周围环境、现场所涉及范围、现场有无抛散物以及抛散物所涉及的地段等。对于刑事案件现场，还要注意观察有无存在明显特征的现场出入口，有无留下作案时将现场物体移动的痕迹等。

4. 随着现场勘查的深入，可能会出现一些新情况，照相人员要根据现场变化的情况对所拍摄照片不断进行修正，以保证所拍照片能客观、真实、清晰地反映现场的状况，为案件进一步侦查打下良好的基础。

实训知识

一、犯罪现场照片内容

（一）现场方位照相

现场方位照相除了强调现场所处的地理位置之外，也从另一层面反映出案发现场的气候和季节等信息，如图 5 - 1 - 1。

图 5 - 1 - 1　方位照相示例图

1. 取景要求。现场方位照相时，取景的范围要大，拍摄点要高（视点应尽量选在较高且较远处）；尽量显示出现场与周围环境的关系；将现场周围的陪衬物体现出来；为了能够快速且准确地定位，拍照取景时，应将永久性或半永久性的特殊标志进行凸显，以反映现场环境和他们之间的相对位置关系；应将现场安排在画面视觉中心，以中、远景来表现。

2. 用光要求。现场方位照相主要使用自然光，以保证拍摄光照的匀称性。在光照方向上多使用前侧光、正面光或侧光。除必须外，现场方位照相可在白天补拍。如要进行夜间拍照，可将相机固定后打开快门，用闪光灯进行游动曝光或使用闪光灯同步进行配光。

3. 拍照方法。现场方位照相应尽量用一个镜头（一幅画面）展现被拍景物。若受拍照距离和镜头视场限制时，可采用回转连续拍照法或直线连续拍照法。注意，在拍摄连续照片时，画面的衔接处要避开现场重点部位，衔接处重叠部位应为整个画面的1/4 或 1/5 左右，画面的调焦距离、用光、曝光应一致，画面的拍照间隔时间不应太长。

（二）现场概貌照相

现场概貌照相是指以整个现场或现场中心地段为拍摄内容，反映现场的全貌以及现场内部各部分关系的专门照相。现场概貌照相需反映出物体相互之间的关系以及案件的性质。它拍摄的范围较方位照相狭窄些，但具体涉及的内容要多一些，它可将现场内部因案发而产生的状态呈现给观察者，让观察者对现场有一个完整清晰的印象，如图 5 - 1 - 2、图 5 - 1 - 3。

图 5 - 1 - 2　概貌照示例（由东南向西北摄）

图 5 - 1 - 3　概貌照示例（由东北向西南摄）

1. 取景要求。拍摄现场概貌图时，应以反映现场的整体状态及其特点为重点，应把现场中心或重点部位置于画面的显要位置；尽量避免重要场景、物证相互遮挡或重叠。现场概貌照相要求完整地反映出现场内部物体的位置以及相互关系，因此在取景时应力求完整，并选择较高较远的拍摄位置。同时，在拍摄时不可以对现场内物体进行移动，在主体物不会发生明显变形的前提下，可以使用广角镜头进行拍摄。

2. 用光要求。现场概貌照相光应均匀，尽量使用白昼光进行照明；当现场光照不均匀时，也可用隐蔽的配光法调整或改善光照效果；前侧光或正面光为宜；相机的镜头应避开光源的直射。

现场概貌照相用光应遵循以下几个原则：室外现场概貌照相用光与拍摄方位的用光相同；逆光拍摄时镜头前应带遮光罩，并给主要部位补光；室内现场光照弱或者不均匀时，应使用闪光灯或其他灯光进行照明，但要注意，在使用闪光灯或其他灯光进行照明时应尽量选用反射光照明，用直射光照明时应注意配光角度。

3. 拍照方法。现场概貌照相一般应采用相向拍照法和多向拍照法进行拍摄，也可连接拍照。运用相向拍照法、多向拍照法时，拍照距离、镜头的俯仰角度和用光均应保持一致。

（三）现场重点部位照相

现场重点部位照相是记录现场上重要部位或地段的状况、特点以及与犯罪有关的痕迹、物品与所在部位的专门照相。它能反映出现场各个局部之间的联系。对于重点部位的确定则要根据具体的案件情况而定，如图 5-1-4。

图 5-1-4 现场重点部位示例图

1. 取景要求。拍照主体是案发中心部位，可反映犯罪嫌疑人手段或手法的情况；拍照时应以清楚反映现场重点部位的状况、特点及其与周围痕迹物证的关系为重点，确定拍摄距离和角度，以中、近景居多。另外，在拍照时不能移动现场内任何物体。

2. 用光要求。光照要求均匀且柔和；光照方向多为前侧光或正面光。

（四）现场细目照相

现场细目照相是记录现场上所发现的与犯罪有关的细小局部状况和各种痕迹、物品，以反映其形状、大小、特征等的专门照相。细目照相尽量在现场直接拍摄完成，若拍摄条件有限，可将原始遗留位置固定之后进行移动再拍摄。对于细目照相，还需要填写《现场勘验检查提取痕迹、物品登记表》，根据所拍照的物证逐一进行登记，并写明照相人、照相方法等，然后再由见证人审核并签字，如图5-1-5。

图5-1-5 现场细目照相示例图

1. 取景要求。现场细目照相时要对拍照画面进行合理布局，拍照时被拍主体应占拍照画面的1/3以上。细目照相时有很多痕迹、物证非常细小，可以用近摄装置进行拍摄。

具体要求：

（1）拍照的主体是单个痕迹或物证，应用特写的形式拍摄出物体的特征且保证物体不变形。

（2）拍照用于检验鉴定的细目照片应进行垂直、比例照相，做到物面与焦面平行或光轴与物面垂直（如图示5-1-6），若不能垂直，应加方框比例尺以便后期处理制作。

（3）在条件不具备的情况下，可进行偏角摄影，但后期需要矫正。

（4）拍摄痕迹、损伤时，要反映出痕迹、损伤的形态、特征与所在位置。若取景范围太小，可用扩大拍照范围拍摄补充画面的方法对痕迹、损伤进行定位。

（5）现场上同类型痕迹、物证较多时应当编号，并将号码摄入画面。

2. 用光要求。现场细目照相应根据被摄痕迹或物证的状态、颜色、表面形态和需要表达的主题等不同，合理选择光源种类、光照强度和光照角度。可使用单向配光法

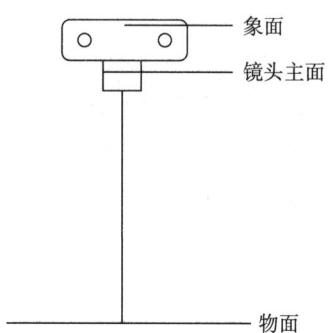

图 5 - 1 - 6　现场细目照相操作简图

（高反差）、均匀式配光法（有色痕迹或物证）、双向明暗配光法（立体痕迹）。

光照方向多为正面光、前侧光和测光。

3. 拍照方法。凡是反映痕迹、物证形态与特征的照片，必须进行测量摄影。拍照时应注意：

（1）比例尺一般应放置于画面或特征下方居中部位。

（2）比例尺应与被拍物的主要特征在同一水平面上。

（3）比例尺应与相机光轴垂直。比例尺上不得有反光。

（4）要根据被拍物体颜色和使用的感光片种类选择比例尺种类。深色物体选用黑底白刻度的比例尺；浅色物体选用白底黑刻度的比例尺；全色、盲色负片选用黑白比例尺等。

（5）要根据被拍物体长度来选择比例尺的长度（如表 5 - 1 - 1）。

表 5 - 1 - 1　比例尺与物证或痕迹尺寸

被拍物长度（mm）	<50	50～150	150～500	>500
比例尺长度（mm）	≥30	≥50	≥100	≥物体长度50%

（6）拍摄具有检验鉴定价值的重要痕迹时应加放直角比例尺，拍摄步幅时，应在步幅两侧放置贯通画面的比例尺。

二、现场照相的表现手法

1. 单向拍照法。单向拍照法（如图 5 - 1 - 7）是以现场某一被拍对象或现场某一侧面为主要目标，从单一方向进行拍摄。应用范围：现场方位照相、现场概貌照相、现场重点部位照相和现场细目照相，但单向拍照法较多用于现场重点和细目照相，简称"单向法"。调焦时，要求整个画面中的景或物都是清晰的，即除了主体物要清晰成像外，不同区域、不同距离上的物体也要清晰入镜。此方法最简单且快捷。

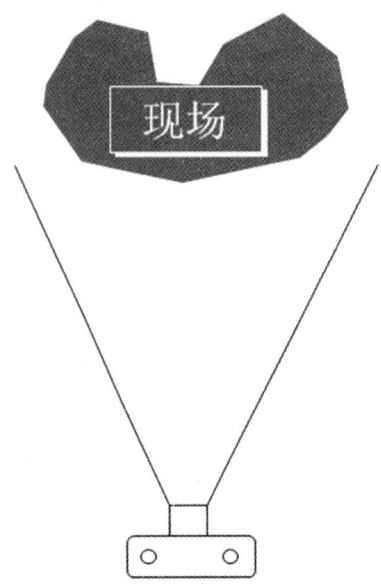

图 5 - 1 - 7　单向拍照法

2. 相向拍照法。相向拍照法（如图 5 - 1 - 8）是从大致相对的方向和大致相等的距离分别拍摄两张照片，反映被拍中心部位或目标及其前后的物体或痕迹物证分布的状况和它们的相互关系。多用于现场方位、概貌和重点部位的拍摄。此方法可以从不同角度来反映被拍主体，体现被拍主体的不同面和不同背景之间的关系，同时可以对单一面拍照观察不全面的状况进行弥补。

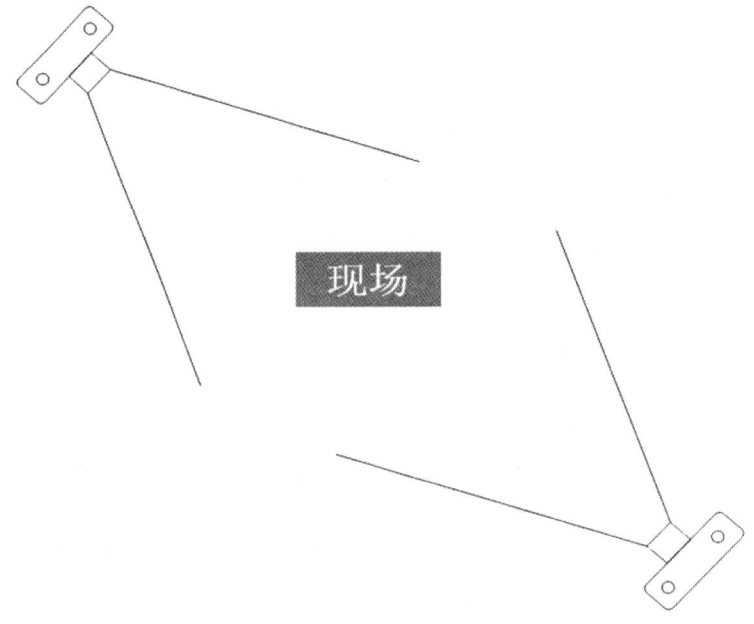

图 5 - 1 - 8　相向拍照法

使用此方法拍照有以下几个注意事项：

（1）尽量避免从不同方向拍照而使物体出现变形现象。比如有尸体存在的现场，不宜从尸体的头或脚方向取景，尽量从其两侧相对应的方向取景，并将相机的镜头垂直于尸体的腰部，以此来保证拍摄尸体时不会有较大的变形。

（2）尽量避免相对光源进行拍照。除了太阳、电灯等我们常说的光源以外，在室内拍摄中，正对天空的门窗、甚至利用闪光灯照相正对的反光较强的玻璃、镜面都会反射到镜头中形成光圈，都会使照片拍摄不清晰，造成拍照失败。若因环境的限制，镜头要正对光源方向来取景时，应使用遮挡光的方法或者将相机升高，由高至低俯视取景来避免光晕的产生。

（3）两方拍照点的拍照条件要相同。为了保证两次拍照所曝光的画面影调一致，两个拍照点至中心物体或场景中心的距离和高度应保持一致。在进行后期编排时，应将他们对应放在一起（以左右或上下并列形式出现），并用文字加以解释说明。

3. 多向拍照法。多向拍照法（如图 5-1-9）是以现场被拍物为主要目标，从三个或三个以上不同的方向，以相等的距离对被拍物进行拍摄。多用于现场方位、概貌和重点部位的拍摄。此方法能够反映出被拍主体三个以上不同方面以及不同背景之间的关系，通常用于对较复杂的现场环境或者较复杂的地理条件进行拍摄。

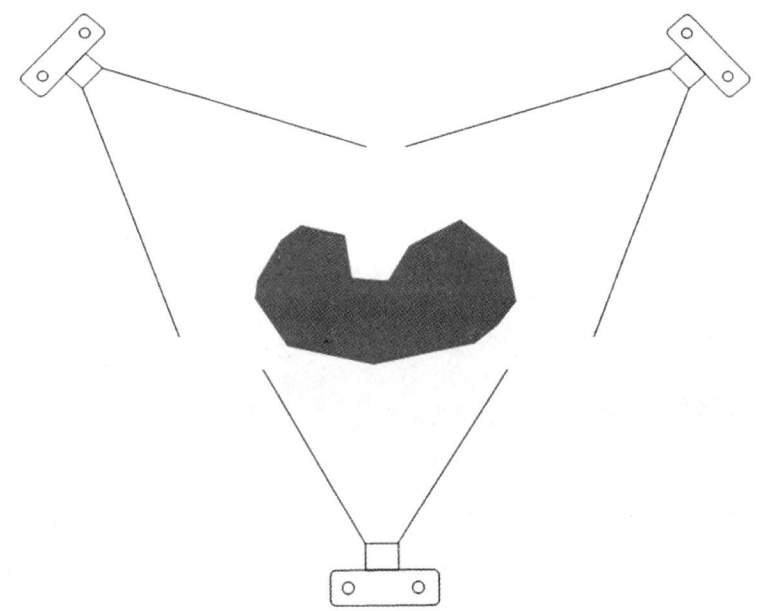

图 5-1-9　多向拍照法

此拍照方法要按照以下方法进行：

（1）根据现场环境的状态或者被拍对象的位置，规划好拍摄点的位置和数量，三相交叉和十字交叉等多向方位均可。

（2）每个拍摄点到被拍物或拍摄中心的距离大致保持一致。

（3）在多向拍摄过程中，不同拍照画面的取景要处理好局部和整体的关系，突出重点。

（4）同一现场所拍照的画面应将其光照、距离等条件基本保持一致，在进行后期编排时，应将他们编排在一起，并用文字加以解释说明。

4. 回转连续拍照法。回转连续拍照法（如图 5 - 1 - 10）是将相机固定，只转动相机改变拍摄角度，将被拍对象分段拍照，然后将分段拍摄的照片拼接在一起成为一幅长条形且完整的照片的方法。此方法多用于拍摄现场方位和概貌这些场面较大、拍摄时无退路且照相机涵盖力不足，或为了防止被摄物体因广角镜头拍摄而造成影像比例失调的明显变形现象而使用的拍照方法。

使用此方法拍照要注意以下几个事项：

（1）拍照相机应使用具有旋转功能的三脚架进行固定，照相机镜头视场角不大于 55°。

（2）拍摄切入点应选择正对中心并可以体现现场全貌的位置，取景时要把被拍对象放置于画面的中心或较凸显的位置上。

（3）由于后期制作要将所有画面进行拼接，因此重点物品或痕迹应避开画面的拼接线。

（4）相邻照片需要重叠，重叠区应为整个画面的 1/4 到 1/5。

（5）同一现场或场景，拍照的画面控制条件应尽量保持一致。

（6）拍照时利用调焦技术来获得较大景深并将所拍摄的画面做一次性调焦和收缩光圈处理。

图 5 - 1 - 10 回转连续拍照法

5. 直线连续拍照法。直线连续拍照法（如图 5 - 1 - 11）是将相机垂直于被拍对象，相机的焦平面和被拍物平面平行且等距，沿着被拍物由其一端向另一端直线移动，将被拍对象分段拍照，然后将分段拍摄的照片拼接成长条形照片的拍照方法。此方法多用于现场方位照相、现场概貌照相、现场重点部位照相和现场细目照相，并用于拍摄现场地段成趟的足迹、血迹、长条形车轮压痕、横向或纵向的标语字迹等。

使用此方法拍照要注意以下几个事项：

（1）拍照相机应使用具有旋转功能的三脚架进行固定，照相机镜头视场角不大于 55°。

（2）拍照时相机镜头和被拍物的物距必须相等且相机镜头光要垂直于被拍物面。

（3）确定好被拍物体拼接线时，重点物品或痕迹应避开画面的拼接线。相邻照片需要重叠，重叠区应为整个画面的 1/4 到 1/5。

（4）同一现场或场景，拍照的画面控制条件应尽量保持一致。

（5）若某客体需要进行比对检验，拍照时必须进行比例拍照。

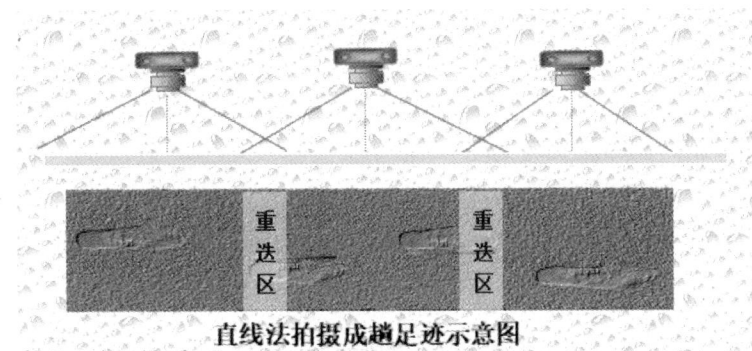

图 5－1－11　直线连续拍照法

6. 测量拍照法。测量拍照法（如图 5－1－12）是在被拍现场和痕迹物证的适当位置放置比例尺，将被拍对象与比例尺一同摄入画面，以测定现场客体间的距离或痕迹物证的大小的拍照方法。多应用在现场细目照相当中。

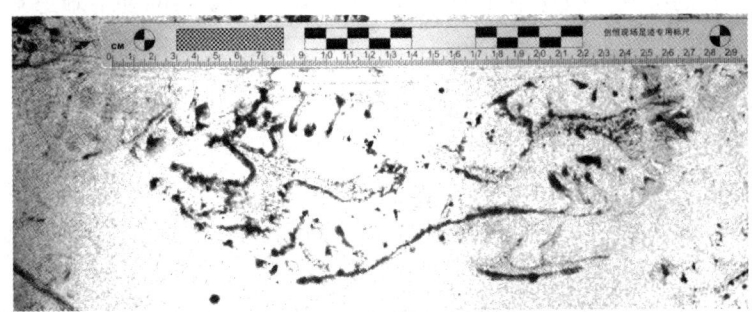

图 5－1－12　测量拍照法

实训二　现场照片卷宗的制作

实训目的

一、了解照片卷宗的构成

二、掌握照片卷宗制作的规格及版面要求

三、熟练掌握现场照片卷宗的制作规范

✦ **实训素材及内容**

学生分小组将模拟的刑事现场拍照内容选定，并根据照片卷宗制作要求完成照片卷宗的制作。

✎ **实训方法**

一、实训器材

卡纸、照片纸、固体胶、马克笔。

二、实训方法与步骤

（一）现场照片的选取

对所摄的底片进行挑选，把需要放大的照片选出来，再把挑选出来的照片放入文件夹中等待冲洗或印放。

（二）现场照片的印放

印放的照片必须清晰、规范，符合刑事照相的要求。对于电脑打印照片卷宗应用 $90\mathrm{g/m}^2 \sim 150\mathrm{g/m}^2$ 的白色纸张进行打印。也可以使用照片打印纸或彩色照相纸。

1. 现场照片的筛选。照片中体现主题内容的特征和景物的要清晰逼真，且需要较大的景深范围；痕迹物证照片的比例尺不应变形，若为按照倍数制作的照片，比例要准确；彩色照片的色彩不应失真或明显偏色，应接近实际颜色，因检验鉴定需要而增强或降低照片的反差度的除外；照片衔接处的放大倍率、密度、反差、景调、色彩应保持一致；照片接线处应避开画面重要部位和尸体；照片应使用光面的相纸进行制作；照片要求清洁、平整，不应有明显的划痕、白点或污渍；照片一律不留白边，也不应裁切花边。

2. 现场照片的尺寸。照片的形状应遵循以横幅为主的原则，竖幅矩形不宜过多，也可穿插少量的方形或圆形，但不应有菱形、三角形等其他几何形状，更不可以将主体剪留去除背景；照片长：宽的比例应在 8∶5 左右。剪裁照片时，可以根据主体形状和版面组合来确定；照片尺寸可根据案件的主题和拍照内容来进行编排。

属于主要画面的方位、概貌、重点部位照片和直接反映案件性质的重要细目照片，尺寸应为 127mm×203mm（5 英寸×8 英寸）或 89mm×127mm（3.5 英寸×5 英寸）左右；属于辅助画面场景、特写照片，尺寸应为 89mm×127mm 或 63mm×89mm（2.5 英寸×3.5 英寸）左右；属于痕迹画面的痕迹物证照片，应按比例尺放大（详见表 5 - 1 - 2）。其他痕迹物证只要能清晰反映其特征和形象即可，一般在 63mm×89mm 或 89mm×127mm 左右；连接照片宽度不小于 89mm（3.5 英寸），长度不大于 305mm（12 英寸）。

表 5 - 1 - 2　痕迹物证放大比例表

痕迹	指纹单	掌纹	足迹	弹头痕	弹底痕
倍率	3	1	0.5	10	4

（三）照片编排方法

照片编排是在卡纸上将不同内容的现场照片组合、排列、划分层次和编辑，它可用传统冲印照片按标准粘贴而成，也可以由数码相机拍照再通过电脑编排按顺序打印而成。现场照片的编排应根据案件现场情况和照片数量而定。简单现场，照片数量较少，可根据现场方位、概貌、重点部位的顺序，结合细目照片进行编排；现场复杂、拍摄内容较多的，可按照片的内容分类编排；现场范围较大、涉及场所多、细目内容多的案件，可根据案发地或按犯罪实施的先后顺序，划分段落进行编排。要把反映案件性质的重点部位照片和可以揭露或证实犯罪的痕迹的物证照片作为重点进行编排。需要标引定位的照片应与所在重点部位的主画面进行配合，不可在案卷中孤立存放。

（四）现场照片的标示与符号

现场照片的标示与符号的使用，是为了突出照片不太明显或需要重点显示的主体物的位置、物体与痕迹或物证之间的关系，或让相互关联的照片有机地整合在一起。

1. 标引线。标引线是刑事照相卷宗照片注释性说明的线条，凡主画面与若干附属画面组在同一或相邻版面上时，非经标引不能表达主题内容与位置关系的，则要应用标引线进行标引（如图 5 - 1 - 13）。标引线应为连续的单线线条，线条的宽度不宜超过 0.8mm；标引线以用红色或黑色为宜，同时要考虑标引线与照片之间的色彩差别，尽可能加大色差，若在标引时碰到照片的颜色与标引线的颜色一致时，此时要改变标引线的颜色以便于辨认；标引线标引说明时其走向要平行于卡纸的一边进行，必要时可以用折线，但弯折处必须为直角，一条标引线的折角最多不得超过两处；标引线之间不得相互交叉；标引线的线端指向要准确，不得离被标引的位置太远，不得把线端画在较小的标引对象上。

2. 符号、代号。符号、代号通常用红色、黑色或白色颜料标画（如图 5 - 1 - 14），线条宽度不得大于 0.5mm，长度不得超过 5mm；符号、代号要规范、清晰、醒目，标画的位置要准确到位，前后一致，记号种类不宜太多太杂；符号、代号可直接在照片画面上标示，对一幅画面要标示标画的符号、代号较多或不宜在画面上标注符号、代号时，要应用标引线引至画面外的图文区进行标注。

现场遗留物

残有毒物的"瓶盖"

现场遗留指纹

图 5 − 1 − 13 标引线示例图

图 5 − 1 − 14 痕迹物证标示示例图

表 5 - 1 - 3　常见的标志、符号、代号图例及标注含义

图例	标注含义
⊕	标示现场或现场中心所在部位
△　▲	标示痕迹、物证所在的部位
⇧↑↑	标示方向或痕迹、物证的特征
①②③	标示物体、痕迹、物证
○○	标示类型相同的多处痕迹、物证

（五）文字说明

文字说明的使用以需要与必要为原则。以下情况需要进行文字说明：照片内容非文字说明不能形象表述或难以理解的；经标引或附图解后仍不能清楚准确地反映照片内容的；对案件定性至关重要，必须附以文字加以说明的；已在照片上标注符号、代号的，用文字来说明其符号、代号所表达的内容含义；用相向、多向、十字交叉等方法拍摄的多张方位、概貌照片和通过特种光源、技术手段显现拍摄的痕迹物证照片，要对拍照手段、方法、拍摄条件等加以文字说明；因抢救被害人、灭火、当事人（事主）无意出入现场，或自然力量（如风、雨、雪等）无法抗拒而造成现场破坏的，要附以文字说明；划分段落层次的照片卷，应在段落层次前附以概括内容的文字标题。

（六）装订

照片卷宗的装订以左装式平订平装本为准，若一个现场的内容较多，一本卷宗装订厚度太厚，应分列第一卷、第二卷等加以装订。装订前在卡纸上填写页码，用专用装订线顺序装订，为防止装订后卷宗的厚度变化，在装订口衬以等厚度的长条形的卡纸片，装订后的卷宗应牢固、整齐、清洁、平整，为便于查找，在卷宗的脊背处要贴上卷脊，卷脊题名与案卷封面题名相同。若分列多卷，则在同一题名下标注第一卷、第二卷等以示区别。

（七）签审

照片卷宗制作完成后，需要参与现场勘验的人员进行审核，保证所有现场材料的一致性，对于确应修改的内容要经共同商量后再行决定。照片卷宗由现场勘查指挥人员签发，在封二生效标识域加盖公章后，卷宗才具备法律职能。

三、实训注意事项

1. 照片的冲洗避免边放边洗，造成遗漏或重放。

2. 卷宗照片的组合编排要以系统连贯、直观简明、突出重点、表述整体为原则。照片编排要强调逻辑性，思维要连贯，不能有跳跃。要尽可能用图片来说明问题，能用一张照片就能反映、说明问题的，坚决不用两张照片。

3. 照片编排要有主有次，强调现场的完整性，如现场环境，现场的状况特点，重点部位的情况，现场痕迹物证的分布等都能在卷宗中得到体现。要围绕现场中心开展工作，特别是对于现场的状态、犯罪中心、进出口、侵害的目标、痕迹物证的分布等要重点加以表现。

4. 文字说明内容要通俗易懂，简明扼要，严密准确，客观真实，表达规范，要与勘查笔录、现场绘图、尸检报告、现场拍摄等材料上的表述一致。文字说明要用标准汉语。文字说明中的计量统一用阿拉伯数字书写，计量单位采用国家标准单位或符号标注。文字说明的字迹应采用计算机打印。通常用宋、楷字体，字的大小根据内容而定。文字说明通常书写在照片下方或靠右侧。

实训知识

按照中华人民共和国公共安全行业标准刑事照相制卷质量标准，一套完整的现场照片卷宗应包含：案卷封面、封二、案情简介、目次、照片正文。卷宗在装订时按照上述的顺序装订成册。

一、封面

卷宗封面应包括：案卷编号；份号；密级；案卷题名（包括案件发生的地域、案件名称和案卷内容）；拍摄单位落款（制作机关）；制成时间。（如图 5 - 1 - 15）需要

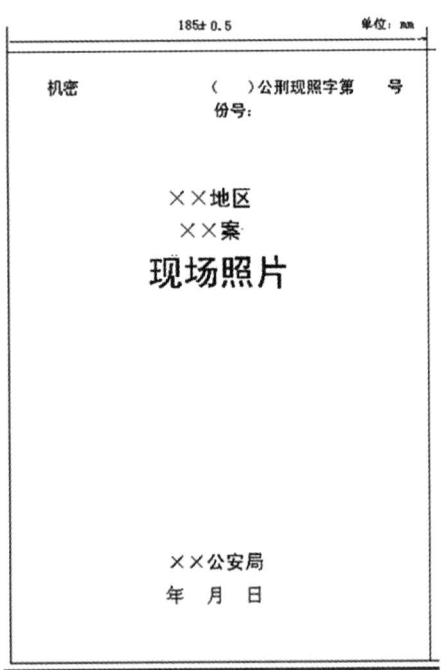

图 5 - 1 - 15　封面示例图

注意的是案件名称应与现场勘查笔录和现场图的案件名称一致，一般需要包括被侵害对象和侵害结果。也可使用案件性质和案件代号作为案件的名称。

二、封二

封二以列表的方式逐一填写，比较简洁地把案件情况、卷宗制作等有关内容表达出来（如图5-1-16）。主要内容有：现场地点，需要使用当地正式名称，应精确到门牌号，例如某市某区某街道（路）某号等；案件名称；案件性质；拍照时间。若拍照人有几个人同时参与，应按照主次排列出来；制卷单位；制卷人；审签人，一般为现场勘查指挥人；案卷页数，卷内照片张数，案卷份数等。所有内容填写完毕后，经领导审核并加盖单位公章，其卷宗材料正式生效，具备法律效力。

```
现场地点：
案件名称：
案件性质：

拍照时间：
拍照人：
制卷单位：
制卷人：
审签人：



        年    月    日

本卷共    页    照片    张
本卷共    份
```

图5-1-16 封二示例图

三、案情简介

案情简介的内容应包括：报案时间、案件发生或发现时间、地点，报案人及被害人的姓名、职业、住址及案件发生、发现的经过等情况。在书写案情简介时要求文字表达精炼准确，通俗易懂，力求与现场勘查笔录、现场绘图、现场拍摄（解说词）等材料一致。当刑事案件现场照片与现场勘查笔录等组合反映已经勘验的现场时，现场照片卷宗的案情简介内容可以省去。

四、目次

一般说来，复杂现场，重大特大案件现场，拍摄的内容比较多，其段落层次较复杂，这时制卷时就要编写目次。目次，即卷宗内容的目录，便于我们查找卷宗的内容。编写目次时对本段落拍摄的内容要高度概括，反映一张或一组照片的中心含义。对于一些特大案件（如杀人、移尸、分尸、抛尸等）也可以按第一现场、第二现场等设置总目次，再在每个现场下编写次目次。目次的内容应包括各段落层次的标题、所在的页码。标题与所在的页码之间用"……"号连接。

例1：现场情况 ……………………………………………………………
尸体姿势、衣着 …………………………………………………………
尸体损伤 …………………………………………………………………
尸体解剖 …………………………………………………………………
例2：第一现场 ……………………………………………………………
第二现场 …………………………………………………………………
第三现场 …………………………………………………………………

图5-1-17　目次示例图

五、照片正文

现场卷宗正文是通过照片来直观表达案件内容的，照片正文通常有以下几个部分组成：现场照片的组合；解释性的标引线；标志、符号、代号；注释、说明性文字。

实训任务二　现场绘图与勘查笔录制作

实训一　现场平面图的绘制

实训目的

一、了解现场绘图的原理和基础知识

二、掌握现场平面图的制作技能

实训素材及内容

真实案例：

2005年6月23日晚8时许，某市某区御庭园17号102室发生一起特大入室抢劫、杀人、放火案。犯罪嫌疑人闯门入室，采取锤子砸头、锐器割颈等手法，将该室居民王某敬（男，74 岁，某市公路局离休干部）和王的妻子刘某英（69 岁）、女儿王某兰（33 岁某市交通公司客运员）、王某梅（39 岁，某市某小学教师，住世纪绿洲 23 号 402 室）杀死，然后在室内大面积翻动、搜劫钱财，并将尸体集中一卧室纵火焚烧，企图焚尸灭迹。案发当晚 9 时 53 分，市消防支队 119 火警台突然接到报警：地处市中心该单元楼 102 室发生火灾。接警后，市消防支队特勤一中队官兵立即冒雨出击，迅速赶抵现场，果断剪断 102 室卫生间窗栅入室扑救。其时，室内烟雾弥漫，西南侧的卧室

图 5 - 2 - 1 御庭园 17 号 102 室室外位置现场

图 5 - 2 - 2 现场概貌（由东向西拍摄）

内尚有明火。消防队员在紧张的灭火、搜救过程中，在有明火的卧室地面上接连发现了4具尸体。尸身上杂乱地盖着棉被、衣服等物，且尸体体表均有大量可疑伤口和血迹。消防队员在灭火的同时，即向市局报告。经勘查，102室的铁栅防盗门和木门均呈关锁状，门锁完好。进门为客厅，客厅北侧由东向西依次为储藏室、卫生间、厨房和小女儿王某兰卧室；南侧为两个并列的房间。其中，东侧房间摆放沙发和电视机，靠南的院门也呈关锁状；西侧房间为户主王某敬夫妇的卧室，王某敬夫妇及两个女儿的尸体即被集中放置于该卧室内，身上还堆放有大量棉被、衣物。由于犯罪嫌疑人在杀人后实施纵火，现场已遭严重破坏，室内地面有灭火形成的积水，部分墙面遭水流冲击至墙灰剥落。经初步勘查，在现场分别提取到长27.5cm（内有椭圆形图案）和27cm

图5-2-3　现场概貌（由西向东拍摄）

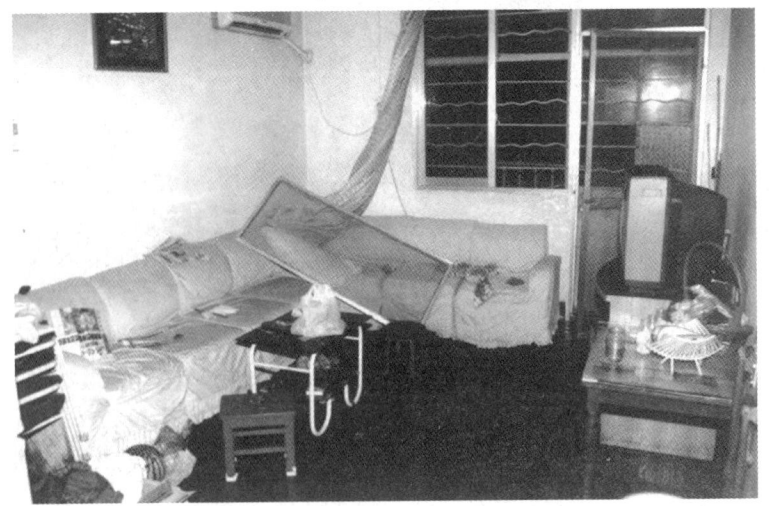

图5-2-4　客厅（由北向南拍摄）

（内有小方格图案）的沾血皮鞋印各一枚；在卫生间门口洗衣机上，提取到一把用布条缠绕沾有血迹的木柄锻铁榔头。整个现场室内遭到大面积翻动，各房间橱门、抽屉均被拉开，大量物品散落在地面上。勘查发现，犯罪嫌疑人系戴手套作案，客厅桌子上拧下的灯泡上有明显的手套痕迹，但分析案发时天气较热，案犯进门时有可能未戴手套而留下蛛丝马迹，因此在现场分格定位，用四甲基联苯胺大面积显现，终于在厨房门框上提取到一枚浅血掌纹，为最后证实犯罪提供了有力依据。

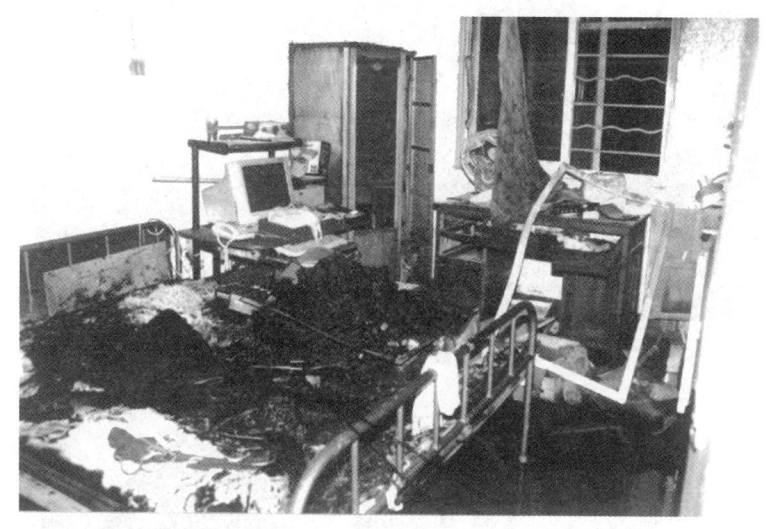

图 5 - 2 - 5　中心现场（北卧室）

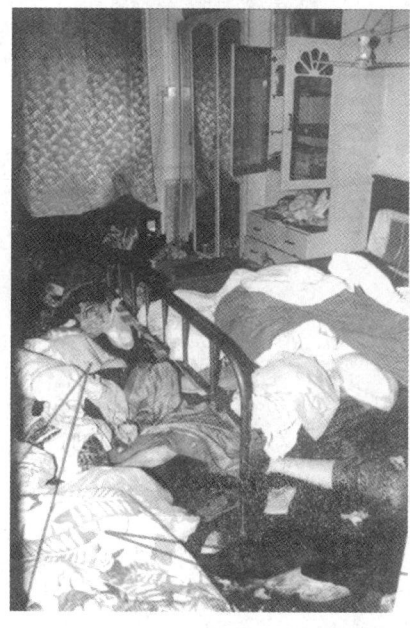

图 5 - 2 - 6　中心现场（南卧室）

图 5 - 2 - 7　洗衣机上沾有血迹的榔头

图 5 - 2 - 8　被犯罪嫌疑人拧下的灯泡

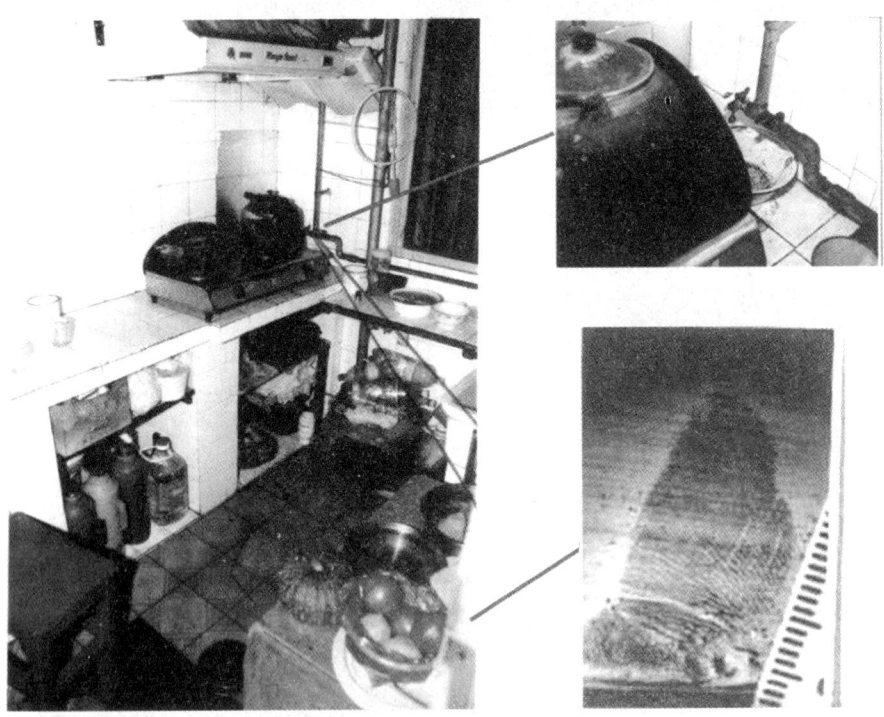

图 5 - 2 - 9　割断的煤气管

实训内容：

根据案件中所反映的现场情况，制作本案室内现场平面示意图。

实训方法

一、实训器材

指南针、卷尺、皮尺、测绳、绘图板、直尺、比例尺、量角器、曲线尺、三角板、圆规、A4 纸、铅笔、橡皮。

二、实训方法与步骤

（一）观察现场，设计现场图

绘图人员在案件现场应当要全面细致地进行现场观察，确定现场环境与结构、现场物品与痕迹分布，全面反映现场情况。制定绘图计划，拟定画面结构。确定绘图的名称、图例说明、指北针及局部特写位置。

（二）确定方位

绘图前用指南针（或指北针）确定现场方位，将绘图纸上的方位与实际现场方位相统一。图纸上应保持上北下南、左西右东的方位，制图人员确定方位后，可以选择面朝北进行绘制，以免出现方向上的错误。

（三）测绘现场轮廓范围

确定方位后测量现场，先测量现场外围，选择固定的物体作为参照，根据绘图的需要确定比例，按比例勾画该区域的轮廓，接着测绘道路、内墙、门窗等，标注其位置和方向。

（四）测绘现场陈设物体的位置

在现场结构测绘的基础上，以固定的结构为参照物，测绘现场陈设物体，标注其形状、位置。

（五）测绘现场痕迹、物品、尸体的位置

以现场结构、陈设物品为参照物，确定现场痕迹、物品、尸体等的形态和位置。

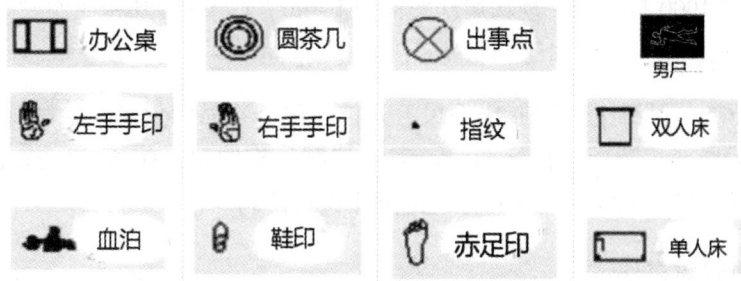

图 5 – 2 – 10　现场常见痕迹物品的表现形式

（六）列出图例说明

现场图的图例是实际物体的简化和缩写，在绘图时所使用的图例应在图中列出并加以文字说明，在图纸的右下方进行标注（如图5-2-13）。

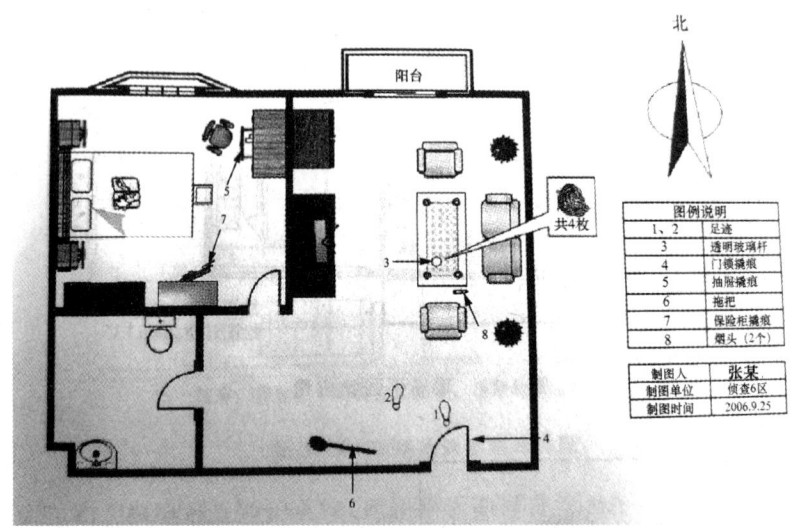

图5-2-11 现场平面示意图中图例说明的使用

（七）绘制现场草图

绘制草图往往与现场观察和测绘同步进行，在绘制现场草图时应当对现场各部分保持相对适当的比例，并注明相应的数据，避免绘制现场比例图时出现比例失调的情况。

（八）复查核对、完善草图

现场草图绘制完成后，应当进行详细核对，检查绘制内容与现场原状是否一致。检查草图与现场勘验检查笔录、现场照相、现场录像的有关内容是否一致，有无遗漏或失误。草图完成后应当妥善保管，以便备用检查。

（九）确定比例、定稿制图

确定比例尺要根据所绘制的现场大小和图纸大小来确定。一般现场方位图通常使用1∶500、1∶1000等比例，现场局部图使用1∶40、1∶60等几种比例。

（十）绘图

在现场草图的基础上，按照比例尺、方位、现场物品的位置，绘制现场平面示意图，或者现场局部示意图。在绘图时，应当按照先描曲线后描直线，先上边后下边，先描细线后描粗线，先描图画后写标题的顺序进行绘制。

三、实训注意事项

1. 标明案件名称、案发时间、案发地点、案件性质、现场图种类。

2. 标明测量方法、比例、方位、图例、绘图单位、绘图日期、绘图人。

3. 完整反映现场位置、范围。

4. 准确反映与犯罪活动有关的主要物体，标明痕迹、物证、足迹、尸体、作案工具等具体位置。

5. 布局合理、重点突出、画面整洁、标志规范。

6. 文字说明简明、准确。

实训知识

现场绘图是指侦查人员运用制图学的原理和方法，借助各种图形、符号和文字说明，对犯罪现场的状况进行平面复制。现场绘图是犯罪现场勘查记录的重要组成部分，是犯罪现场勘验检查笔录的重要补充，是一项重要的证据材料，必要时可利用现场绘图进行现场重建。

实训巩固练习

1. 根据现场图的范围与内容不同，可以分为（　　　）

A. 现场方位图　　　　B. 现场概貌图　　　　C. 现场局部图　　　　D. 现场特写图

2. 现场图根据表现形式不同可以分为（　　　）

A. 现场平面图　　　　B. 现场立体图　　　　C. 现场综合图　　　　D. 现场分析图

3. 常见的现场测量方法有（　　　）

A. 尺侧法　　　　B. 目测法　　　　C. 步测法　　　　D. 棍测法

4. 绘制现场平面示意图方位确定的方法有（　　　）

A. 指南针判定方位　　　　　　　　B. 地图判定方位

C. 太阳与手表判定方位　　　　　　D. 自然特征判定方位

5. 绘制的现场图中应当包含的元素有（　　　）

A. 标题、案件名称、制图时间、制图人　　B. 现场方位、比例尺

C. 现场图基本图例　　　　　　　　D. 图例说明

实训二　室外案件现场绘图

实训目的

一、了解室外现场绘制的绘制步骤和注意事项

二、掌握绘图软件中各操作按钮的功能和使用方法

三、熟练适用绘图软件绘制室外案件现场

✦ **实训素材及内容**

真实案例：见实训一现场平面图绘制案例。

实训内容：绘制室外案件现场示意图。

✎ **实训方法**

一、实训器材

天元绘图软件、平板电脑。

二、实训方法与步骤

（一）安装天元绘图软件，打开主界面

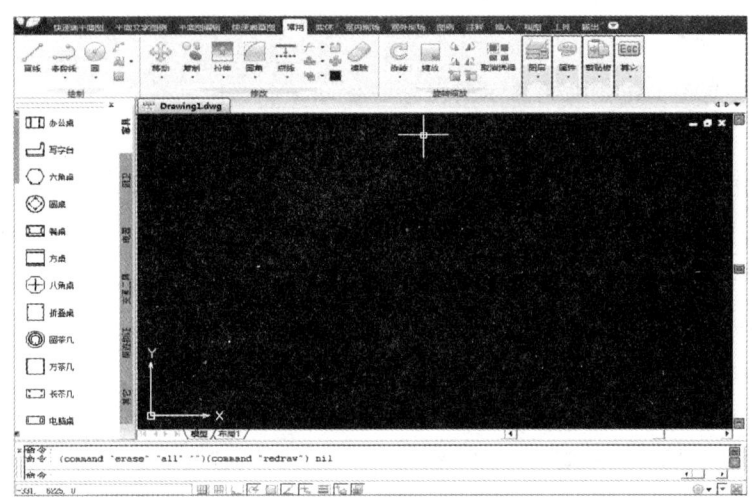

图 5 - 2 - 12　绘图软件主界面

（二）打开室外现场选项卡

室外现场选项卡中包含绘制室外案件现场常用的工具。从左到右顺序按照绘制室外现场的流程进行排列

图 5 - 2 - 13　室外现场选项卡

（三）设定参数

为绘制室外现场提供最基本的参数设置。在绘制室外现场前应当先设定参数，否

则绘制的图形会因为尺寸的错误影响绘制效果。

图范围是设定绘图区的范围。

室外参数中，道路宽是指室外道路的宽度，建筑层数是指生成立体建筑时的层数。

其他中的填充比例是图中图案需要填充时设定的填充百分比。

设定好参数后，点击确定按钮，完成设定。

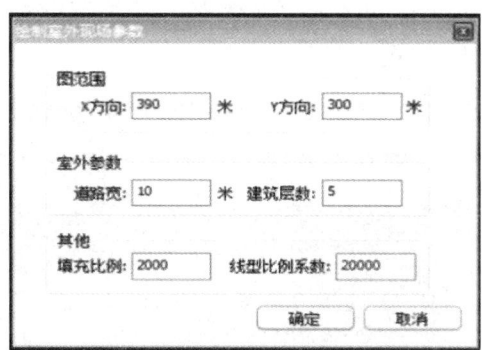

图 5 - 2 - 14　绘制室外现场参数

（四）绘制街道或公路

点击道路工具，在绘图区点击一点作为绘制道路起点，拖动光标，点击第二点绘图区会出现两点间的道路，继续拖动光标进行点击，可以连续绘制道路。在命令行输入字母 A，点击右键确认，可以绘制弧形道路。命令区输入字母 L，点击右键确认，切换为直线道路。

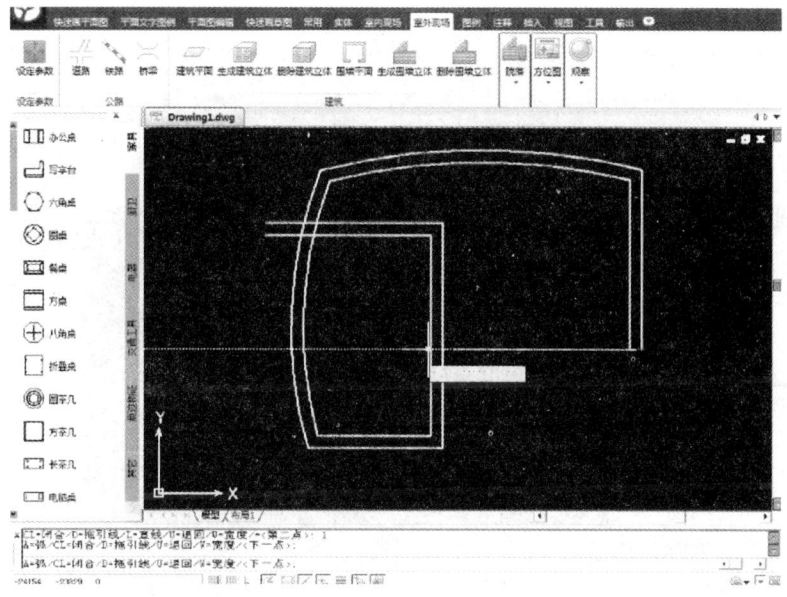

图 5 - 2 - 15　绘制公路

（五）绘制铁路

点击铁路工具 ，在绘图区点击一点作为铁路的起点，点击右键确认，拖动光标，可生成铁路。在绘制过程中可以在命令区输入数值作为铁路的长度，如输入100000＝100米，输入后点击鼠标右键确认，绘图区会出现长度100米的铁路。在命令区输入A，点击鼠标右键确认，可绘制弧形铁路，在命令区输入L继续绘制直线铁路，绘制完成后点击鼠标右键，结束命令。

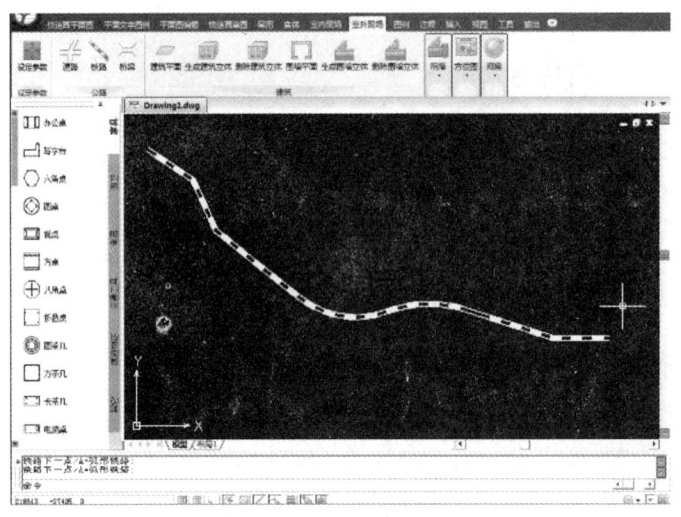

图 5 – 2 – 16　绘制铁路

（六）绘制桥梁

点击桥梁工具 绘制桥梁，如在铁路公路上绘制一座桥梁，按照命令行提示，在

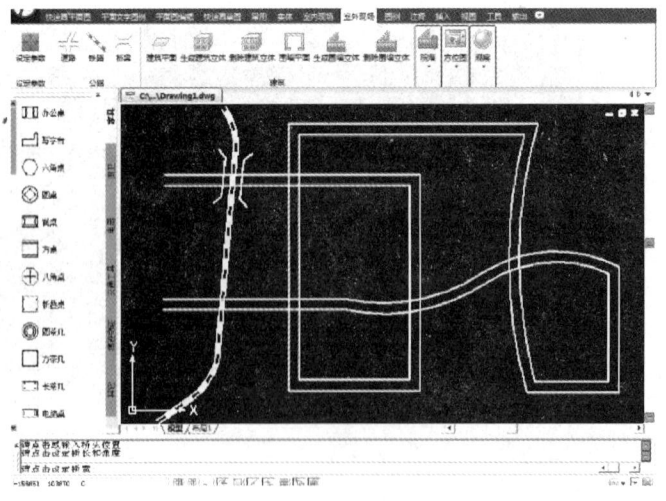

图 5 – 2 – 17　绘制桥梁

绘图区上点击一点作为桥头的位置，点击后沿着铁路的方向拖动光标，调整桥梁的长度和角度，调整好后再次点击一点用以调整桥梁的宽度，调整好后在绘图区点击一点进行确认，绘制完成。

（七）绘制建筑平面

点击建筑平面工具，绘制室外工具，点击后会出现平面建筑外形设计窗口，共有 11 种建筑平面类型，可以根据案例中的建筑外观进行选择，设计中图形的数字代表绘制时的顺序。

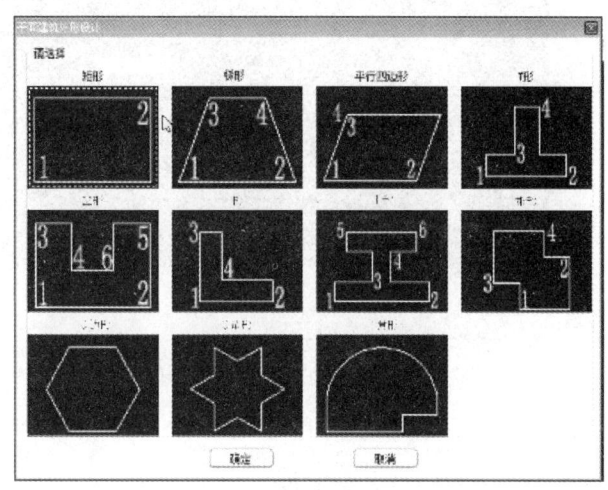

图 5 - 2 - 18　平面建筑外形设计图形

如绘制矩形的平面建筑类型，选择后点击确定按钮，按照命令行提示，在绘图区

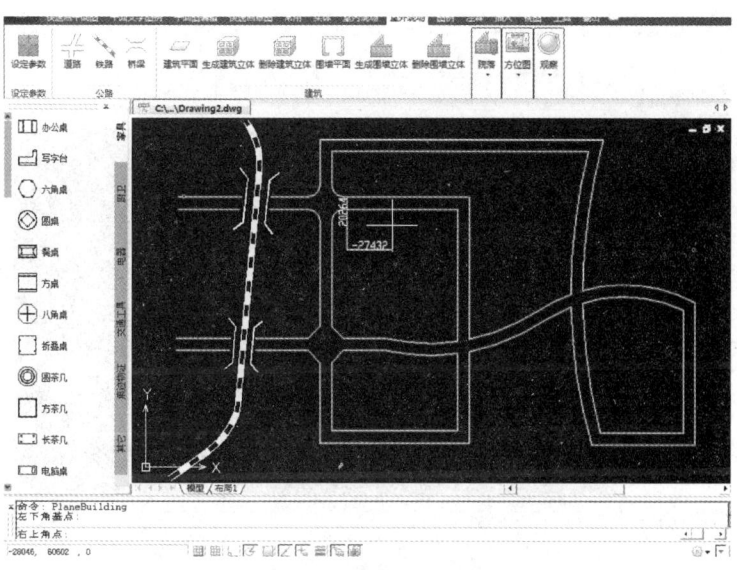

图 5 - 2 - 19　确定建筑平面长度和宽度

点击一点作为绘制该平面建筑的基点。点击后按照预览图中数字的顺序将光标移动到基点的对角方向，移动时会实时显示建筑的平面大小，调整好大小点击确认，确认后移动光标，调整平面建筑的方向，点击确认，平面建筑绘制完成。

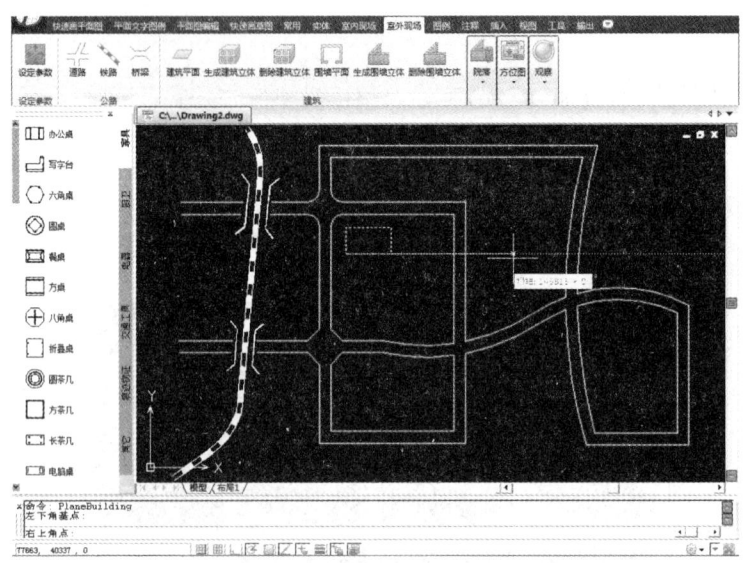

图 5 - 2 - 20 确定建筑平面方向

（八）绘制立体建筑

绘制好室外的建筑平面后，可以在平面图上生成立体建筑。点击生成立体建筑工具 ，按照命令行提示，输入数值，确定输入后的建筑层数，点击鼠标右键确

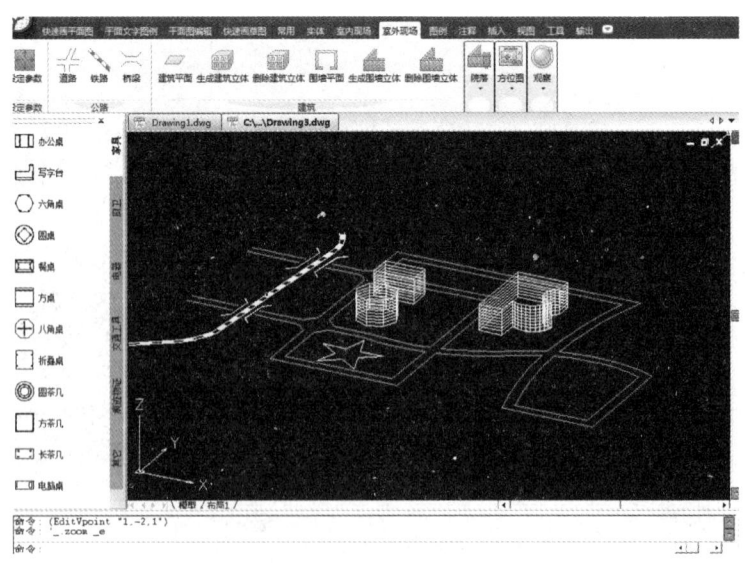

图 5 - 2 - 21 绘制立体建筑

认，在绘图区点击选择需要生成建筑立体的平面图，点击鼠标右键确认，确认后建筑平面便生成了立体建筑，可以配合动态观察工具观察立体效果。

（九）绘制自由图形

绘图软件具有绘制自由图形的功能。在常用选项卡中点击"二维多段线"下面的三角，点击"徒手画"工具，点击后按照命令行提示在绘图区按住鼠标左键不放，作为模拟落笔的动作，拖动光标，绘图区会生成光标拖动位置的轨迹线，松开鼠标左键作为模拟抬笔的动作，完成绘制，点击鼠标右键，结束命令。该功能可以绘制不规则图形，如河流、山脉。

图 5 - 2 - 22　绘制自由图形

（十）添加名称和文字

使用文字工具，可以对绘制好的室外现场添加文字。在工具面板中点击注释选项卡，点击文字工具。多行文字工具，用于添加竖行文字，单行文字工具用于添加横行文字。点击后按照命令行提示，在绘图区点击一点，该点作为文字框的一个角点，点击后拖动光标，拖动出合适的范围后，再次点击，作为文字框的另一个角点。在弹出的文本格式工具栏中，将字号大小修改为 10 000，在文字框中输入需要添加的文字，所有内容修改好后点击工具栏中的"OK"按钮，文字添加完成。

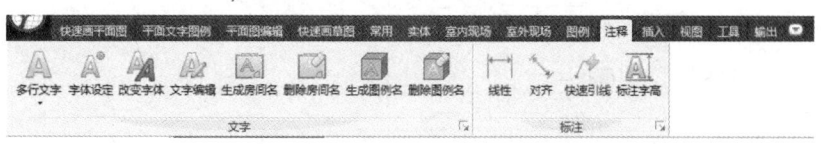

图 5 - 2 - 23　添加名称和文字

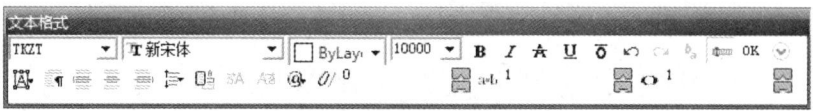

图 5 - 2 - 24　文本格式工具

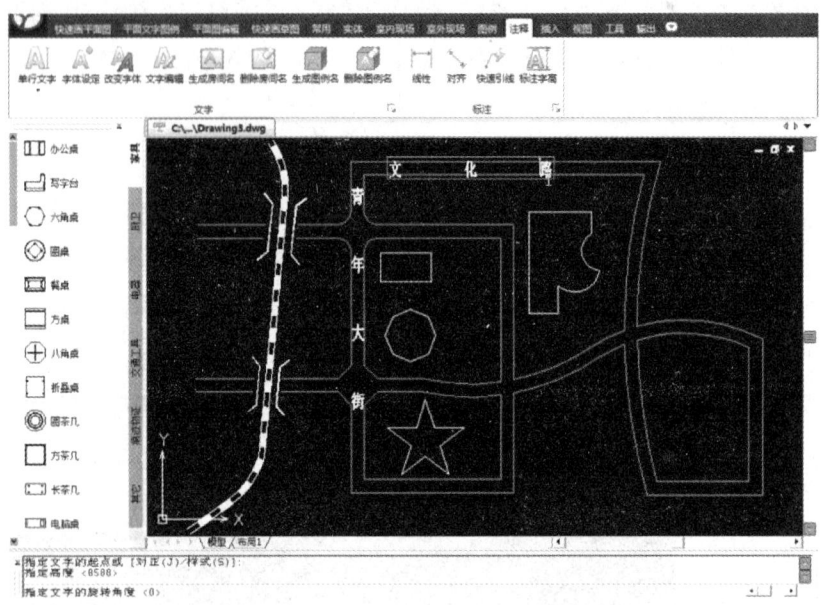

图5－2－25　添加纵向和横向文字

（十一）生成方位图

绘制好室外现场图画之后，可以添加方位图，标注案件基本信息。点击生成方位

图工具，打开方位图窗口，将文本框中的信息添加完整，点击更新按钮。在室外

方位图

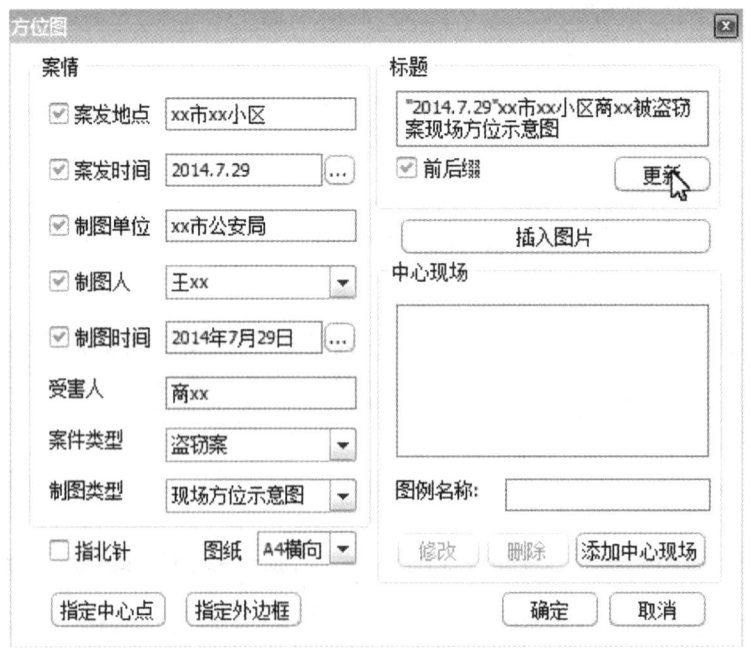

图5－2－26　案件现场方位图基本信息

现场图中添加中心现场图标，在绘图区点击一点，作为中心现场的起始点，向下拖动图标，拖动一段距离后点击一点，作为中心现场的结束点，点击后可以看到该位置上生成的图标，点击鼠标右键确认，确认后回到方位图窗口。点击指定外边框按钮，点击后在绘制好的现场图左下方点击一点，拖动光标向右上方移动，调整范围框，再次点击，图框会按照选定的范围自动添加。点击方位图中的确定按钮，方位图添加完成。

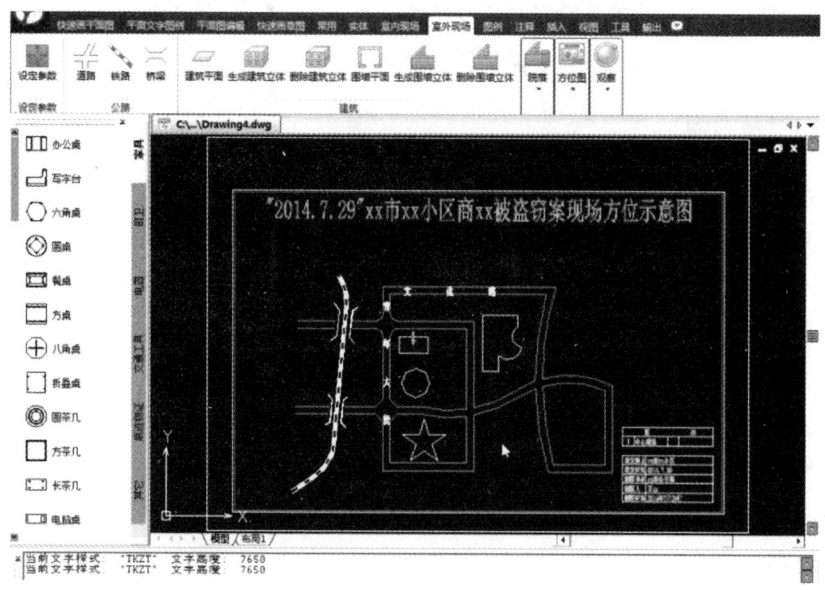

图 5 - 2 - 27　生成案件现场方位示意图

三、实训注意事项

1. 熟知绘图软件工具栏中常用的工具功能。

2. 示意图中应完整反映现场位置、范围。

3. 准确反映与犯罪活动有关的主要物体，标明痕迹、物证、足迹、尸体、作案工具等具体位置。

4. 布局合理、重点突出、画面整洁、标志规范。

5. 文字说明简明、准确。

实训知识

现场绘图是指侦查人员运用制图学的原理和方法，借助各种图形、符号和文字说明，对犯罪现场的状况进行平面复制。现场绘图是犯罪现场勘查记录的重要组成部分，是犯罪现场勘验检查笔录的重要补充，是一项重要的证据材料，必要时可利用现场绘图进行现场重建。

实训三　现场勘查笔录制作

实训目的

一、了解现场勘查笔录的制作步骤和注意事项

二、掌握现场勘查笔录的格式

三、掌握现场勘查笔录的记录重点和记录内容

实训素材及内容

真实案例：

我辖区某县支行龙英储蓄所资金被网络盗窃。其一道门为铝合金对开门，第二道门为卷帘门，在两道门之间有铝合金盖板的顶棚，见铝合金顶棚压条的螺丝被松开。东部是营业厅、西部为工作间，在营业厅与工作间之间有柜台及不锈钢防护栅栏隔开，在防护栅栏的北侧有一不锈钢门。东南角为厕所，其门朝西，通往工作间。工作间内有三张办公桌，呈工字形紧靠柜台摆放。另见一自制装置，外用黄色胶带纸包裹，在黄色胶带纸带的胶面上发现指纹一枚并照相提取。银行系统的电缆插口上见一黑色插口与其相连接，并用胶带纸包裹，该黑色插口接出两条电缆线。

实训内容：

根据案例内容制作案件现场勘查笔录。

实训方法

一、实训器材

笔录纸、中性笔、录音笔。

二、实训方法与步骤

1. 填写笔录首部基本内容。这部分内容包括文书名称，现场勘验开始和结束时间，参加人职务、名称、单位等基本信息。

2. 填写笔录正文内容。这部分是勘验检查笔录的核心内容，制作时应如实反映犯罪现场的勘验过程和结论。包括前言部分、叙述事实部分、结尾部分。

前言部分，主要写明受理报案情况，犯罪现场保护情况，参加现场勘验的工作人员基本信息，见证人基本信息，当时的气候、光线、温度条件。

叙述事实部分，应当记明现场勘验详细情况，包括现场方位和现场概貌、中心现场位置，现场是否有变动，变动的原因，勘验过程、提取痕迹物证情况、现场周边搜索情况、现场访问情况以及其他需要说明的情况。

结尾部分，主要对犯罪现场的发现情况进行记录，提取痕迹物品的名称、数量，绘制现场的种类、数量，照相、录像的内容和数量等。

3. 填写笔录尾部内容。这部分主要应当记载犯罪现场勘查指挥人员、勘查人员、见证人、记录员，应当在笔录上亲自签名和盖章等。

三、实训注意事项

1. 叙述事实部分的记录顺序必须与实地勘验顺序保持一致，条理清楚，层次分明，避免遗漏和重复。

2. 笔录必须客观、实事求是，用语准确。不准将任何判断、推测的意见载入笔录之中。现场勘查笔录的记载顺序应当与勘验的顺序相一致，以免因记载紊乱而发生遗漏和重复现象。对于现场遗留的痕迹物品要准确写明其种类、大小、规格、颜色；对于现场物体变动破坏情况要写明在什么物体、什么部位遭受了什么样的变动或破坏，若存在尸体，尸体的部位和大小、形状也必须准确叙述。而且在记录时杜绝使用"大约""附近""旁边""不远"等不确切词汇。同时作为证据使用的现场勘查笔录用语必须合乎法律规范。不使用非标准化的字、词、语句，不滥用方言土语，尽量不用生僻词语。

3. 物证检验、侦查实验、人身搜查等必须单独制作笔录，在勘验检查笔录中必须有简明扼要的记载。

4. 多次勘验犯罪现场，每次都必须制作补充笔录，多个犯罪现场应当分别制作笔录。

5. 笔录应当保证合法性。

实训知识

现场勘查笔录是指运用文字符号记述的方法，把犯罪现场情况和勘验过程记载、固定并保存下来的一种法律文书。

实训模板

现场勘查笔录

现场勘验单位：_____

指派/报告单位：_____ 时间： 年 月 日 时 分

勘验事由：_____

现场勘验开始时间 年 月 日 时 分

现场勘验结束时间 年 月 日 时 分

现场地点：_____

现场保护情况：（空白处记载保护人、保护措施、是原始现场还是变动现场等情

况）_____

_____

　　天气：阴□/晴□/雨□/雪□/雾□，温度：_____　　湿度：_____

风向：_____

　　勘验前现场的条件：变动现场□/ 原始现场□_____

　　现场勘验利用的光线：自然光□/ 灯光□/_____

　　现场勘验指挥人：_____　单位_____　职务_____

　　现场勘验情况：（空白处记载现场勘验详细情况，包括现场方位和现场概貌、中心现场位置，现场是否有变动，变动的原因，勘验过程、提取痕迹物证情况、现场周边搜索情况、现场访问情况以及其他需要说明的情况）

　　现场勘验制图_____张；照相_____张；录像_____分钟；录音_____分钟。

　　现场勘验记录人员：

　　笔录人：_____

　　制图人：_____

　　照相人：_____

　　录像人：_____

　　录音人：_____

　　现场勘验人员：

　　本人签名：_____　单位_____　职务_____

　　本人签名：_____　单位_____　职务_____

　　现场勘验见证人：_____

　　本人签名_____　性别_____　出生日期_____，

住址_____

　　本人签名_____　性别_____　出生日期_____，

住址_____

年　月　日

第　页　共　页

实 训 项 目 六

犯罪现场分析与重建

实训任务一　犯罪现场分析

 **实训目的**

一、了解现场分析的内容

二、掌握现场分析的方法

三、培养现场分析并确定侦查方向的能力

实训素材及内容

真实案例：

　　2012 年，某市公安局刑侦大队充分汲取以往同类案件的经验教训，现场勘查细致，调查访问全面，性质分析正确，对象刻画精准，采取措施到位，仅用了四天时间就成功破获了一起发生在大同镇上卖淫女被杀案件。2012 年 4 月 23 日，某市公安局刑侦大队接到福建龙岩籍男子杨某报案称：其姐姐杨某琳（女，31 岁）在我市大同镇上开美容厅，已有数日联系不上，情况极其反常。接报后，我局迅速派员与杨某一道前往大同镇杨某琳所开的"有缘聚"美容厅，破门入室后发现店内有一具高度腐败的女性尸体，头部位置有大量血迹，系他杀。经现场勘查，发现尸体附近桌面有一盒已泡好但尚未食用的方便面，垃圾桶内有一盒已空的方便面盒子。死者衣着完整，生前无性行为，衣裤、衣柜、抽屉等位置未见翻动痕迹，室内电灯、电视关闭，门正常锁好，随身携带的小灵通及美容厅出入钥匙失少。尸体呈俯卧状，头部被钝器多次击打，地面呈现明显的拖把、毛巾拭擦痕迹，案后加工处理动作较为精细。大同镇位于某市北部，南临市区，北靠湖、同心公路横贯镇中，交通便利，集镇人口逾三万，外来人口较多且流动频繁。"有缘聚"美容厅位于大同镇中心地带，由于受乡镇科技投入限制，周边地带既无治安卡口，又无视频监控等电子科技设备。杨某琳一人经营美容厅，既是老板娘，又是小姐，对其活动轨迹、交往人群一时难以深入考证了解，加之案犯对现场经过精细处理，生前无性行为，现场条件缺乏，生物检材的缺失等等诸多原因，无疑对案件的侦破带来了很大困难。

图6-1-1 案发中心现场

图6-1-2 室内中心现场

理想状态情景模式通常称之为参考条件，范围设定越小（即设定状态越理想），风险越高，这就需要对信息进行充分的筛选，去粗存精，去伪存真。使用要采用大胆与谨慎相结合的模式，信息数据要分级建库，逐级之间归属形式逻辑学的从属关系，即理想状况情景模式属于主干系统的枝梢末端，从属于范围相对较大、涉及面相对较广的上一级信息库内容，多级信息库建立的优点在于既可以确保信息的量，又可以保证信息的质。侦查人员在调查死者生前一个情夫吴某处了解到，4月1日下午，杨某琳要求吴某晚上不要到其店内，称有另一男子要包夜，该男子20多岁，去年年底刚结婚，

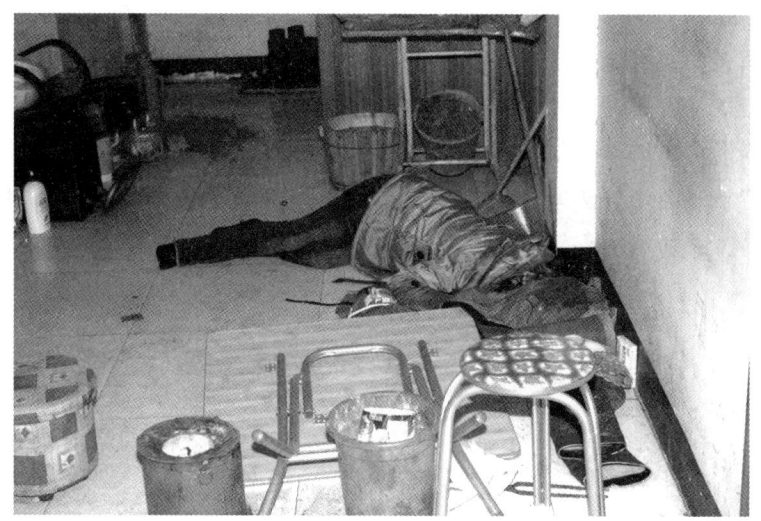

图 6-1-3　现场尸体位置

以前也曾包过夜，尚有 200 元嫖资未结清。由此可见，该男子应该是最后接触死者杨某琳的包夜人员，如何找到该男子也就成了破获此案的当务之急。针对这一信息，侦查人员大胆设定了理想状况情景模式，并建立相应的数据库：该男子信息数据库；婚后妻子怀孕或哺乳男子信息数据库；曾嫖娼包夜男子信息数据库；暂住、务工人员信息数据库；违法犯罪人员信息数据库。

1. 案犯为本地人，年龄为 20~30 岁之间，在常住人口信息设定条件，建立符合基本条件的 3687 名。

2. 去年刚结婚的该地区男子，即从民政局婚姻管理处调出 2010 年元月以来登记结婚的男子数据 1763 条，在这基础上，侦查人员又针对该案特征假定了条件：刚结婚不久的男子出来嫖娼，极有可能其妻子正怀孕或正在哺育婴儿。为此，我们又从计生指导部门和各大医院调出了怀孕妇女库中其配偶的数据和不满一周岁新生婴儿库中父亲的数据共计 598 条进行建库。

3. 曾经包过夜，且尚有 200 元嫖资未结清。根据杨某琳生平节约，有债必讨的习惯，侦查人员又假定了该男子早期与杨某琳有过联系，后为躲避催讨，可能改变其联系方式，从而从近期杨某琳的通话单子不会体现其通联信息，通过行动技术部门配合，把杨某琳早期通话对象与近期通话对象分为二库作出数据碰撞，无碰撞结果的且在早期话单中所体现出的 46 名联系人作为理想状态情景模式建库备档。

4. 梳理、重点甄别并逐一排除杨某琳通话联系人，尚留下一名公用电话无法查证。因此，案犯用公用电话与杨某琳约定的可能性较大。经查，该公用电话为镇一超市内的公用电话。侦查人员又再次作出大胆判断，如果系案犯所留，那么说明案犯在镇具有固定的生活、工作场所。在这种理想状态下，侦查人员从暂住人口管理库与劳动部门的劳务合同库中调出了男子的在镇暂住、务工人员 1432 名并建库。

5. 鉴于案犯对现场作了较为精细的处置且将受害人杨某琳的小灵通取走这几点信息表明，案犯处事老到，手段干练，具备一定的反侦查水平，案犯应该有一定的违法犯罪经历，故又从全国违法犯罪人员库中调取有前科劣迹人员463名（包括因卖淫嫖娼案受处理人员）建库备档。

在建立了上述各类信息库的基础上，侦查人员采用了多个数据库逐一碰撞、交叉碰撞、综合碰撞、分级碰撞等多种手段，按每碰撞到一次计一分，得分由高到低排出对象（如图6-1-4数据分析图）。经做工作，发现朱某波分值最高并有作案重大嫌疑。

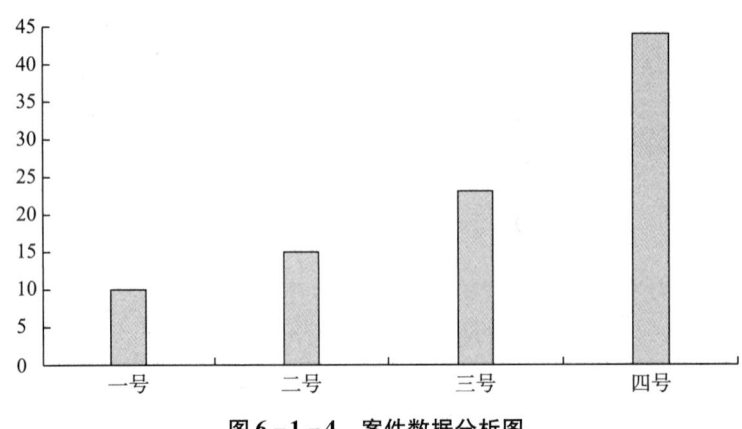

图6-1-4 案件数据分析图

实训内容：

根据素材中介绍的案件及案件分析情况，学习如何利用现场情况进行犯罪现场分析并确定侦查方向。

实训方法

一、实训方法与步骤

（一）分析事件性质

所谓分析事件的性质，就是要判明现场上已经发生的事件是否属于犯罪案件，是否需要刑事侦查部门立案侦查。

从现场环境进行分析；从死者生前的表现进行分析；从致死方法和相应的行为能力上进行分析；从现场遗留的痕迹物品进行分析；从凶器的种类、来源、去处及凶器与尸体的关系上进行分析；从死者伤痕的程度、部位、方向及状态上进行分析。

（二）分析作案过程

1. 分析行为过程。通常是指分析判断犯罪嫌疑人是如何进入现场的，在现场进行了哪些活动及其先后顺序，以及犯罪后如何逃离现场等一系列活动过程。

2. 分析作案时间。作案时间通常是指形成犯罪现场的犯罪活动从起始到终止的时

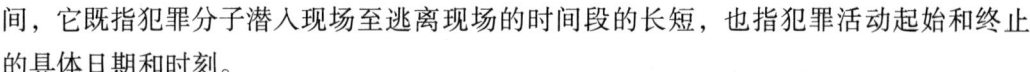

间，它既指犯罪分子潜入现场至逃离现场的时间段的长短，也指犯罪活动起始和终止的具体日期和时刻。

（1）根据事主、被害人、目击者及其他知情群众提供的情况进行分析。

（2）根据现场上记载时间的物品所表明的时间进行分析。

（3）根据现场上有关物品的状态和痕迹的新旧程度进行分析。

（4）根据尸体现象及胃内容物消化程度进行分析。

（5）根据天气变化情况进行分析。

（6）根据犯罪分子破坏现场障碍物的工程量大小及被盗抢物的数量和被害人的人数进行分析。

（7）根据现场实验的结果进行分析。

（8）根据事主、被害人、周围群众的生活习惯进行分析。

3. 分析作案地点。

（1）根据现场访问所获的材料进行分析。

（2）根据现场所处的地理位置和周边环境的关系进行分析。

（3）根据现场上发现的各种痕迹物品或微量物质进行分析。

（4）根据现场上出现的反常现象进行分析。

4. 分析作案人数。

（1）根据受害人、目击者提供的情况进行分析。

（2）根据现场上发现的痕迹进行分析。

（3）根据现场遗留物进行分析。

（4）根据犯罪的行为和结果进行分析。

5. 分析作案工具。

（1）根据现场遗留的工具痕迹分析。

（2）根据有关损伤情况分析作案的凶器。

（3）根据现场遗留的工具、凶器的碎片以及包装物、擦拭物等甄别作案工具的种类。

（4）根据现场犯罪痕迹内外的各种微量物质分析。

（三）分析作案动机

1. 有无预谋，即主要看作案过程中是否有预备性动作、有无目标搜寻过程、有无准备作案工具等。

2. 准备的作案工具与行为结果之间的关系。

3. 行为过程中的目标确认。

4. 行为结果状态。

（四）分析犯罪分子的条件

1. 犯罪分子的自然条件：身高、体态、民族、性别、年龄、婚姻、文化程度、心理特征、生理特征、疾病、相貌等。

2. 犯罪分子的社会特征条件：社会身份、职业特征、技能；居住地或落脚点；前科或违法犯罪经历。

3. 犯罪分子作案的必备条件：分析犯罪分子作案的必备条件时，可从犯罪分子必须具备的特殊技能、知情程度、体能状况、交通工具和作案工具等方面进行综合分析。

二、实训注意事项

1. 分析行为过程是现场分析的重点也是难点。其分析的主要依据是现场上各类痕迹物品及有关的现场现象形成的先后次序。

2. 分析作案地点关键是要解决两个问题：一是目前勘查的现场是否是作案的原始地点，如不是，那么作案的原始地点在何处；二是分析判断勘查的地点与犯罪分子之间的关系。

实训知识

一、确定侦查方向范围

1. 确定侦查方向的依据：根据案件性质确定；根据犯罪条件和犯罪分子的个人特点确定；根据犯罪分子携带物品以及逃跑路线来确定。

2. 确定侦查范围的依据：根据犯罪分子对现场情况的知情程度来确定；根据现场地理环境来确定；根据串案分析材料来确定；根据犯罪分子的人身形象和语言特征确定；根据现场犯罪物来确定；根据现场遗留痕迹来确定；根据作案工具来确定；根据作案手段、方法来确定；根据赃款赃物的可能去向来确定；根据对作案过程的深入研究来确定。

二、明确下一步侦查工作思路

1. 以寻找犯罪嫌疑人为目标开展侦查：追缉堵截、排查、布控、信息追踪、特情架网等方式开展。

2. 以查找控制赃物为目标开展侦查：阵地控赃、特情控赃、赃物库及批量比对、携带物查证等方式开展。

3. 以调查揭开犯罪因果关系为目标开展侦查：围绕被害人的经济状况、人际关系、生活作风等问题开展侦查从中发现线索；围绕被害人与他人的矛盾冲突进行调查，从中发现线索；从被害人家属和单位职工、周围群众提供的情况去分析被害的原因，发现犯罪线索；从调查被害人的个人隐私入手，发现犯罪线索。

4. 以调查物证为目标开展侦查：调查现场遗留物的产、供、销范围，使用行业和使用人员情况，从中发现线索。

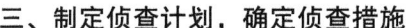

三、制定侦查计划，确定侦查措施

可操作性的侦查措施；有针对性的侦查措施；解决某一特定问题的侦查措施；不同目的性的实施要求与标准；每一项措施的责任人及职责；每一项侦查措施的具体实施方案及步骤。

实训任务二　犯罪现场重建

实训目的

一、了解犯罪现场重建的内容
二、掌握犯罪现场重建的方法
三、培养犯罪现场重建的实践能力

实训素材及内容

真实案例：

2007 年 7 月 27 日下午 4 时左右，武警某中队队长在某看守所值班室睡眠中听到枪响，起身查看一号哨楼，发现当班哨兵倒在地上已死亡，即派两名士官看守现场并报告支队值班室。经查：哨兵，男，21 岁，武警某支队某中队当值战士。

图 6-2-1　案发现场概貌

问题：本事件是不是犯罪案件？如何得出上述结论？

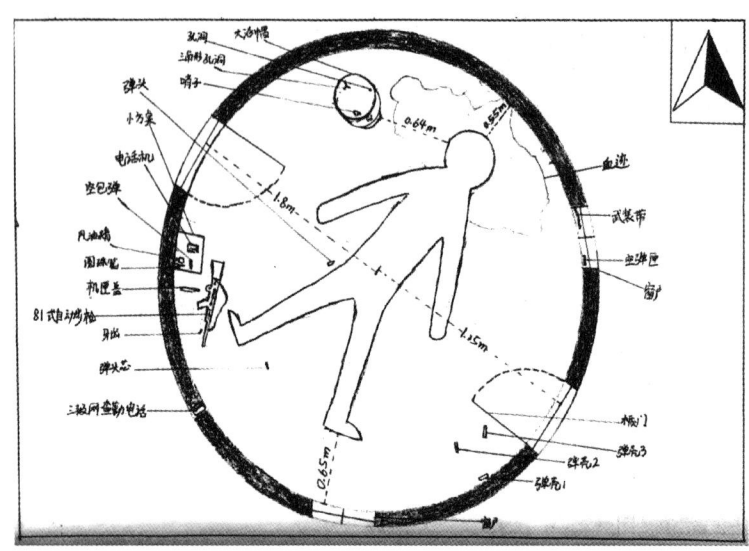

图 6 - 2 - 2　案发现场平面展示图

图 6 - 2 - 3　案发现场天花板的弹孔分布

对本事件性质的分析须明确：

1. 进出岗楼的条件与人员。

2. 死者的生前表现。

3. 死者是否死于枪杀。

4. 弹头弹壳是否是现场上的枪发射的。

5. 枪支的机匣盖是如何脱落的。

6. 死者的枪伤是在何种情形下形成的。

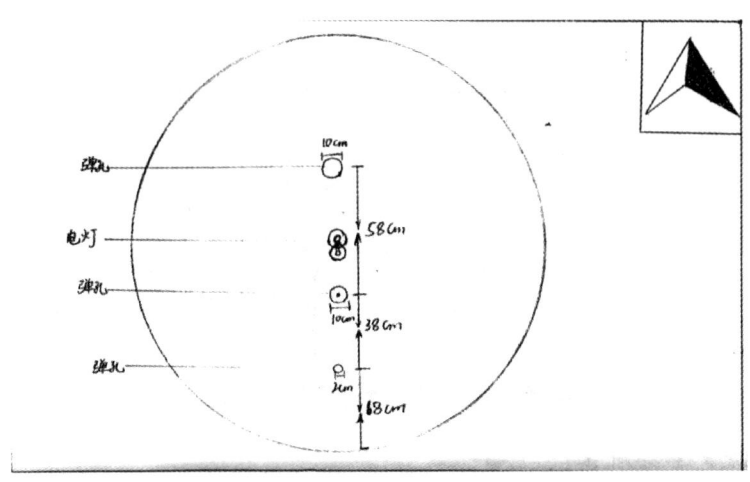

图6-2-4　案发现场屋顶平面图

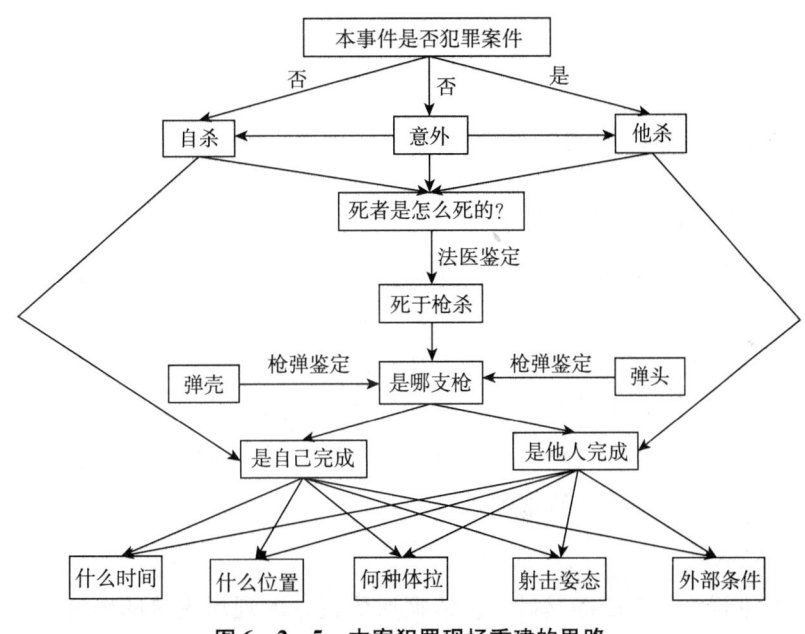

图6-2-5　本案犯罪现场重建的思路

通过枪弹检验和尸体解剖首先明确了：弹由同一支枪射出；弹由同一支枪一次连续射出；人由同一支枪一次连续射杀死亡。其次，从弹着点的破损形态与排列位置确定枪支击发时的原始位置。再次，从尸体位置及姿态确定死者受枪击前的位置。最后，通过尸检与模拟实验确定枪与人位置关系。

结合护板脱落、帽子位置、抛弹位置、枪支转向等细节可确定死者当时的体位是：站立位；面向窗台；头低；持枪无依托；枪管口进口腔。

实训内容：

根据素材中介绍的案件情况，结合现场重现的方法进行现场重现相关知识的学习。

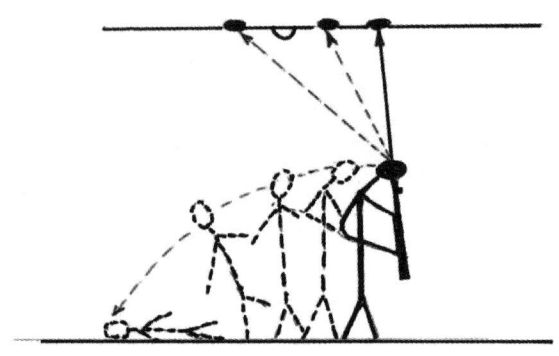

图 6 – 2 – 6 约 1 秒钟的过程模拟图

 **实训方法**

一、实训方法与步骤

（一）收集和判断信息和数据

信息和数据是认识案件内容的主要依据。能否对案件进行客观认识，以及能否确保利用信息进行现场重建的顺利展开都依赖于收集信息是否全面、准确。侦查人员需要从犯罪现场、被害人或者目击者处获取所有的言辞信息或者书面信息。之后根据证据状况、明显的形态和印痕以及被害人情况等数据并结合案件具体情况对所收集到的信息和数据进行分析、鉴别、审查，从而得出信息之间、信息与案件事实之间的联系程度，进而对整个案件事实有较为全面的认识。

（二）进行推测

在对信息进行分析判断的基础上，依据所要进行的现场重建的内容，对犯罪事实情节、犯罪痕迹、物品、整个犯罪行为发生的全过程等情况作出初步的推测性解释，这种推测结论不能视为是这一阶段的唯一解释。为了防止下一步的假设先入为主或由于思路局限而使假设陷于偏颇，必须全面考虑到案件可能发生的各种情形。

（三）提出假设

在侦查人员推测的基础上，利用事物发展规律和个人实践经验以现场客观事实及其科学检验检测结论为依据对各种可能性进行比较、论证，对案件等情况作出最具有现实可能性的解释或说明，从而使上一步的推测形成一种假设。对于这种假设现场勘查人员必须进行包括血迹和印痕形态、射击残留物形态和指纹证据的解释以及微量物证分析等为内容的现场勘查和物证检验工作，这个过程能够帮助现场勘查人员根据事

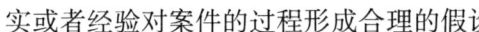

实或者经验对案件的过程形成合理的假设。

（四）合理论证

上一步的假设仅仅是其中的一种，很多案件根据收集的现有的事实材料发生的可能性有很多。而每个犯罪行为具有自身的个性即唯一性，而所做的假设是否和犯罪行为等案件事实情况相符还需要验证。验证有两个内容：一是侦查人员依据自己的知识和实践经验，以所提出的假设作为出发点，分析能否合理地、符合逻辑地推出已发现的痕迹、物证等已知事实。二是验证以上作出的假设的唯一性，以及一因多果现场的存在，假设只有经过排他性的验证后才有可能是客观科学的。

（五）得出结论

推理的内容是在假定重建假设为真的前提下，推断出除已掌握的信息外还应有哪些新的事实、新的条件和新的现象存在或不存在。这些未知的新情况为侦查人员验证重建假设提供了依据，侦查人员在此指导下采用侦查措施，有目的地去发现和寻找这些新的信息，如果发现了这些新信息，说明所建立的重建假设是真的，在这种情况下重建假设也就成了现场重建的结论。反之，如果出现了相反、相矛盾的情况，则说明重建假设是错误的，则侦查人员要重新提出新的假设。

二、实训注意事项

1. 由于受各种条件的限制，现场重建不可能与真实的现场完全一致，简单的现场重建相对而言比较容易，但复杂的现场则就比较烦琐。

2. 犯罪现场重建完成后，侦查人员应撰写犯罪现场重建报告。报告应说明重建的依据、过程、方法及其结论，并在文字报告中附上照片、模型、图片等演示资料等直观资料，以形象地展示重建结论或重建理论。重建的主持人与主要参与人应在报告上签字。

 **实训知识**

现场重建的分类

一、根据案件性质进行划分

根据所发生的案件的性质可以将现场重建分为：杀人案件现场重建、盗窃案件现场重建、投毒案件现场重建、爆炸案件现场重建等。

二、根据重建范围进行划分

1. 犯罪情节重建：指犯罪过程中某一个环节的重建。主要是对现场上的特定环节进行重建，而且并不是现场上的每一个环节都能重建。这可以分为：一是犯罪情节部分重建即只重建某一个犯罪情节中的某一个部分，这个部分的发生可能仅仅需要几秒钟或几分钟；二是犯罪情节整体重建即重建的是犯罪行为过程中的某一个完整的情节，如杀人案件中犯罪分子实施杀人的整个行为情节的重建。

2. 犯罪行为重建：即对整个犯罪行为过程进行重建。这是在澄清疑点、吃透案情的情况下才运用的，通常情况下较少发生。因为对整个犯罪行为全过程进行重建需要借助痕迹、物品等以及分析研究现场事实和其他信息才能进行，重建过程很复杂。

三、根据重建的内容进行划分

1. 犯罪行为顺序重建：有的案件现场上的痕迹、物品多而凌乱，如现场上的尸体有七八具，这时很难分析出犯罪分子实施犯罪行为的先后顺序，所以有必要根据尸体以及痕迹、物品的状况对犯罪行为顺序进行重建。

2. 位置关系重建：如有的案件为了确定被害人受害时与犯罪分子的具体位置，就可以利用痕迹、尸体对位置关系进行重建。

3. 作案人数重建：在有些案件中犯罪分子的人数可以根据侵害物、被害人等进行判断，但在复杂的案件中究竟是几个人实施较难以确定，这时就需要借助现场重建来解决。

4. 行为方式重建：案件中具体的行为方式有时也是确定犯罪情节的重要依据，所以有必要对有些行为方式不明的案件进行行为方式重建，如枪击案件中具体进行射击的行为方式。

四、根据重建的性质进行划分

1. 立论性重建：指借助于痕迹、物品、客观事实等，通过对现场曾经发生的某一或某些犯罪瞬间状态、犯罪情节片段、犯罪情节整体或犯罪行为全过程的重新演示，以证明其确实存在过。

2. 驳论性重建：这是为了驳斥某种观点而进行的现场重建。该种重建首先故意基于该观点重建构建一个与之相适应的犯罪瞬间状态，或犯罪事实情节，或犯罪行为全过程，进而指出支撑该重建的痕迹、物证或客观事实的不足与缺陷，或抛出与之相矛盾的痕迹、物证或客观事实，从而推翻该重建，并借以推翻作为该重建基础的相应观点。

现场重建的依据

一、犯罪痕迹、物品

犯罪痕迹、物品是犯罪现场的主要组成部分，是犯罪分子在现场上进行犯罪行为的最直接的表现。其从不同的角度客观真实地反映了犯罪分子在现场上的犯罪活动，所以无论何种现场重建，都必须依据现场上的犯罪痕迹、物品来进行。如杀人案件的重建则必须要利用现场上的如血迹、家具位置痕迹、足迹等痕迹、物品。

二、被害人、目击者、事主、犯罪嫌疑人等提供的情况

被害人陈述、证人证言、犯罪嫌疑人供述或辩解等从不同的方面反映了案件事实发生的经过和内容，其中包含的信息也是重建的根据。但利用这些内容进行重建时首先要先利用这些信息重建人员得出对犯罪现场的一些理论假设，之后再利用这些信息并结合现场痕迹、物证及现场状态，通过分析，发现差异，分析疑点，以确保重建结论的可靠。

三、实验室检验鉴定结论

有的现场重建仅仅利用现场痕迹、物品以及被害人、目击者等陈述是不够的，还必须通过对现场上提取的痕迹、物品进行检验鉴定的结论进行重建。因为很多痕迹、物品的特性、包含的信息都是用肉眼无法判断的，必须在实验室利用科学的方法加以检验、鉴定。所以有时痕迹、物证的实验结论对于现场重建来讲尤为重要。如在投毒现场，只有对毒物的成分、数量进行检验鉴定后才能利用结论进行投毒案件现场的重建。

附　录

附录一　《常见案件笔录制作指南》（节选）

（保定市公安局法制处编写）

目　录

第一编　刑事案件笔录制作指南

第一章　报案笔录的制作

第二章　讯问笔录的制作

第三章　询问笔录的制作

第四章　现场勘查笔录的制作

第五章　搜查笔录的制作

第六章　人身检查笔录的制作

第七章　辨认笔录的制作

第八章　侦查实验笔录的制作

第二编　行政案件笔录制作指南

第一章　询问笔录的制作

第二章　勘验、检查笔录的制作

第三章　辨认笔录的制作

第四章　听证笔录的制作（略）

第五章　告知笔录的制作（略）

第六章　当场盘问、检查笔录、继续盘问笔录（略）

第一编　刑事案件笔录制作指南

第一章　报案笔录的制作

一、概念

报案笔录是指公安民警根据有关单位或个人向公安机关报告案件发生情况，所作的文字记录材料。报案笔录对侦查办案有两个重要的作用：一是可以为查明案件事实真相和收集证据提供线索信息；二是作为法定的诉讼证据之一，可以为定案处理提供根据。因此，了解和掌握报案笔录的制作内容和要求，对做好接报警工作具有重要的意义。

实践表明，案件发生后到公安机关报案的一般是四种人：即被不法侵害的受害人；目睹案件发生的群众；受害人的亲友；被不法侵害单位的负责人或员工。不同类型报案人的笔录对案件侦查和处理的作用不一样。受害人与目睹案件发生的群众，对案件情况了解比较清楚，有的甚至与作案人有过正面的接触，其报案笔录不仅能为分析案情，确定侦查方向和范围，以及开展排查嫌疑对象、收集证据等侦查活动提供可靠的依据和线索，而且也属直接证据，对定案处理有重要的作用。而受害人亲友与被不法侵害单位的负责人或员工这两类报案人，主要特点是对具体案情了解不太清楚，但能够提供最了解案情的人，其报案笔录往往属于传来证据，对案件事实的证明力相对较弱。因此，在接受报案时，要注意问明报案人是否为该案的受害人或发现人。如果报案人不是受害人或发现人，就要询问清楚谁是受害人或发现人，并在笔录里反映出来，这样才有利于下一步侦查工作的顺利开展。

二、制作方法

在接到报案后，除了因情况紧急，需要马上采取处置措施外，询问报案情况和制作报案笔录应当同步进行。及时制作报案笔录，既可以有效地防止证据消失，避免重复劳动，又可以为立案侦查和迅速采取各项侦查措施打下坚实的基础。按照有关法律规定以及办案的实际需要，报案笔录的内容一般包括以下几方面：

1. 报案人的个人资料。包括姓名、性别、年龄、工作单位、家庭住址和联系方式，以及报案人与受害人、嫌疑人、其他证人的关系等等。记录报案人个人资料的作用是明确报案人身份，应尽可能多地留下报案人的联系方式，如其亲属的电话，同事的电话等，以确保在需要进一步核实案件情况时可以找到报案人。

2. 告知报案人的法律义务和责任。《刑事诉讼法》第98条规定："询问证人，应当告知他应当如实地提供证据、证言和有意作伪证或者隐匿罪证要负的法律责任。"这一规定表明，"告知"是一项法定的办案程序，必须在报案笔录里反映出来。

3. 报案人所了解的案件详细经过。

（1）时间。包括案件发生、发现时间和报案时间。案发时间是排查嫌疑对象和甄别作案人的重要依据之一，案发时间掌握越精确对侦查破案的作用就越大。

（2）地点。包括案件发生的地点、具体部位。具体的作案地点、部位是审查判断犯罪嫌疑人供述、证人证言等言词证据真伪的重要依据之一。必要时要问清现场周围环境和主要物品摆放状况。尤其是一些新旧街道、门牌号，要注意记录准确，并在笔录中予以统一。对案发地点情况叙述得越清楚，可供各种证据比对、印证的案件细节就越丰富。

（3）作案人的特征。包括体貌特征、衣着特征和语言特征。记录时要尽量细化，必要时可配合辨认笔录。从作案人特征着手开展调查，是侦查破案的重要途径之一，也就是通常所说的从人到物的侦查方法。实践表明，大多数报案人与作案人互不相识，说不出对方姓名，需要通过上述的三方面特征，甄别谁是作案人。尤其是在团伙案件中，只有查明各个作案人的不同特征，才能准确区分每个作案人在违法犯罪过程中具体实施了那些行为和应负的罪责。

（4）受害人的特征。主要是体貌特征和衣着特征。在受害人与作案人有过正面接触而又互相不认识的案件中，受害人的特征是甄别犯罪嫌疑人供述的真伪和检验证人证词真实性的重要依据之一。

（5）作案工具特征和涉案财物的特征。从物到人是侦查破案的重要途径之一。注意问明作案工具、涉案财物的特征、来源、去向。尤其是涉案财物，着重问清财物的型号、颜色、规格、包装等特征、存放的具体位置、来源、价值、购买时间以及发票的提供情况。同时还要注意避免遗漏钱包、手提袋等小物件的特征、价值。这样不仅可以为排查嫌疑对象提供有利条件，而且也可以为确定已收集到的工具与财物是否为该案的物证提供了检验比对的材料。

（6）身体受伤的部位和程度。包括受害人、作案人的身体受损伤的情况。在案件发生时，只要受害人或作案人的身体损伤，不管受伤的程度如何，就应当在报案笔录里反映出来。因为，受害人的受伤情况及其后果，关系到认定罪与非罪、罪责轻重的问题，而作案人身体受伤的情况，又是排查嫌疑对象和甄别作案人的线索和依据。

（7）案件发现或发生的经过。这是报案笔录的最重要组成部分，它是确定是否立案侦查的前提和基础。因此，这部分的内容要严格按照"何时、何地、何人、何因、何果"的五何询问要素记录清楚，涉及的作案方法、作案手段、作案经过、后果等案件情节，要清楚、具体，不能存在漏洞或矛盾。案情的细节是案件的生命线，它是链接各种证据的纽带和桥梁。

（8）提供嫌疑对象或可疑线索。在报案笔录的结尾部分，让报案人提供嫌疑对象和可疑线索是一种常规做法。其目的是既可以有效防止侦查线索的消失，又可以反映侦查线索的来源和途径，为迅速采取布控、追赃追逃等侦查措施提供依据。因此，在询问报案情况将要结束时，应当向报案人提出这一问题并在笔录里记录下来，即使报案人提供不出嫌疑对象或线索，报案笔录也不会因此存有疑问和漏洞，可以让接办该案的侦查员把有限的时间与精力放到仍未查明的其他问题上。

4. 履行有关办案的法律手续。包括笔录制作的起止时间，询问人、记录人签名，报案人阅看笔录后在每页笔录的左下方签名、按捺指印并在尾页签署对笔录内容是否认可的意见，笔录中删改、添加的内容要报案人按指印加以确认等。在报案笔录中履行上述的办案手续，是为了保证报案笔录的制作符合程序和具有使用价值。实践表明，程序不合法的报案笔录，会影响该种证据的证明力，甚至会出现因程序否定实体，被判定为无效证据的严重后果。因此，一定要正视程序不合法所带来的危害性，切不可掉以轻心。

三、制作报案笔录的注意事项

报案笔录的内容，既要符合有关法律规定的要求，也要让人看得明白，才能适应侦查办案的需要。制作报案笔录时应注意以下几方面的要求：

1. 要个别进行。报案人在案件中具有受害人或者证人的身份，按照《刑事诉讼法》的有关规定，询问和制作报案笔录应当个别进行。每当遇到同一宗案件有多个报案人的情况时，只有对每一个报案人分别进行询问和制作笔录，才能确保报案内容的客观性、真实性，才能符合办案程序规定。

2. 询问和制作笔录的时候，侦查员不得少于两人。这是法定的办案程序之一。其目的不仅是规范侦查人员的执法行为，确保证据收集工作的客观性和真实性，而且从法律上设定了参与询问的侦查员的数量下限，避免因"一对一"而引起不必要的诉讼争议。

3. 笔录内容要真实。所谓"内容真实"就是要求准确、客观、全面地反映接受报案的过程。在制作笔录的过程中，虽然对报案人的言语不可能也没有必要做到有言必录，但是对于涉及主要案情的内容不能随意取舍，应当尽量按报案人的原话记录，只有遇到难以用文字表达的口语，才能不失原意地转换成其他的词语。

4. 用词要准确。报案笔录常常需要对人名、地址、单位名称、作案工具、被侵害财物、行为动作进行叙述或描述。叙述或描述的字与词是否准确恰当，不仅关系着报案内容的真实性，而且也会影响着该种证据的使用价值。因此，制作报案笔录用词时要注意三个问题：

一是有关的人名、地址、单位名称，最好是先让报案人自己书写出来，再作记录，这样可以避免因听不准或是同音字而引起笔误。

二是作案工具与被侵害财物的种类繁多，记录时不要用抽象的词作概括，而要用具体的、指向明确的词进行描述。比如，作案工具中的棍棒，有由金属、塑料、竹木等不同物质构成的，而金属的棍棒又有铁的、不锈钢等材料的区分。如果仅仅只写一条棍棒，就不够具体准确，就不能适应办案的需要。在笔录中出现此类的问题，其主要原因是报案人怎么说就怎样记，说到什么程度就记录到什么程度，没有运用重点提问的方式，把报案人没说清楚的问题追问清楚。

三是对行为动作的描述用词一定要准确到位，不要引起疑问或争议。在一些团伙性的犯罪案件中，对每个作案人行为动作的确认，往往会涉及罪与非罪、罪责轻重的问题。在询问时，一定要问清楚作案人的具体行为动作，在笔录里用最准确的词语记录下来。比如，用脚伤人就有踢、踹等动作，踢的动作只能用脚尖部位，而踹的动作一定是用脚底部位。

5. 采用顺叙的记录形式。所谓"顺叙记录"是指按照案件发生或发现的时间、地点的先后次序进行叙述的记录形式。采用"顺叙记录"的形式，可以较清晰地了解和掌握案发的全过程，给人一种一目了然的感觉。

6. 自由陈述与重点提问相结合。在接受报案时，先让报案人自由地陈述有关案件发生或发现的情况，然后民警再根据陈述内容中不具体、不清楚的地方进行重点提问，这既是接受报案的基本工作方法，又是制作报案笔录的基本要求。因为，先让报案人自由陈述报案的内容，能够较客观获取案件的信息，有利于分析判断报案内容的真伪，而民警进行重点提问，则是由于报案人容易受到语言表达能力、不了解办案需要等因素的影响，所陈述的内容难免会出现偏差，需要民警通过有针对性的提问，才能把案情细节搞清楚。

7. 不要指名指事问证。即要求接受报案的民警在报案人还没有说出某个具体问题之前，不要指名道姓地提出该问题让报案人回答，要确保报案内容的客观性。比如，有一个入室盗窃案，报案笔录的第一个提问是："你家里被偷了什么东西？"这样的提问让人觉得奇怪，报案人还没有说什么，你就知道他是被偷了东西，而且还是发生在家里。出现这种指名指事问证问题的原因是没有把询问过程如实反映出来，把前面的一些询问内容省略了没有记录。按常规的询问方式，前面应该还有两个提问：一是"你到公安机关有什么事？"，二是"你报什么案？"。因此，在提问时要注意提问内容的合理性，要按照事物发展的规律办事，掌握好抽象询问与具体询问的时机，才能防止指名指事问证问题的出现。

8. 询问结束前，要检查笔录。这是确保报案笔录质量的一个重要环节。因为，通过检查可以发现存在问题及时采取补救措施，避免笔录存在漏洞或矛盾，为确定是否立案和开展侦查打下良好的基础。检查的内容包括两方面：一是程序是否符合办案规定要求，应该履行的法律手续是否完备；二是记录的报案内容是否适应侦查办案的需要，有没有遗漏问题没问到，已提问的问题是否还有不够具体、清楚的地方。

四、文书格式式样及实例

询问笔录

时间：201×年4月3日11时15分至201×年4月3日12时15分

地点：××市××公司

侦查员姓名、单位：赵××、方×× ××区公安分局刑警大队

记录员：王×× 工作单位：××区公安分局刑警大队

被询问人：彭××，女，23岁，××市××公司员工，住××市××区××路×号，电话135××××6479

问：我们是××区公安分局的民警，现在有几个问题想找你了解核实。根据刑事诉讼法的有关规定，你应当如实提供证据、证言，如果有意作伪证或者隐匿罪证的，要负法律责任。你明白吗？

答：我明白。

问：今天上午是你报的案吗？

答：是我打的110。

问：上午经理室发生的事你看到了吗？

答：我看到了一些。

问：你看到了什么？

答：今天上午9点30分左右，我拿着本月的报表去财务科。当我路过经理室时，听到里面有人在争吵，又听到一阵乱响。我刚要走过经理室，忽然经理室的门开了，从里面冲出一个男的，手里拿了一把刀，刀上还带着血。这人顺着走廊跑了出去。这时，附近几个办公室的同事都出来了，进了经理室，我也跟着进了经理室，看到张经理手捂着腹部躺在地上，我就报了警。

问：那个男的长什么样？

答：他从经理室出来的时候背对着我，然后就跑出去了，正面没有看到。从背后看，大约身高有一米七五，身材较瘦，留平头，上身穿灰色短袖衬衣，下身穿蓝色长裤，脚穿一双黑皮鞋。

问：还有什么特征？

答：他跑得太快，别的没有看清。

问：你以前见过这个人吗？

答：没见过。

问：你听见经理室内在争吵什么吗？

答：没有听清。

问：那个男的从经理室冲出来时，走廊里除了你以外，还有谁？

答：我看到当时在走廊距我十几米远的地方有孙××、高××，其他的人没有

看见？

问：还有什么要补充的吗？

答：没有了。

问：今天就谈到这里，有些事你再仔细想一下，如果有什么新情况，请及时与我们联系。

答：行。

问：谢谢你的配合。我们记录的材料你看一下，看是否和你说的相符？

答：好。

以上笔录我看过，和我说的相符。

彭××（捺指印）

201×年4月3日

侦查员：赵×× 方××

201×年4月3日

第二章 讯问笔录的制作

一、概念

讯问笔录是公安机关侦查人员在讯问活动中，依法制作的如实记载讯问情况的文字记录。经过查证核实的讯问笔录，是认定案件事实的证据之一。

讯问笔录反映着讯问活动的全过程，它记载着侦查人员的提问和所采取的讯问方法、犯罪嫌疑人有罪的陈述和无罪的辩解以及犯罪嫌疑人的认罪态度等。它是正确处理案件和研究办案中的问题、总结办案经验、检查办案质量的重要依据。因此，做好讯问笔录，对于保证刑事诉讼活动的顺利进行，准确有力地打击犯罪，有效地保护公民的合法权利具有十分重要的意义。

二、制作方法

《讯问笔录》由首部、正文、尾部三部分组成。

（一）首部

1. 文书名称。使用讯问笔录专用纸记录时，文书名称已印制好。名称后括号内的讯问次数要根据实际情况填写。

2. 起止时间。即讯问的开始和结束时间。注意精确到某时某分，如果是整点开始或结束，"分"前也不能空白，应填上"00"。如果是讯问羁押于看守所的犯罪嫌疑人，笔录上的起止时间应与提讯证上的时间一致。

3. 讯问地点。无论是在公安机关，还是在被讯问人的住处、单位、学校或其他指定地点，都要写清楚，而且要写具体，如："××市看守所第×提讯室"，不能仅写

"××市看守所"、"××县公安局"。

4. 侦查员、记录员姓名、单位。这里应当由侦查员和记录员本人分别在横线上亲自签名，不能相互代替；侦查员和记录员单位不能省略不填。

5. 犯罪嫌疑人。主要是写明犯罪嫌疑人的姓名。要弄清其姓名的写法，即究竟是哪几个字。犯罪嫌疑人是少数民族的，应当写明其汉译音译名，必要时也可以在汉语音译名后注明其使用的本民族文字姓名；如果是外国人，应当写明其汉语音译名，必要时也可以在汉语音译名后注明其使用的本国文字姓名。注意姓名写法应与其身份证上的姓名写法相同，还应与讯问结束后犯罪嫌疑人在笔录上的签名完全一样。

（二）正文

正文部分是制作《讯问笔录》的重点。正文内容及其填写要求如下：

1. 犯罪嫌疑人基本情况。根据《公安机关办理刑事案件程序规定》第178条规定，第一次讯问（亦称初审），应当问明犯罪嫌疑人的姓名、别名、曾用名、出生年月日、户籍所在地、暂住地、籍贯、出生地、民族、职业、文化程度、家庭情况、社会经历、是否受过刑事处罚或者行政处理等情况。

（1）记录犯罪嫌疑人的姓名时，除记明其户籍上注明的常用姓名外，还应问清楚犯罪嫌疑人的曾用名、别名、化名、绰（外）号、小（乳）名、笔名、网名等情况。把有关犯罪嫌疑人姓名的情况写全，有助于同有关部门联系核实其身份，协助进行有关的调查工作。因为有的犯罪嫌疑人，其本名往往不为人所知，而小名或绰号等则为大家所熟知。

（2）出生年月日以公历（阳历）计算，周岁为准。在确定未成年人法律责任、计算其年龄时，应当是实足年龄，以日计算。如过了14周岁生日，从第二天起才认为已满14周岁。要注意把犯罪嫌疑人回答的出生年月日与其身份证件上记载的出生日期加以核对。

（3）写明户籍所在地（包括所在地派出所名称）、现住址（包括电话）、出生地、籍贯等，可以确定犯罪嫌疑人的身份、查明案件有关情况，便于诉讼过程中执行某些强制措施以及联系和送达法律文书。例如，办案民警可以迅速与犯罪嫌疑人户籍所在地的公安机关联系，了解其在当地的情况（如是否属于在逃人员，在当地是否受过刑事或行政处罚，有无严重疾病，有无刑事责任能力等）。现住址应填写犯罪嫌疑人被采取强制措施前，即现在的经常居住地。一般来说，经常居住地就是户籍登记中的地址，如果不一致，应当在记明经常居住地的同时，写明户籍登记的住址。如果犯罪嫌疑人带有身份证件，可以核对一下，如果没有，则记下其自报的住址。记录户籍所在地和现住址时要具体，农村的应精确到乡、村、组，城市的应精确到街道号码、楼号、门牌号。如果有的街道几经改换，应以现用名为准。

（4）写明职业和工作单位，有助于配合其他项目核实犯罪嫌疑人的身份；便于查明其作案手段是否与其职业有关，是否涉及本单位；便于查明其平时表现；有助于查明其是不是人大代表、政协委员等；有助于在与其家属联系不上或不便联系的情况下，由单位代为转达。单位名称要写全称，必要时在前面加上地域限制如"河北"或"保定"等字样，以便准确认定。只要本人在该单位工作，即可认定该单位为其工作单位，不一定单纯凭人事档案是否在该单位来定。职业应当填写从事工作的种类及其职务。没有工作单位的，可以根据实际情况填写个体工商户、在校学生、农民或无业等。如犯罪嫌疑人系农民，其职业应填写"务农"或"农民"，不能写为"无业"。如果在原籍务农，在外地进行犯罪活动时无固定职业及住所，可以写为"原籍务农"，并在其后写上或用括号注明"××××年××月××日离开原籍后无固定职业及住处"。如果进行犯罪时有固定职业，则应写为"原籍务农，现在本市××省农业银行××分理处任保安"。

（5）记录家庭成员主要写明犯罪嫌疑人的父、母、兄、弟、姐、妹、夫、妻、子、女。其他亲属如果与其关系密切，也可记下，一般情况下则不记。记录时主要写明其姓名、年龄、职业和联系电话。

（6）记录社会经历即简历可以查明其作案是否与其过去所从事的职业有关，以便确定侦查方向。记录时要突出重点，一般上学期间的经历简写，工作经历可以稍微具体一点。

（7）记录是否受过刑事、行政等处罚情况，一方面是为突出其过去曾有过违法犯罪行为，另一方面也有助于查明本次犯罪是否属于多次犯罪，是否属于加重处罚范围，是否应按累犯处理等。

此外，文化程度是指国家承认的学历，以学校颁发的毕业证书为准。文化程度分研究生（博士、硕士）、大学、大专、中专、高中、初中、小学、文盲等档次。

上述基本情况，除姓名、别名、曾用名、化名、绰号等有关姓名的内容可以集中在一问一答中记录外，其余各项内容一般应采取一项一问一答的形式，尽量避免把全部基本情况都集中记录在一问或一答之中。

在第二次及以后的讯问中，上述情况一般可以不必再记。但如果对犯罪嫌疑人的基本情况有疑问，需要进一步核实，或要改变、补充以前的供述，则可以有针对性地进行讯问和记录。

2. 告知诉讼权利和义务。为了保障犯罪嫌疑人的合法权益，刑事诉讼法的有关条款规定了犯罪嫌疑人在侦查阶段所享有的权利和应当承担的义务。但在实践中，有许多犯罪嫌疑人对此并不了解。侦查员在第一次讯问时应当向犯罪嫌疑人宣读《犯罪嫌疑人诉讼权利义务告知书》，或者让犯罪嫌疑人阅读《犯罪嫌疑人诉讼权利义务告知书》，向其讲解其中的有关内容，当犯罪嫌疑人听清其内容后，在《讯问笔录》上将这一过程记录在案。犯罪嫌疑人在第一次讯问笔录上签名时，要一并签上"《犯罪嫌疑人诉讼权利义务告知书》已收到"。

对于采取强制措施之日告知的，办案人应当让犯罪嫌疑人在强制措施的附卷联上签注"《犯罪嫌疑人诉讼权利义务告知书》已收到",并注明日期。

履行告知程序时,首先将《犯罪嫌疑人诉讼权利义务告知书》送交犯罪嫌疑人,如果犯罪嫌疑人没有阅读能力,侦查人员要向其宣读。然后,问其是否看清或听清了告知书的内容。如果看清了或听清了,应当在笔录上记明。还要问犯罪嫌疑人有何要求,如是否需要聘请律师,是否申请有关人员回避。对于犯罪嫌疑人有具体要求的,一定要如实记录下来。如:

> 问:这是《犯罪嫌疑人诉讼权利义务告知书》,给你阅读,你如果不识字,我们可以给你宣读。
> 答:我可以看(看告知书约8分钟)。
> 问:你看清楚了吗?
> 答:看清楚了。
> 问:你有什么要求?
> 答:我想请我弟弟帮我聘请律师。
> 问:讯问结束后,我们会把你的这一要求转告你弟弟。刚才给你的《犯罪嫌疑人诉讼权利义务告知书》你已经看过了,我再强调一下,你应当如实回答我们提出的问题,当然对与本案无关的问题,你可以拒绝回答,你听清楚了吗?
> 答:听清楚了。

3. 与案件事实有关的内容。案件事实既包括犯罪嫌疑人的有罪供述,也包括其对自己进行的无罪辩解。如果是第一次讯问,开始要围绕犯罪嫌疑人是否有犯罪行为来记录。如果犯罪嫌疑人承认有罪,就如实记录他供述的犯罪过程和具体情节;如果他否认有罪,也要如实记录他的无罪辩解。然后再记录问话人就其供述或辩解中不清楚、不全面或自相矛盾的地方提出的问题及其回答。同时,还要根据讯问的具体情况,按讯问计划或讯问提纲,向犯罪嫌疑人提出问题,以敦促其及早把全部问题或主要问题交代清楚。

记录案件事实,要围绕犯罪构成的四个要件(主体、主观方面、客体、客观方面),重点把握如下几个基本要素:

(1)时间。这里的时间以犯罪嫌疑人实施犯罪行为的时间为主,也包括其他与犯罪事实有关的时间,如犯罪嫌疑人产生犯罪动机的时间、预谋策划的时间、购买犯罪工具的时间、销赃的时间等。记录人员要有时间概念,这样能够保证笔录内容脉络清晰,前后有序。特别是在涉及未成年人犯罪的案件时,对时间这一要素更要重视。

记录犯罪的时间要尽可能具体(关系到犯罪嫌疑人刑事责任能力时还要求精确)。但由于种种原因(或已经过去一段时间,或作案次数多等),犯罪嫌疑人对其作案时间及其他与犯罪有关的时间不一定说得很准,可以根据具体情况分别采取如下几种方法:

能够比较准确认定时间的，可记为"××××年×月×日×时"或"××××年×月×日××时许"；只能记住时期而忘了具体时间的，可记为"××××年×月×日"或"××××年×月×日上午"；连日期也记不清的，可记为"××××年×月间（上旬）"、"××××年×月以来"或"××××年×月至××××年×月间"等。

（2）地点。这里的地点和前面的时间一样，以实施犯罪的地点为主，兼及其他所有与犯罪有关的场所。记录与犯罪有关的场所要尽可能具体，否则会影响清楚地展现犯罪事实，影响侦查工作的顺利进行。

有时作案目标相同，因为作案的地点不同，会影响对犯罪事实性质和危害的认定。如犯罪嫌疑人在仓库盗窃电话线与在通信线路上盗割电话线，由于作案的地点不同，前者涉嫌盗窃罪，后者则涉嫌破坏公用电信设施罪且社会危害较大。

有时同一案件不同犯罪嫌疑人在交代同一作案地点时所使用的名称不一定完全一致，因为作案地点周围的知名单位或建筑物较多，有的以这一单位为参照物，有的则以另一建筑物为参照物。出现这一情况也是正常的，不需要让犯罪嫌疑人统一口径，只需如实记载清楚即可。当然，在案卷其他材料中要有能够说明这一表述虽不一致但确属同一地点的文字材料或照片，以免造成办案人员认识上不一致，影响对案件的处理。

（3）当事人。当事人是指与案件事实和处理结果有切身利害关系的诉讼参与人，包括犯罪嫌疑人和被害人。作笔录时要尽可能记清他们的姓名（别名、外号等）、年龄、性别、特征、住地、工作单位、简历及主要社会关系等，以便于开展调查取证工作。

首先要记清答话中涉及的其他犯罪嫌疑人，为下一步抓获所有犯罪嫌疑人及认定每个人在犯罪中的地位和责任奠定基础。

其次要注意记清答话人供述的被害人特征情况。因为一般情况下犯罪嫌疑人对被害人往往不熟悉，不知道其姓名、身份等情况，但能提供其特征。所以详细、客观地记下被害人包括体貌、衣着、动作、口音等特征，可以和被害人的供述或现场勘查结果互相印证。

（4）动机。动机是导致犯罪嫌疑人实施犯罪心理的内心起因，属于犯罪主观方面。准确地记录犯罪动机，一是有助于区分犯罪的性质。如因故与他人发生争执并故意将其殴打致轻伤与随意寻衅殴打他人致轻伤且情节恶劣，其性质是不同的。前者应定性为故意伤害罪，后者应定性为寻衅滋事罪。二是有助于考察犯罪嫌疑人犯罪的主观恶性程度，量刑时可以作为一种情节参考。如为追求享受而盗窃与为亲人治病而盗窃，虽然其性质同为盗窃，但前者的恶性程度比后者深，处罚时会相应重一些。三是有助于分析研究犯罪产生的原因，从而有针对性地制定预防犯罪的对策。

在记录时，首先要围绕问话人的思路搞清犯罪嫌疑人有无犯罪动机，主观上是否存在故意或过失，如果主观上既无故意又无过失，那么就不构成犯罪。如果确有犯罪动机，再弄清是什么样的犯罪动机，这一犯罪动机是在什么样的情况下产生的（有的犯罪动机比较复杂，如共同犯罪是经过精心策划然后才实施；有的则比较简单，机会来了一时冲动而作案）等等。

（5）目的。犯罪目的是犯罪嫌疑人在主观上所希望达到的外部结果，也属于犯罪主观方面。不是每个犯罪都必须具有犯罪目的，但直接故意犯罪一定有犯罪目的。准确地记录犯罪目的，有助于正确认定案件的性质。例如，故意伤害致死罪与故意杀人罪的区别，关键就是犯罪嫌疑人在实施犯罪时要达到一种什么目的：是仅仅让受害人受点皮肉之苦、给他一次警告，还是要置其于死地呢？这时候，犯罪目的就具有决定性的意义了。

在讯问中，犯罪动机与犯罪目的，有的是犯罪嫌疑人在供述中主动交代出来的，有的则是其叙述犯罪的来龙去脉涉及犯罪起因时，经问话人有针对性的提问才能回答的，有的是在讯问完犯罪嫌疑人的身份内容和犯罪事实后再重点讯问犯罪动机和目的，有的则可能专门就犯罪动机和目的讯问一次。不论是哪一种情况，都要详细记明犯罪嫌疑人是在什么原因驱使下、什么心理支配下进行犯罪的，特别是一些复杂的犯罪活动，如共同犯罪，犯罪嫌疑人的心理活动比较复杂，要针对犯罪预备的主观故意部分重点记录，以便于确定案件性质。

（6）手段。犯罪手段是犯罪嫌疑人为达到其犯罪目的而采取的具体犯罪方法。在笔录中准确地反映犯罪手段，有助于区分犯罪性质（如抢劫罪与抢夺罪）、反映犯罪的主观恶性程度和衡量情节轻重（如同是杀人，采取碎尸、焚尸等极为残忍的手段比采取一般手段杀人的主观恶性程度要深，处罚也相应较重），同时也使一起案件事实显得要素齐全、清楚完整。

在查阅卷宗材料时，我们发现有个别案件的讯问笔录忽略了对作案手段的记述。但更为常见的情况是任意使用概括性语言记录而使犯罪手段显得模糊不清。例如，反映强奸犯罪和抢劫犯罪特征的"以暴力胁迫手段"是一种概括性的法律语言，在提请批准逮捕书中提请逮捕的理由，或起诉意见书中移送起诉的理由时才可以使用，在讯问笔录这种最原始最基础的诉讼材料中就不能这样概括，而必须尽可能记录或描述案件发生时具体、详细的原始状态。越具体越详细越原始，就越能反映事实的真相，越能反映不同案件的个性。那么怎么反映不同案件的"暴力胁迫手段"呢？就是如实且具体地记录犯罪嫌疑人供述的行为、动作、使用的工具以及带有威胁性的语言等。如"我拿刀逼着他""我用枪顶住他的后脑勺，说'你他妈敢动，明年的今天就是你的祭日'。当时他吓得都尿裤子了，于是就乖乖地……""一手拿着菜刀，一手脱她的衣服"或"用自行车压住他头部，使他动弹不得，然后搜走了他身上的700元钱""我说你要不听话，就把你上次偷钱的事告诉老师，她害怕了，才同意我的要求"等。又如同样是入室盗窃，怎样入室的，方法则不一样：有的是从窗户跳进去的，有的是用卡片捅开门进去的，有的则是用螺丝刀等工具把门锁破坏掉进去的等。同样是找理由骗开房门入室抢劫，而这里的理由又有多种，应尽量写具体，如以送信为由、以送水为由、以送报纸为由等等，不能笼统写为"找理由"或"借故"。

（7）经过。犯罪经过包括预备犯罪、实施犯罪（包括未遂、中止等）以及逃跑和被抓获等整个过程（有的集团犯罪还应包括组织的形成）。其中实施犯罪的环节是记录的重点，又称为主要情节。同样是实施犯罪，在不同的案件中，其复杂程度也不一样：有的特别复杂，又可以分为若干具体的情节；有的则非常简单，几句话就可以说明。但不管犯罪经过多么复杂，一篇规范的讯问笔录，应该尽可能完整地再现原始犯罪过程，使阅读笔录的人能形象地把握案件全貌。

如有一份讯问笔录记录得比较好，把犯罪嫌疑人李某的杀人过程，包括一些细节以及心理活动，都完整具体地记录下来。在笔录中记了李某开始见被害人张某进屋时，他"挺紧张的，说不出话来"；又记录了李某威胁受害人的话"你知道我是来干什么的？我带着刀子呢！你看我敢不敢杀了你"，同时又写明犯罪嫌疑人说这话时"口气挺软"。这就把李某开始企图以威胁手段达到强奸受害人的目的写清楚了。笔录中还着重记下了李某用的"三棱刮刀是从裤子后兜掏出来的"，说明这是事先准备好的，是有预谋的。接着笔录中又记明在张某拒不就范的情况下，李某"一闭眼便给了她一刀"，因怕张某喊叫，随后李某用大衣堵住她的嘴，又扎了一刀。通过以上所记录的内容，就把犯罪嫌疑人心虚而又凶残的嘴脸如实地勾画了出来。后来又记录了李某如何伪造现场以及在逃离前用皮筋别住插销再用力关门让插销自动插上的过程，表明了犯罪嫌疑人的狡猾。这份笔录将整个犯罪过程和各个环节记录得完整连贯，没有出现线索中断的现象，尤其是准确记下了一些细节和犯罪嫌疑人作案时的心理状态，使人感觉很逼真，有如身临其境。

（8）结果。即犯罪的危害结果。既指犯罪行为所造成的现实的、直接的破坏或损害（如某男被打至脑震荡，变成一植物人），也指由此而必然导致的潜在破坏或损害（如某女被强奸后因不堪受辱而自杀）。后者虽然不影响案件性质，却影响到量刑的轻重。

需要说明的是，讯问笔录中所反映的犯罪结果，并非经过严格、科学的审查和司法鉴定后的犯罪结果，而仅指犯罪嫌疑人陈述的法律后果。犯罪嫌疑人对其犯罪行为所造成的危害结果和程度完全可能知道，也可能不太清楚或完全没料到，所以他的答话中涉及的犯罪结果可能和公安机关最后认定的犯罪后果一致，也可能不一致。不过这没有关系，讯问笔录的主要作用就是获取犯罪嫌疑人的口供，所以只要如实记录和反映出他知道的犯罪结果就可以。

另外，有些案件由于没有特定的侵害对象，并不会或并不一定会产生明显或具体的危害结果，如非法持有假币、组织他人偷越国境等案件，其危害结果是抽象的。在这种情况下，不需要非得明确记录犯罪结果，只需将犯罪过程记写清楚就可以了。

（9）证据。在讯问过程中，犯罪嫌疑人无论是作有罪供述还是无罪辩解，都应该或可能提出有关证据，公安机关对其犯罪行为进行定性和处理，也必须要有足够的证据。实际上办案人员在查清有关案情的过程中，根本的一项就是寻找能证明案件事实真相和犯罪嫌疑人有无责任的各种证据，所以在记写讯问笔录时，记录人一定要有强烈的证据意识，不能遗漏有关证据的一些答话，哪怕是一点线索。

记录答话中涉及的证据情况，主要应把握如下几点：一是作案工具的来源、特征及其下落；二是赃款赃物的特征、数额、存放位置与环境。这里需要强调的是，有些案件中的赃物无法如数追回，如果被害人又不能提供原始发票，那么认定赃物的具体价值时就会遇到一定困难，这就只能通过讯问犯罪嫌疑人和询问被害人来证明赃物的价值了。讯问时要重点记录犯罪嫌疑人被抓获时缴获赃物的经过（清点登记的详细情况）、赃物的下落以及销赃或转移赃物的时间、参与人、地点和处置方式等，以便与其他证据相互印证。

刑事案件中的犯罪事实主要由上述"九要素"构成，其中，"经过"是线，其他八种要素则是点。实际上，上述"九要素"只是犯罪事实的基本要素，根据案情的不同，有的案件还包括其他一些特殊要素即该案所特有的影响量刑定罪的某些事实和情节，如犯罪嫌疑人在共同犯罪中的地位与责任、有无自首情节、认罪态度如何、有无立功表现以及犯罪嫌疑人的刑事责任年龄等，也都应该写清楚。

（三）尾部

按照预定计划，需要讯问的内容问完记明了，最后一句话一般是问犯罪嫌疑人以上所述是否属实，能否全部负责，答话则记下其肯定的回答。如：

问：你以上讲的是事实吗？
答：是事实。

有的案件讯问工作还没有结束，问话人在最后可能还会再增加一问，以提醒犯罪嫌疑人准备继续交代问题。如：

问：你以上所交代的是否属实？
答：完全属实。
问：今天先问到这里，你回去再认真考虑考虑，还有什么问题没有交代，下次再接着谈。把笔录看一下，和你说的是不是一致，签上意见。
答：好。

讯问结束，要履行法律手续。具体有如下内容：把笔录交犯罪嫌疑人核对，没有阅读能力的，要向其宣读。如记载有误或者遗漏，应当允许犯罪嫌疑人更正或补充，并在改正或补充的文字上捺指印。讯问笔录经犯罪嫌疑人核对无误后，应当由其在笔录的末尾写明对笔录的意见，即："以上笔录我看过（向我宣读过），和我说的相符。"

并签名或捺指印。如果犯罪嫌疑人没有书写能力，由办案人员代为书写上述内容，并由其本人捺指印。

最后犯罪嫌疑人还要在笔录除最后一页以外的每页末尾右下角签名（盖章）、捺指印。

在结束讯问和履行法律手续时要注意如下几个问题：

1. 犯罪嫌疑人签署对笔录意见的后一句不能写成"和我说的基本一样"或"大致相同"。必须是"相符""完全相符"等。如果有不一样、不相符之处，可以让他更正或补充。

2. 犯罪嫌疑人更正或补充笔录差错或遗漏的方法有两种：一是如果改动或补充的文字较少，可以直接在差错或遗漏处添改，并在上面捺指印；二是如果改动或补充的文字较多，为避免笔录文面太乱，可以在笔录结尾处以问答形式把改动和补充内容反映出来，而不必改动前面的记录。如：

问：以上所记内容和你说的是否一致？

答：我觉得有几处不一样。你们没有理解我的意思。

问：哪几处不一样？你指出来。

答：第 4 页倒数第 3 行至第 2 行这三句应该这样写……第 6 页第 8 行到第 11 行这一段应该这样写……第 7 页第 2 行中的"是 3 月 1 日"前应该加上"可能"两个字，因为我不能确定是这一天。第 13 页第 9 行的"我收拾你"这一句不对，我没有这样说过，我的原话应该是"我饶不了你"。……

问：还有哪些不符的地方？

答：没有了。

3. 如果在讯问中犯罪嫌疑人态度恶劣，既不回答问题，又拒绝签名、捺指印，或者只回答问题，但拒绝签字捺指印，应当先进行教育，使其就范。教育的内容和经教育犯罪嫌疑人的态度是否转变等情况，可以简要记下来，以反映其悔过表现或恶劣的态度。如果教育无效，侦查员、记录员还要专门在笔录尾部加以注明。如：

该人既拒不回答问题，又拒不在笔录上签字。

侦查员×××　　记录员×××

××××年×月×日

本次讯问笔录共 9 页，张××既拒绝阅读，也拒绝签字（或"已仔细阅读，但拒绝签字"）。

侦查员×××　　记录员×××

××××年×月×日

三、制作讯问笔录的注意事项

（一）如实客观地反映和记载案件实际情况，准确无误地体现和传达犯罪嫌疑人的本意

制作讯问记录时切忌主观随意性，问话人和记录人不能先入为主，带着框框问、记。如果笔录歪曲了犯罪嫌疑人的本意，那么这份笔录无论记得怎样，也不能起到应有的证据作用。所以记录人要本着实事求是的精神，不能随意掺入个人主观成分，尤其是犯罪嫌疑人供述的犯罪情节、责任、后果等主要内容，一定要客观准确地反映其原意、本意，有的要记录原话。不能按照记录人自己的意思或想当然地去替代犯罪嫌疑人的供述；不能只记录有罪供述，而对无罪辩解及其理由不予理睬；不能任意涂改、撤换或毁坏笔录中的供述内容，如果在讯问笔录上弄虚作假，有意伪造、歪曲，将会触犯法律。

（二）突出重点、抓住关键

讯问笔录既要全面完整地反映问答内容，又要抓住重点和关键内容。前面讲如实反映犯罪嫌疑人的本意，并不是要求将其说过的每一句话都要一字不漏地、录音式地记录下来，事实上也不可能这样。为了提高记录的速度、保持说与写的基本同步，必须对问答内容进行恰当的归纳和整理，从而把问话和答话中的重点内容、关键内容记录下来。

同时还要注意，对侦查人员的提问和犯罪嫌疑人的回答一律用"问"和"答"表示，不能用其他符号，如"？""："" △ ""∴"等代替。实践中有的记录员为提高书写速度，先将"问"和"答"省略，最后再补上的做法倒是可以借鉴的。

（三）既要记录犯罪嫌疑人的供述，也要记录他在讯问中的各种表现

讯问笔录反映的主要内容当然是犯罪嫌疑人的供述和辩解。但伴随着他的有声语言，还会出现各种无声语言，即体态语言，包括神态、表情、动作等，如低头、哭泣、摇头、叹气、抓头发、顿足、捶胸等。有些体态语言表现了犯罪嫌疑人的思想、感情和态度，是对有声语言的重要补充，必须有所选择地加以反映。如犯罪嫌疑人对侦查人员的提问不作回答，情况各异。有的是情绪抵触，故意对抗讯问；有的是侦查人员的提问打中了要害，正在琢磨对策；有的是正在犹豫，下不了决心，等等。不论是何种情况，记录员都应在记录上记："答（不/无语）"。

犯罪嫌疑人在讯问中气焰嚣张、无理取闹、呼喊反动口号、拒绝签字等情况都应在笔录上记清楚。这样既有利于侦查人员分析研究犯罪嫌疑人的思想动态，以便制定相应的讯问对策，又可以作为结束侦查时对犯罪嫌疑人提出从严处理的意见依据。

（四）对答话中关键的方言土语、犯罪隐语等保持原貌，必要时可用括号加以注明

在讯问活动中，对犯罪嫌疑人讲的一些黑话，一般不要原话记录，但对涉及犯罪性质或重要情节的黑话，必须在笔录上"原版"反映时，除应加引号外，还要对黑话

的本义或者指代内容通过追讯记明。

（五）要特别注意对第一次讯问的记录

因为第一次讯问笔录所记载的内容有可能是最真实可靠的口供，如果记录下来，有利于查获犯罪的其他证据以及查获其他犯罪嫌疑人，有利于扩大战果；如果记录有所遗漏，在以后的讯问中，犯罪嫌疑人建立起了对抗讯问的防御体系，讯问工作就会变得艰难起来。

（六）讯问特殊对象的记录方法

1. 讯问不通晓当地语言文字的犯罪嫌疑人的记录方法。讯问语言不通的外籍犯罪嫌疑人或者少数民族犯罪嫌疑人，根据法律规定，应请翻译人员参加。

讯问语言不通的外籍犯罪嫌疑人，涉及外交形象问题，情况复杂，无论讯问、记录要求都很严格。因此，要选择业务水平高的侦查人员和记录员，充分做好审讯前的准备工作。讯问前要让翻译人员熟悉案情，明确讯问计划和应注意的事项。讯问开始侦查人员要问犯罪嫌疑人："你愿意使用哪一种语言交代问题？"当犯罪嫌疑人选择了他愿意使用的语言之后，若需要翻译，侦查人员要问犯罪嫌疑人："我们拟请×××当翻译，你是否同意？"如果犯罪嫌疑人同意，再进行讯问；如果犯罪嫌疑人提出异议，要根据情况调请翻译人员，记录人员应将上述情况记在笔录里。记录侦查人员的提问，要力求简单、明确、严密，并要讲究分寸，不能留有空隙让犯罪嫌疑人"可钻"。否则，犯罪嫌疑人会进行纠缠，影响讯问工作的顺利进行。记录犯罪嫌疑人的回答，要按翻译人员翻译的内容如实记载。当然，翻译人员的翻译要准确无误，否则就会影响笔录的质量。讯问结束时，翻译人员要向犯罪嫌疑人宣读《讯问笔录》。在外籍犯罪嫌疑人提出要求的情况下，可以将系统的《讯问笔录》翻译成犯罪嫌疑人本国语言让其看。犯罪嫌疑人认为没有错误，应在中文笔录或者本国文字笔录上写明"以上笔录用某语向我宣读过（或我已看过），和我说的相符"，并签名或者捺手印。最后，侦查人员、记录员在笔录上签名，翻译人员也应在笔录末页写明"由某语译成汉语"，并签名。

讯问语言不通的少数民族犯罪嫌疑人与上述做法大同小异。不同之处是在讯问时，"应当用当地通用语言进行审讯"。值得注意的是讯问时要照顾民族特点，尊重民族风俗习惯，切忌讲出一些伤害民族自尊心的话，以免引起不必要的争议，影响讯问、记录工作的顺利进行。

2. 讯问聋哑犯罪嫌疑人的记录方法。《刑事诉讼法》第 94 条规定："讯问聋、哑的犯罪嫌疑人，应当有通晓聋、哑手势的人参加，并且将这种情况记明笔录。"因此，在讯问笔录中要把通晓聋哑手势的人参加讯问的情况详细记载。聋哑犯罪嫌疑人从受教育程度分，可分为通晓汉语、部分通晓汉语、懂得规范聋哑手势的聋哑人，也有既不通晓汉语、文字，又不懂规范聋哑手势的"土哑巴"。对于没有受过专门训练，连普通哑语都不懂的"土哑巴"，可以请邻居或懂"土哑巴"手势的人协助。不管请什么人协助，记录员一定要把犯罪嫌疑人表示的意思弄懂后再记，以免出现差错。对重要的情节，应把聋哑犯罪嫌疑人的手势动作和翻译人员的翻译同时记录下来。对于有书写能力的聋哑犯罪嫌疑人，可以选择笔问笔答或者口问笔答的讯问方式。

3. 讯问未成年犯罪嫌疑人的记录方法。《刑事诉讼法》第 14 条第 2 款规定："对于不满 18 岁的未成年人犯罪的案件，在讯问和审判时，可以通知犯罪嫌疑人、被告人的法定代理人到场。"讯问未成年犯罪嫌疑人，应当针对未成年人的身心特点，采取不同于成年人的方式。在讯问犯罪嫌疑人时，如果有法定代理人到场参加讯问，讯问前侦查人员要向其讲明参加讯问应注意的问题，并询问法定代理人姓名、职业、住址、工作单位、与犯罪嫌疑人的关系等。记录员要把这些内容记入笔录。在讯问过程中，法定代理人的正当插话或者替犯罪嫌疑人无理申辩、指名指事问供、打骂犯罪嫌疑人等干扰讯问的表现，记录员也应当将这些情况记录下来。应当注意的是，记录时要能反映出未成年人的语言特点，不得按照记录员本人的语言习惯随意变更。实践中，有的记录员把一些未成年犯罪嫌疑人的答话反映在笔录上，却成了成年人的语言或者满篇"之、乎、者、也"，这就从形式上降低了讯问笔录的真实性。讯问结束时，应当询问法定代理人对本次讯问有无违法之处的意见，并记录在案。讯问结束后，除侦查人员、记录员、犯罪嫌疑人签名外，法定代理人也应在笔录末页签名。

（七）讯问笔录应反映讯问的策略和方法

在讯问活动中，犯罪嫌疑人之所以承认自己有罪，进而如实供述犯罪的手段、情节、目的、动机，大多是因为侦查人员采取了正确的策略和方法，付出了很大的心血，而非犯罪嫌疑人自觉自愿。对此，讯问笔录中应充分予以反映。实践中，有些记录员在制作《讯问笔录》时，往往只注意记录犯罪嫌疑人的答话，而忽视侦查人员的问话。还有一些记录员，当犯罪嫌疑人开始交代问题时才开始记录。比如，有的讯问笔录仅仅在开头记一句："把你的犯罪行为交代一下"之后就是"接着讲"、"继续讲"、"讲下去"，等等。这是录口供，根本不是合乎规范的讯问笔录。从这样的笔录中，根本无法看出讯问的策略、方法，更谈不上从中研究讯问的得失。这也是导致目前极少见到成功案例或资料的重要原因。同时，这种做法也不符合客观、全面、如实记录讯问全过程的要求。因此，记录员在制作《讯问笔录》时，应注意记录反映讯问的策略和方法的内容。

四、文书格式式样及实例（略）

五、亲笔供词

（一）概念

亲笔供词是犯罪嫌疑人就其犯罪事实而自行书写的文书。犯罪嫌疑人可以请求书写，侦查人员也可以要求犯罪嫌疑人书写。它同《讯问笔录》一样，经过查证核实后，是认定案件事实的证据之一。

《刑事诉讼法》第95条规定："犯罪嫌疑人请求自行书写供述的，应当准许。必要的时候，侦查人员也可以要犯罪嫌疑人亲笔书写供词。"通常在下列情况下，侦查人员可以让犯罪嫌疑人书写亲笔供词：

1. 犯罪嫌疑人承认了自己的罪行，认罪态度好，要求书写亲笔供词时。

2. 犯罪嫌疑人承认了自己的主要犯罪事实，侦查人员认为有必要让犯罪嫌疑人把犯罪的具体情节或个别问题写出来时。

3. 犯罪嫌疑人承认了自己有罪，但有些犯罪情节难于启齿（如强奸案件）或一时难于讲清楚时。

4. 犯罪嫌疑人对他所知道的同案人或者其他犯罪嫌疑人的情况愿意亲笔书写时。

5. 当犯罪嫌疑人的口供涉及某些特殊问题（如科学技术问题、宗教问题等），侦查人员不能立刻明白这些问题，而需要与有关的专家、学者研究或者用有关书籍作参考，才能判断犯罪嫌疑人口供的真伪时。

6. 有关问题比较复杂，需要让犯罪嫌疑人勾画犯罪现场、人物相貌、书写有关文字、描绘作案过程时。

7. 根据其他实际需要时。如需要做文字鉴定的，案件证据相对单薄的。

（二）制作方法

《亲笔供词》在《公安机关刑事法律文书格式》中，没有做出明确规定。但侦查人员可根据实际需要，对有书写能力的犯罪嫌疑人提出让其书写供词。亲笔供词的一般包括首部、正文、尾部三部分内容。

1. 首部。首部包括文书名称、犯罪嫌疑人的基本情况，以及在什么情况下书写的，即写明是应侦查人员要求，还是自愿请求等。

2. 正文。犯罪嫌疑人应如实地写明犯罪的时间、地点、动机、目的、手段、情节和后果，以及所知道的与犯罪有关的人和事，等等。

3. 尾部。犯罪嫌疑人应在供词末页紧接供词的最后一行签名、盖章或捺手印，并注明时间。

在实际办案中，对犯罪嫌疑人主动请求亲笔书写供词的，侦查人员事先要问清楚写什么内容，提出具体要求：一要实事求是，不扩大，不缩小；二要把案件事实和所知道的与案件有关的人和事，尽量地写清楚；三要在写错的地方、补充改正的地方捺手印。当侦查人员发现《亲笔供词》不符合要求时，可以要求犯罪嫌疑人重写。犯罪嫌疑人主动请求重写的，应当允许。

（三）使用

《亲笔供词》由犯罪嫌疑人制作完毕后，交给侦查人员。侦查人员收到《亲笔证词》后，应在首页右上方写明"于×年×月×日收到"并签名。侦查终结时，《亲笔供词》应入卷。

（四）文书格式式样及实例

于 200×年 11 月 9 日收到犯罪嫌疑人张××的亲笔供词

于 200×年 11 月 9 日收到犯罪嫌疑人张××的亲笔供词

侦查员　刘××

亲笔供词

我叫张××，男，49 岁，蒙古族，××省××市人，××省中医学院 93 级骨针班自费生，现暂住××市××区健康路 8 号。200×年 11 月 1 日因涉嫌杀人被××区分局拘留，11 月 5 日被逮捕。应侦查人员要求，现将我的犯罪过程及动机详细交代一下。

200×年 9 月份，我从内蒙古自费来到××省中医院骨针班学习，开始被推举为班长，在我为同学发书时丢了四本，我赔上了钱。后来女同学李××主动帮我发书，我对她有了好感。10 月中旬我请她在饭店里吃了一顿饭，从此关系开始密切。我常给她饭菜票，也常给她点零用钱。200×年春节后中医学院技术开发公司王××介绍我到中联医院坐诊，并在中医学院内给我一间平房，李××经常到我的住处。200×年 4 月 16 日晚，李来我住处一块吃的饭，饭后我们拥抱在一起，我和她发生了第一次性关系。之后，我们又多次发生关系。9 月份一天晚上，我到集体宿舍去找老乡郭×玩，他说："你给李××多少东西也白搭，她的男朋友有的是。"我听后很生气。对她是否真心真意产生了怀疑。为了试探一下，当晚我用毛笔写了一张小字报，贴在千佛山小学门口。内容是：李××是最不要脸的人，谁给她点菜票、给她根火腿肠，她就和人家睡觉等辱骂她的话。第二天我用相机拍下来冲出后给李××看，她看后没有反应。我就确实相信了她是那种人，很生气。过了几天，李向我借相机，因她不是和我去玩当时没借给她。晚上我带着相机和 100 元钱到她宿舍找她。我敲门后，一个女生问："你找准？"我说："找李××。"她说："进来吧。"我刚进门，李说："别进来，里面有睡觉的。"我说："你出来，有事和你说。"她没说话，有个女生说："真烦人。"还有不少人说："他妈的，真讨厌！""真不要脸，人家不罗罗你了，还缠着人家，不知羞耻。"我听后非常气愤，回到宿舍就想怎么治治她们，也没想出好办法。到了 10 月中旬，李××让我在外面找个活儿干，一天晚上我又去宿舍找她，敲门后她们说李××不在，接着又讥讽、挖苦我一顿，"真烦人，不要脸，快滚"等难听的话。我说真的有事找她，她们还是辱骂我。我就想这些人太坏了，我和李的关系以前很好，她们嫉妒，光说坏话，我们关系不好就是让这些人破坏的。我一定要出这口气。第二天早上，李同宿舍的王×找我看眼病，我问她："昨晚，李××在不在宿舍？"王说："她们骗你呢，李××在宿舍，就是不出来。"我一听就更生气了，不仅对她宿舍的人气愤，也对李增加了仇恨。随即产生了要杀这些人的想法。开始想用菜刀把李××杀死，后考虑这样做不行，既容易暴露自己，也不能完全达到目的。这时我看到墙根处的汽油桶，就产生了用汽油烧死她们的想法。分析这样做，一是能把李××宿舍里的人全部害死，二是可以形成失火现场，留不下痕迹。10 月 29 日中午我从北坦市场买了一个 20 升塑料桶，又从山工大加油站买了20升汽油。当晚8点来钟，在门口看到李××与王×提水。我对李说："过一会到我这里来一趟。"她同意了。到了晚上11点多，李××来了，进屋后她坐在床上。我问她："最近为什么不来了？"她说："想着考试。"我把灯拉灭，我们发生了关系。完事后她向我要500块钱，我说："还没发工资，过几天给你。"她满脸不高兴地说："如果你这样，我们就拉倒，我叫男朋友来揍你。"说完猛地拉开门就走了。这一年我在她身上花了近两千块钱，她这样对我，我越想越生气，打开一瓶兰陵特曲，对着瓶口喝了四五口。我就想把她们烧死。我把一张报纸卷成圆柱形塞进汽油桶内，然后带上火柴、一块木板、一把三环锁，提着油桶，从左边楼梯到了二楼李××住的4号女生宿舍。为防止她们跑出来，我先用锁把门锁住，又用木板把东扇门边上的一块玻璃敲碎，从油桶内拿出报纸，把油桶从敲碎玻璃的窗口扔了进去。接着划着火柴，点燃报纸，扔进宿舍内。随即就是"嘭"的一声，大火就着起来了。听到屋内一女生尖叫"着火啦"，我跑下二楼回到宿舍。听到有人喊救火，我想我也得去，就拿起一个塑料盆去救火。这时已有不少人在救火，我从楼下端了两盆水的时间，消防车就来了。大约两点半火被扑灭了，我就回到宿舍睡觉了。第二天早上我起床出来，看到穿白大褂的人正往车上抬被烧死的人，我看到抬出有十多具尸体，我就不敢往下看了。以上是我的犯罪动机和详细犯罪过程。

犯罪嫌疑人 张×× （捺指印）
200×年11月9日

第三章　询问笔录的制作

一、概念

询问笔录是公安机关侦查人员在办理刑事案件过程中依法向本案证人或被害人查询了解案情时制作的文字记录。

询问笔录是固定证人证言和被害人陈述的主要形式，记录了证人和被害人所反映的案件有关情况，是公安机关在办案过程中制作的调查取证的重要法律文书，对侦查人员分析案情、制定侦破方案、获取犯罪证据具有重要的作用，在公安机关处理刑事案件中占有重要地位，它是一种最普通、最常用的证据。因此，做好询问笔录，对于及时查明案情，核实犯罪嫌疑人口供和其他证据的真伪，准确认定案件事实，揭露惩罚犯罪具有十分重要的意义。

二、制作方法

要做好询问笔录，首先要做好询问前的准备工作。一是记录员要全面熟悉案情，与询问人研究确定询问的范围和方向，拟订询问过程的先后次序，分别向每一位证人询问所需了解的问题。二是要正确了解被询问人与本案的关系，弄清每一位证人在本案中的地位，熟悉侦查人员采取和运用的询问方法和策略，做到询问、记录协调一致。三是要拟订询问计划，确定询问每一位证人的目的。有条件的，还要了解各个证人的性格特点及身份职业，取得主动权，以便使整个询问活动能够有步骤、有条理地进行。

《询问笔录》由首部、正文和尾部三部分组成。

（一）首部

刑事案件询问笔录的首部内容包括以下几项：

1. 文书名称。

2. 起止时间。起止时间应具体到某时某分。

3. 地点。询问地点既可以是证人、被害人的所在单位、住处，也可以是公安机关，还可以是其他相应场所如医院、居委会。

4. 侦查员、记录员姓名、单位。

5. 被询问人姓名、性别、年龄、单位、住址、联系电话。如果被询问人与案件或者案件当事人有特殊关系（如系本案的犯罪嫌疑人或被害人的亲属、同事、邻居或某事件的见证人、关系人等），也要注明。

以上内容填写要求同讯问笔录。

（二）正文

这是询问笔录的核心内容。在实际办案中，一般采取问答式的方法，把询问的内容真实、详细地记录下来。

1. 表明身份。根据有关规定，侦查人员在对证人或被害人进行询问时，应当先出示公安机关的证明文件或者是侦查人员的工作证件，并在笔录上予以记录。

2. 告知诉讼权利义务。履行告知程序时，首先将《证人诉讼权利义务告知书》送交证人，如果证人没有阅读能力，侦查人员要向其宣读。然后，问其是否看清或听清了告知书的内容。如果看清了或听清了，应当在笔录上记明。根据《刑事诉讼法》第48条的规定，凡是知道案件情况的人，都有作证的义务，公安机关有权向有关单位和个人收集和调取证据，有关单位和个人应当如实提供。据此，侦查人员应当明确告知被询问人，必须如实提供证据、证言，如果有意作伪证或者隐匿罪证要负相应的法律责任。此项内容要在笔录中如实反映出来。

由于询问的对象不同于讯问对象，因此问话人要注意询问的方法和提问的语气，以避免引起对方的反感，有时甚至要详细讲解法律的有关规定或做耐心细致的说服工作。不过笔录中只需把这一程序反映出来即可，对问话人讲解法律和做说服工作的情况不一定全部记下来，可以摘要记录，也可以用括号注明，如：

问：根据法律规定，您应该如实向公安机关反映情况，否则要负法律责任（宣讲法律）。

3. 证人、被害人了解的案件有关情况。对证人、被害人提供的案件有关情况应当详细记录。由于证人和被害人反映问题的角度不同于犯罪嫌疑人，对有些案件如故意伤害、抢劫等，被害人或者在场的证人可以描述犯罪嫌疑人实施犯罪的具体行为和过程，而有些案件如盗窃等，被害人或证人无法描述犯罪的过程，只能反映犯罪嫌疑人的特征、向犯罪嫌疑人出售或租借工具或物品的情况，也就是说只能提供一些间接证据，无法对前述犯罪事实的九个要素进行全面的反映。尽管如此，询问笔录仍然要围绕犯罪构成的四个要件特别是其中的客观方面进行全面的记录，并根据案件实际情况，对证人、被害人提供的犯罪主体及主观方面的情况予以详细记录。具体来说，询问笔录应把如下内容作为记录的重点：

（1）犯罪嫌疑人的身份。涉及的犯罪嫌疑人，不管一名或多名，对其基本情况、体貌特征等都要详细具体地记录。在因民间纠纷引发的刑事案件中，证人、被害人对犯罪嫌疑人的情况比较了解，应尽量详细记录双方的基本情况。对涉及的其他可疑人的情况也不能忽略。

（2）立案侦查的犯罪行为是否存在。

（3）立案侦查的犯罪行为是否为犯罪嫌疑人实施。

（4）犯罪嫌疑人实施犯罪行为的动机、目的。

（5）实施犯罪行为的时间、地点、手段、后果以及其他情节。

（6）犯罪嫌疑人的责任以及与其他同案人的关系。记清各犯罪嫌疑人在犯罪过程中的分工和作用，从而为确定各自的责任提供依据。

（7）案件发生过程。要写明是亲身经历的、现场目击到的、当场听到的，还是听别人说的，同时还要记清当时是否还有其他人在场或了解情况。若是听说或猜测，还要进一步了解是谁说的或猜测的根据，以便查证。如果证人、被害人对当时情况忘记或者不是很肯定的，也应当如实记录清楚，以便侦查人员综合判断。

（8）现场环境。包括室内外环境特征、物品的摆放位置及方式、案发前后的异同等。

（9）涉及的犯罪工具或被盗物品。要详细记录犯罪工具或被盗物品的特征、来源、新旧程度及价值等。现场其他可疑物也要注意记录，以便提供有关线索和证据。

（10）犯罪嫌疑人有无法定从重、从轻、减轻处罚以及免除处罚的情节。

（11）其他与案件有关的事实。

（三）尾部

在主要问题基本调查清楚之后，要结束全文，询问的最后一问或两问大致如下：

问：您还有没有要补充的？

答：没有了（如有补充，则如实记录）。

问：请您看一下笔录，并签上意见。（如果被询问人没有阅读能力则写为"下面给您读一下笔录，您听听，看有没有差错或遗漏之处？"）

答：好。

另外，询问结束时的语气要客气，要感谢对方的配合和支持，这一点在笔录上也要有所反映。如：

问：今天就谈到这里，谢谢您的配合。请将笔录过目一下，看记录是否属实。

答：好。

询问结束时要履行的法律手续与讯问一样，即将笔录交被询问人核对或向其宣读；如记录有差错或遗漏，应当允许被询问人更正或补充，并在改正或补充的文字上捺指印。核对无误后，由被询问人在笔录的末尾写明对笔录的意见，即"以上笔录我看过（或'向我宣读过'），和我说的相符"，然后签名或捺指印，并写明时间。同时在笔录除最后一页以外的每页末尾右下角签名（盖章）、捺指印。

三、制作询问笔录的注意事项

1. 根据《刑事诉讼法》第97条的规定，询问证人应当个别进行。因此，在询问证人或者被害人时，不得对两个以上的证人、被害人一起进行询问，防止互相影响，确保证言客观真实。

2. 询问过程中，侦查人员不得向证人、被害人泄露案情或者表示对案件的看法，严禁使用威胁、引诱（诱导或变相诱导）和其他方法询问证人、被害人，切忌对证人、被害人有倾向性地提问。

3. 本文书是记录体文书，记录时要客观、全面、真实、准确地反映整个询问活动的情况，不能主观臆断，随意取舍。证明犯罪嫌疑人有罪、罪重的证言要记录，证明犯罪嫌疑人无罪、罪轻的证言也要记录，而且要不失原意。要忠实于被询问人的原意，尽可能记录其原话。如果证人、被害人对当时的情况已经忘记或因为记不清楚而不能做出肯定或否定的回答，要如实记录，既不能非要证人、被害人做出肯定或否定的回答，也不能违背其本意而记录成肯定或否定的回答。记录过程中，要允许被询问人有思考的过程。若被询问人回答对情况不了解或忘了，要如实记录。

4. 要反映出被询问人的个性和语言特点。不同的被询问人由于年龄、性格、文化程度、职业、经历等不同，他们在证言中的语言表达方式和用语习惯也有很大差别，往往带有个性特色。特别是未成年人语言特点比较明显，记录时要保持原始的语言特点。记录员不能按自己的语言习惯或理解随意变更，否则就会从形式上降低询问笔录的真实性。对方言、土语的记录要保持原貌。难懂的方言、土语可在旁边用括号注明其语意，以便阅读理解。

5. 如果证人、被害人与犯罪嫌疑人有某种特殊关系如亲戚、朋友、同学、同乡等，要特别记录下来，因为这种特殊关系会影响其证言的可靠性。证人如果与案件没有特殊的关系，其提供的证言一般是比较客观的，而被害人特别是伤害、强奸、抢劫等案件中的被害人，往往因激动、愤怒、恐惧、羞涩等心理而影响其陈述的真实程度。对此，记录人要心中有数，不仅要准确记录其陈述的情况，而且要如实反映其在询问过程中的表现，必要时记下他们的体态语，以便事后审查其证言的可信度。

6. 要把证言中的材料来源记录清楚。对被询问人陈述的情况，要写明是亲眼所见、亲耳所闻，还是自己的猜测或听别人传说的。如果是猜测的，要记录下猜测的根据；如果是听别人说的，要记明传说人的姓名、住址及其与案件的关系，以便进一步查证。对被询问人提供的物证、书证，在笔录中也要反映出来，并说明其来源和证明的问题。

7. 询问不满 18 周岁的证人、被害人，可以通知其法定代理人到场；询问聋哑人，应当有通晓聋哑手势的人参加，并在笔录上注明其聋哑情况以及翻译人员的姓名、住址、工作单位和职业；询问不通晓当地语言文字的证人、被害人，也应当配备翻译人员。

8. 询问中涉及证人、被害人隐私的，应当保守秘密。

四、文书格式式样及实例（略）

五、亲笔证词

（一）概念

亲笔证词是公安机关在办案过程中本案证人或被害人自行书写的有关案件情况的证明材料。

《刑事诉讼法》第 99 条、第 100 条规定，证人、被害人请求自行书写证词的应当准许。必要的时候，侦查人员也可以要求证人、被害人亲笔书写证词。经过查证核实的亲笔证词，同《询问笔录》一样，可以作为认定案件事实的证据。在实际办案中，准许或要求证人或被害人自行书写证词的情况主要有以下几种：

1. 被询问人请求自行书写，而又有自行书写必要的；

2. 被询问人口头表述能力弱，影响其证言的准确、清楚程度，而采取书面表达能够陈述准确、清楚的；

3. 被询问人因某种原因（如口吃、哑巴等）不宜或不能使用口头陈述案件情况，而自行书写有利于如实陈述的；

4. 被询问人有过拒证或作伪证行为，采用亲笔书写证词有助于约束其提供真实证言的；

5. 某一种事实经过一次或几次询问，陈述的内容零碎或无关情节过长，为使证明这一事实的证言连贯、系统、简明的；

6. 被询问人对原询问笔录有需要更正或补充的；

7. 根据其他实际需要时。

（二）制作方法

《亲笔证词》由首部、正文、尾部三部分组成。

1. 首部。首部包括文书名称（即"亲笔证词"），被询问人的基本情况，在什么情况下书写的，即写明是应侦查人员要求，还是自愿请求等。实践中有的证人或被害人在书写《亲笔证词》时，使用的标题是"证明材料"或"关于××的情况"等，也应视为具有与《亲笔证词》相同的性质和作用。

2. 正文。证人或被害人应如实地写明时间、地点、人物（及其身份）、事情的原因、经过和结局、本人的主观感受、判断及其依据等。尤其是涉及人物、地点以及犯罪线索等重要情节，要尽量写得详细、清楚，不能含混不清。

3. 尾部。证人或被害人应在亲笔证词末页紧接正文最后一行签名、盖章或捺手印，并注明日期。

（三）使用

《亲笔证词》由证人或被害人制作完毕后交给侦查人员。侦查人员收到亲笔证词后，应在首页右上方注明"于×年×月×日收到"并签名。如认为该《亲笔证词》有进一步补充、说明的必要，可以告知制作人补充完整，也可以要求其另行制作补充《亲笔证词》。

（四）文书格式式样及实例

于200×年2月1日收到证人李××的亲笔证词

侦查员　崔××　于××

亲笔证词

我叫李××，男，27岁，汉族，系××市第二机械厂工人，住××市××区东风东路127号。由于本人口吃较重，不便叙述，我愿向公安机关提供以下情况：

200×年9月份，我在光明电影院天河台球城打台球时，认识了××招待所的范××（女，20岁），昨天晚上她到我家来玩，她和我说起了她同学王×被拘留的事。她说："二宫杀人的事你知道了吗？"我说："听说了。"她说："公安局怀疑是王×干的，把她拘留了。我现在最怕一个人。"我问她怕谁？她说："我最怕王×她妈。"我问她为什么怕她，范说："王×和倪×杀桑×的事我知道，那天晚上是我把桑×叫出的，王×她妈可能要杀我灭口。"我听了后很吃惊，问她到底是怎么回事，她说："王×与桑×有仇，那天晚上10点来钟，王×、倪×到我家，让我把桑×叫出来。我说我不认识她，王×说：'你就说莉莉在楼下等她就行。'我上楼后按王×说的就把桑×叫了出来。王×和倪×把她带到二宫树林里，倪×从身上拿出菜刀朝桑×脖子上砍了一刀，桑×喊时，王×用手捂住了桑的嘴，把她摔倒，两人用菜刀砍了很多下，快把桑×的脖子砍断了。"我听后很害怕，问她准备怎么办？她说："你别说出去，万一将来找不到我的话，

181

就是被王×她妈害死了，你就到派出所报案。"范××走后，我想我已知道了杀害桑×的事是谁干的，不说也不行，就把范××对我说的情况记了下来，请公安机关查证。

证人 李×× （捺指印）

200×年2月1日

评析：这份亲笔证词格式比较规范，语言通顺简练，叙事条理较为分明，有法律证明力。格式规范，是指先将证人的基本情况都介绍清楚，而后说明是自愿提供证词。这有助于增加证词的可信度。叙事是按照事态的发展有层次地记述的，将犯罪的时间、地点、犯罪情节和犯罪嫌疑人是谁都交代得较为清楚。证词的法律手续也比较完备。证人自己签名，侦查员签署了收到亲笔证词的时间并签名。

第四章 现场勘查笔录的制作

一、概念

现场勘查笔录是公安机关的侦查人员对于与犯罪有关的场所进行勘验检查时，记录现场勘查过程以及勘查人员在现场提取证据等情况的文书。《刑事诉讼法》第101条规定："侦查人员对于与犯罪有关的场所、物品、人身、尸体应当进行勘验或者检查。"第106条规定："勘验、检查的情况应当写成笔录，由参加勘验、检查的人和见证人签名或者盖章。"对刑事案件进行勘查时，必须依法制作现场勘查笔录。

现场勘查笔录是搜集犯罪证据、发现线索、揭露犯罪的依据。也是甄别犯罪嫌疑人口供和其他当事人陈述的有力证据；是公安机关研究案情、确定立案和制订侦查工作方案、制作立案报告、破案报告、起诉意见书的依据。同时，也是检察机关控诉犯罪和法院定罪量刑的重要证据材料之一。因此，现场勘查笔录直接关系到立案、侦查、起诉乃至审判工作，必须严肃、认真、客观、真实地反映现场勘查情况。

现场勘查笔录与现场照相、现场绘图共同组成完整的"现场记录"，三者缺一不可。

二、制作方法

（一）首部

首部包括文书名称，发现或报案时间，现场保护人员姓名、单位，现场保护人员到达时间，勘查时间（以上时间均要具体到某时某分），勘查地点，指挥人姓名、单位、职务，其他参加勘查人姓名、单位、职务，见证人姓名、住址、单位，现场条件（主要记录勘查时间的地理环境、天气情况、光线等）。

（二）正文

该部分内容是现场勘查笔录写作的重点，要准确、清楚、详细地写明犯罪现场的勘查过程及结论。主要写明以下几点：

1. 基本情况。接受报案的时间，报案人、被害人的姓名、住址、所在单位及其所提供的关于发生、发现案件的简要过程。

2. 现场保护情况。到达现场的时间，现场保护否。保护现场人员姓名、职业和住址；到达现场时间和采取的保护措施，以及在保护现场过程中发现何可疑现象及问题。如现场在采取保护措施前已受到破坏，应如实写明已破坏的原因和简况。进行勘查时的天气及光线条件。

3. 现场所在的具体地点、方位和周围环境。如现场在某屋内，则应记清所在的市区县、街道、居民区（或乡、村、组）门牌号或楼幢、楼层、单元号数，现场的左邻右舍、毗邻房屋和四周街巷通向状况等；如现场在野外，则应记明周围的地形、地物、道路通向等状况。如现场有第一现场、第二现场，则应分别记清上述内容。

4. 中心现场勘查发现的情况。中心现场是犯罪事实反映最充分最集中的地方，记写清楚中心现场的详细勘查情况，有利于分析判断案情、犯罪动机、手段，更有利于对犯罪嫌疑人的"刻画"，为侦破创造条件。所以中心现场的勘查情况必须记写具体、详细、清晰。

一般记写的内容有：

（1）屋内门窗的方位、开闭，家具什物的布局、挪移、翻动和损坏的情况。

（2）现场留下的搏斗、挣扎、翻滚、卧压痕迹以及罪犯在现场活动的痕迹，如攀缘、蹬蹭、擦拭、洗刷、撬凿等。

（3）罪犯遗留、抛弃在现场的物证，如作案工具、衣物、纸屑、烟头、毛发、血迹和精斑等。

（4）被杀者的性别、年龄，尸体倒卧的位置、姿势、衣履、穿着的变化，伤势和致命的部位、伤状等尸表检验情况，尸体上及其周围的血迹等。

（5）现场上发现的反常情况，如尸体上有开放性的伤口，但周围却没有血迹；貌似溺死，腹内却没有进水；能盗走的钱财没有盗走；窗户、门锁完好无损，关闭正常，而被打破玻璃的窗框、窗台上的灰尘、蛛网却没有任何触动。记写清现场上的反常情况，有利于认定现场和分析判断案情。

5. 现场勘查的结果。主要包括对现场物证、痕迹的处理情况，提取物品的名称、数量、标记和特征，提取痕迹的名称和数量，拍摄现场照片和绘制现场图的种类和数量。

（三）尾部

结尾由现场勘查指挥人、勘查人、记录人签名，见证人签名并捺指印。

三、制作现场勘查笔录的注意事项

1. 发现时间、报案时间和勘查时间，要精确到分。

2. 勘查过程首先要记录清楚发现或者接到报案的情况、现场保护人的情况以及组织人员赴现场勘查情况；然后要重点记载现场和勘查的具体情况，对于性质不同的案件，要根据不同案件的特点，有针对性地进行勘查。

3. 笔录语言规范，叙述准确。要使用专业用语，精确记述有关的时间、地点、方位、物证痕迹的名称、数量、尺寸、形状等。笔录的文字一定要准确、清楚，避免使用晦涩难懂或者含混不清的语言。计量单位必须符合国家有关标准，日期使用公历。

4. 笔录内容必须客观真实地反映勘查情况。不能记录分析、判断、推测的内容。

5. 现场勘查笔录记写顺序必须与实际勘查的顺序一致。现场勘验检查笔录可根据需要另加续页，并按顺序编排页码。现场勘验检查笔录固定格式中内容无法填写的，可在空格内画一条1cm以上倾斜角度为45°左右的斜线。此外，如果在现场上进行了尸体外表检查、解剖检验、现场实验、人身搜查，除应单独制作详细记录外，也应简要加以反映。如果一次勘查后再次进行现场勘查，应制作现场勘查补充笔录。

四、文书格式式样及实例

现场勘查笔录

发现/报案时间　200×年3月6日9时30分

现场保护人姓名、单位　王××、殷××，××派出所民警；曹××，××乡××治保主任。

现场保护人到达时间　200×年3月6日9时30分

勘查时间　200×年3月6日10时15分至200×年3月6日18时15分

勘查地点　××市××区××镇××农场周边地域

指挥人姓名　薛××　单位　××分局　职务　副局长

参加人姓名、单位、职务　董××、袁×、栗××，××分局刑侦大队民警；王××，××分局法医；徐××，××分局照相技术员；颜××，××分局痕迹技术员。

见证人姓名、住址、单位　张××，住×镇×农场×号，×农场场长

现场条件　晴天，气温6~9度，偏东风3~4级，相对湿度30%~35%自然光线。

勘查过程及结果：根据中心现场痕迹物证的比对检验结果和现场访问，分析排查，确定赵××有重大嫌疑，经传唤赵××，其供认了杀死左××并碎尸的犯罪经过。2003年3月6日9时30分许，刑侦支队组织有关人员，在犯罪嫌疑人赵××的指认下，对下列几个地方进行了勘查、检验：

一、由中心现场（左××住处）向南80米一东西向土沟中，有一堆新鲜的灰烬，其中有未燃尽的一段双股电线和一铁皮带卡（已提取）；灰烬旁有新鲜的血迹（已提取）。

犯罪嫌疑人赵××指认此处为他烧毁左××衣物处。

二、从中心现场向北1500米有一条干土沟，沟中有一处灰烬，由此向西20米田野中有两块砖头，上面均粘附有新鲜血迹（已提取）。

犯罪嫌疑人赵××指认该砖头为他作案时使用的凶器。

黏附血迹砖头的北侧是庄稼地（盐碱地）。由该砖头处向西北 200 米庄稼地中央，经赵××指认，从此处挖出一蓝色塑料编织袋（90 厘米×46 厘米）上有"石家庄希望仔猪生长肥育浓缩饲料、40 公斤"等字样，未封口，袋内装有一人体躯干，躯干上有燃烧痕迹（已提取）。

犯罪嫌疑人赵××指认为左××躯干。

三、从中心现场向东 5000 米处为青静黄河西岸边。经赵××指认，从青静黄河西岸河边打捞出三个包装袋：

第一包：蓝色塑料编织袋（90 厘米×46 厘米）上有"石家庄希望仔猪生长肥育浓缩饲料、40 公斤"等字样，内装有燃烧过的人体上肢和衣物残片及一块 35 厘米×17 厘米×24 厘米不规则的石头。

第二包：白色红竖条塑料编织袋（100 厘米×50 厘米），内装有燃烧过的人体下肢和两块 30 厘米×20 厘米×14 厘米、26 厘米×30 厘米×18 厘米不规则的石头。

第三包：黄色塑料编织袋（95 厘米×50 厘米），内装有人的头颅、四块红砖和一蓝色塑料编织袋。蓝色塑料编织袋（90 厘米×46 厘米）上有"石家庄希望仔猪生长肥育浓缩饲料、40 公斤"等字样。

犯罪嫌疑人赵××指认为左××的头、上肢、下肢。

四、从中心现场向西 150 米处系赵××住处，其院内有一堆灰烬。赵××指认此处为他作案后烧衣物和铁锨处。在赵××的指认下，我们从其住处灶旁柴草下提取木把已烧毁的铁锨头一个。

五、中心现场向西 3000 米系××村扬水站。在赵××的指认下，我们从扬水站西侧河沟水中打捞出一双红棕色皮鞋。

犯罪嫌疑人赵××指认为他抛弃的作案时穿用的皮鞋。

六、从中心现场向南 4000 米徐太公路西侧有一条干土沟，在赵××的指认下，我们从此处提取一塑料袋，袋中有一双蓝道白色旅游鞋。

犯罪嫌疑人赵××指认为他抛尸块时穿用的旅游鞋。

现场勘查于 200×年 3 月 6 日 17 时 40 分结束，提取了现场遗留的血迹样本、尸块、装尸块的塑料编织袋，提取了铁锨头、皮鞋、旅游鞋、砖头、鞋印。对勘查指认过程进行了录像，拍摄了现场照片 30 张，绘制现场图 6 张，制作现场勘查笔录 1 份。

指挥人　薛××

勘查人　董××　袁×

　　　　栗××　王××

　　　　徐××　颜××

见证人　张××（捺指印）

记录人　栗××

评析：

这份现场勘查笔录较好地处理了中心现场与外围现场，以及现场之间的关系。反映了认真细致的勘查过程。格式规范，语言准确。表现在笔录开头无空项，项项按要求填写，天气情况无漏项，勘查方法与具体操作相一致，各个现场相关联。现场勘查笔录重在细致客观。

第五章　搜查笔录的制作

一、概念

搜查笔录是公安机关办理刑事案件过程中，依法对犯罪嫌疑人以及可能隐藏罪犯或者犯罪证据的人的身体、物品、住处和其他有关地方进行搜查时，对搜查情况所作的文字记载。

搜查笔录是对公安机关执行搜查的客观记录，记载着查获的犯罪嫌疑人及有关犯罪证据，经过核实可以作为认定案情的证据，对分析案情、侦破案件、揭露和证实犯罪有着重要的作用。

二、制作方法

《搜查笔录》由首部、正文、尾部三部分组成。

（一）首部

首部包括文书的名称（即《搜查笔录》）、搜查开始和结束的具体时间（填写时要具体到几时几分）、搜查人所属单位名称和姓名、《搜查证》签发的日期和发文字号，见证人姓名、被搜查人住址和姓名。这部分内容按要求填写清楚即可。

（二）正文

这部分是《搜查笔录》的核心。用"搜查的简要情况"做引言，引出对搜查活动具体情况的记录。可以从两个方面记录说明：一是侦查人员进行搜查活动的全部进展情况；二是被搜查人或家属对搜查的意见。

1. 侦查人员进行搜查活动的全部进展情况：根据搜查活动开展的顺序进行记录。要说明搜查了哪些地方或哪些家具，搜查到了哪些物品等。要说明在搜查活动中侦查人员有无违反法律规定的行为、有无损坏物品的情况、被搜查人或其家属配合的情况、有无抵制或刁难行为等。若查获有关证据，要写清查获证据与犯罪有关的物品及其他可疑物品的具体位置、名称、数量、特征等情况，并在《扣押物品清单》中一一登记，注明详见《扣押物品清单》。如果在搜查中对查获的罪证进行了拍照，也要在笔录中记明。若没有搜查出有关证据，也需说明。最后要写明本记录的副本《扣押物品清单》已交被搜查人或者其家属收执。

2. 被搜查人或家属对搜查的意见：由被搜查人或其家属针对搜查活动的情况签署意见。首先说明搜查时在场的人员情况，然后再针对搜查情况写出明确意见，说明侦查人员在搜查过程中有无违纪行为及扣押物品清单的收执情况。

（三）尾部

笔录结尾由侦查人员、记录人员签名，被搜查人或其家属和见证人签名并捺指印。如果被搜查人和他的家属不在现场，或者拒绝签名的，执行搜查的侦查人员应在笔录上注明。

三、制作《搜查笔录》的注意事项

1. 内容要完整。制作时要按上述要求认真制作，不能漏记或不记。如被搜查人的意见漏记或不记，就会由于法律手续不完备而使笔录失去法律效力。

2. 内容要简明。记录搜查中发现的物品是《搜查笔录》的重点，它不要求长篇幅地反映这些情况，而只需简明扼要地记录这些物品发现的处所（位置）、名称、牌号、特征、质地和数量等。

3. 要当场制作。《搜查笔录》应在搜查时当场制作，并交由被搜查人和见证人签名或盖章，不应过后再补。对需要扣押的物品亦应当场制作《扣押物品、文件清单》。

四、文书格式式样及实例

搜查笔录

时间　200×年11月24日14时50分至200×年11月24日15时20分

××市××公安局侦查人员　杨××、李××

根据200×年11月24日××公安局签发的×公刑搜字〔200×〕43号搜查证，在吴×的见证下，对居住在××区××镇××村一街××号犯罪嫌疑人赵××的住宅进行搜查。

搜查的简要情况：侦查人员在西屋北墙上挂着的石英钟后面发现一副金黄色圆形耳环、一枚银色戒指。在床上一木箱里，发现一浅蓝色乳罩。在褥子下发现一驾驶证，持证人为安××，注册单位为××市自来水工程公司；发现一个手机卡、一个神州行充值卡。在床北侧褥子下发现避孕套3个，其中一个已使用，内有乳白色不明液体。写字台正中抽屉里有一部乳白色三星手机。经询问赵××，赵均说不出这些东西的来源，且与家中财务无关。搜查过程中未损坏任何物品，被搜查人家属能够配合搜查工作，对搜查活动没有意见。

扣押物品，详见《扣押物品、文件清单》。

《扣押物品、文件清单》已交犯罪嫌疑人赵××收执。

侦查人员：杨××　李××

被搜查人家属：赵××（捺指印）

见证人：吴×（捺指印）

记录人：郝××

第六章 人身检查笔录的制作

一、概念

人身检查笔录是侦查人员在进行人身检查时，对检查活动的经过和结果等情况依法作出的文字记录。

二、制作方法

《人身检查笔录》一般由首部、正文和尾部三部分组成。

（一）首部

首部应写明人身检查的时间、地点、检查对象、检查目的等。

1. 人身检查时间。应写明从检查开始至结束的时间。

2. 检查地点。应写明进行检查活动的具体处所。如××公安局接待室、××看守所医务室或办公室、××医院××科（室）或某个人的家庭居室等。

3. 侦查人员和检查人员的姓名、单位。

4. 被检查人诉讼身份。应写明被检查人的诉讼身份（犯罪嫌疑人或被害人）、姓名、性别、年龄、住址、职业等基本情况。

5. 见证人的姓名、住址、单位及职业。

6. 检查目的。应用简要的文字写明通过人身检查需要确定什么问题。该项内容应与《呈请人身检查报告书》中的相关内容一致。

（二）正文

正文应写明人身检查的过程及结果。首先应写明在见证人×××的见证下，对被检查人×××进行了人身检查，检查采用的什么方法、手段或仪器。接着详细记载检查中的所见，即被检查人的身体状况、生理特征、伤痕特征及伤害情况等。最后以简明的文字作出结论，说明人身检查是否达到预期的目的。

（三）尾部

笔录结尾由参加检查活动的侦查人员、检查人员、记录人员分别签名，见证人签名并捺指印。

三、制作人身检查笔录的注意事项

1. 犯罪嫌疑人如果拒绝检查，侦查人员认为必要的时候可以强制检查；

2. 检查妇女的身体，由女工作人员或者医师进行；

3. 检查过程中进行拍摄或录像的，要在笔录中予以说明；拍摄有照片的，应作为笔录附件一并归卷。

四、文书格式式样及实例

人身检查笔录

时间　200×年5月22日8时35分至200×年5月22日9时10分

地点　××市看守所医务室

侦查员姓名、单位及职务　赵××、李××，××市公安局刑警大队侦查员

检查人员姓名、单位及职务　卢××，××市公安局法医

被检查人诉讼身份　犯罪嫌疑人　田××，男，24岁，××县下河湾村四组农民

见证人姓名、单位、职业　孙××，××县下河湾村农民

检查目的　确定犯罪嫌疑人田××身上是否有枪击伤痕

检验过程及结果：在本案侦查员赵××、李××的主持下，聘请了本局法医卢××，在见证人孙××的见证下，对犯罪嫌疑人田××进行了人身检查。检查前，侦查员赵××对田××进行了专门讯问，问其身上是否有伤痕，田××答去年12月在家干活时碰伤了左腿。然后令其脱掉外衣外裤，对其全身进行了仔细检查，发现其左腿膝关节下约5厘米处，有一前后贯通性伤痕，后侧伤痕呈凹陷圆形状，前侧伤痕呈凸出状。此伤痕状与手枪子弹弹头穿击形成的伤痕特征相吻合。身体其他部位未见异常。

检查过程中拍摄照片3张，伤痕特征见照片二和照片三（略）。

侦查员　赵××　李××

检查人　卢××

见证人　孙××（捺指印）

记录人　李××

评析：

这份笔录是一份比较规范的笔录。各项填空项都填得具体，无空项，检验过程记录得重点突出，连贯细致，伤口特征描写得形象、准确。结论依据充分，推断科学。法律手续完备。

第七章　辨认笔录的制作

一、概念

辨认笔录是侦查人员在主持辨认活动中，对辨认活动的经过和结果依法作出的文字记录。经过查证属实的辨认笔录，可以作为证据使用。

二、制作方法

《辨认笔录》由首部、正文和尾部三部分组成。

（一）首部

首部包括文书名称，即《辨认笔录》、时间（即辨认开始至结束的时间，填写时要具体到几时几分）、地点，侦查人员的基本情况（包括姓名、单位、职务），辨认人和见证人姓名、住址、单位，辨认对象（即人、尸体、物或环境等）和辨认目的（即通过辨认所要解决的问题）等几项内容。

（二）正文

正文是《辨认笔录》的核心部分。制作时应如实反映辨认活动的过程及结论。具体说，应当写明以下几项内容：

1. 辨认人进行辨认的具体情况和现实条件；

2. 提供辨认的对象的情况；

3. 辨认的方法和辨认过程中辨认人的态度；

4. 辨认结果及辨认人对辨认对象能够辨别、确认或者不能够辨别、确认的理由。有的还应包括辨认人对辨认提出的疑义和要求等内容。

（三）尾部

辨认结束后，参加辨认活动的侦查人员、辨认人、见证人和记录人应依次在结尾处签名。

《辨认笔录》制作完毕后，应当与辨认前获取的专门讯（询）问笔录，制作的组合照片或者犯罪嫌疑人与陪衬人一同排列站立的照片、模拟草图，实物排列照片或者模拟草图作为一组证据，一并存入案卷。

三、制作辨认笔录的注意事项

1. 主持辨认的侦查员不得少于两人。

2. 组织辨认前，应当向辨认人详细讯问辨认对象的具体特征，以便有针对性的组织辨认。

3. 几名辨认人对同一辨认对象进行辨认时，应当由辨认人分别进行。需对几名辨认对象进行辨认时，也应分别进行，即七名人员（十张照片）中只能有一名辨认对象（一张辨认对象照片）。

4. 辨认时，应当将辨认对象混杂在其他对象中，不得给辨认人任何暗示。辨认犯罪嫌疑人时，被辨认人不能少于七人；对犯罪嫌疑人的照片进行辨认时，不能少于十张照片（将被辨认对象照片编号后粘贴或打印在一张或几张 A4 纸上，另行制作一份按编号排列的被辨认对象名单附在后面），被辨认对象应拍照附卷。

5. 对人进行辨认的，辨认笔录中应写明被辨认人的姓名、性别、编号、排列顺序等。

6. 对犯罪嫌疑人的辨认，辨认人不愿意公开进行时，可以在不暴露辨认人的情况下进行，侦查人员应当为其保守秘密。

四、文书格式式样及实例

辨认笔录

时间　200×年6月27日10时45分至200×年6月27日11时30分

地点　××县公安局刑警大队接待室

侦查人员姓名、单位　叶××，××县公安局刑警大队副队长；赵××，侦查员

辨认人姓名、住址、单位　李××，××街7号楼14门，××县华丰家具厂职工

见证人姓名、住址、单位　魏××，××路8号楼11门，××县华丰家具厂厂长

辨认对象　不同男性正面免冠照片12张

辨认目的　让辨认人辨别、确认本组照片是否有本案犯罪嫌疑人及其具体行为

辨认过程及结果：辨认人李××是200×年6月23日发生在××县华丰家具厂故意伤害案件的被害人之一。他在陈述中指出，虽然叫不出案犯的名字，但能够指认哪些人参与了斗殴，是谁刺伤了他。为此，侦查员事先准备好不同的男性正面免冠照片12张，其中有本案4名犯罪嫌疑人照片各一张，分别编为1号～12号，无规则地排列在一张硬纸上。对辨认人说明要求后，在××县华丰家具厂厂长魏××的见证下，将照片提供给李××辨认。

李××将全部照片认真仔细地审视了一遍，然后指出：2号照片（犯罪嫌疑人黄××）、7号照片（犯罪嫌疑人周××）、9号照片（犯罪嫌疑人程××）和12号照片（犯罪嫌疑人杨××）上的人参与了当晚的斗殴，其中12号照片上的那个人就是刺伤他的人。因为当时现场混乱，没有留意其他两个被害人是被谁刺死的。

至此，辨认结束。

> 侦查员：叶××　赵××
>
> 辨认人：李××（捺指印）
>
> 见证人：魏××（捺指印）
>
> 记录员：吴××

评析：

这份辨认笔录，各项空格填写齐全、具体，对辨认前的准备工作交代比较细致，反映出专门进行了询问，确认有辨认条件；准备了符合数量要求的陪衬照片，制作了有详细编号的照片卡，请了见证人，向见证人、辨认人提出了要求后，让辨认人辨认。在平铺直叙的过程中，将《公安机关办理刑事案件的程序规定》的有关要求，一一作了交代：两名以上侦查员主持，个别辨认，混杂进行，10张照片等等。反映出这是一份合法、客观、真实的辨认笔录。笔录记录的就是整个辨认活动是否严格依法进行了，

得出的结论是否客观、真实。这份笔录好在用合法的过程，保证了结论的真实。

第八章　侦查实验笔录的制作

一、概念

侦查实验笔录是公安机关侦查人员在进行侦查实验时，如实记载实验的过程和结果的文书。公安机关在侦查过程中，为了证实在某种条件下某一现象、某一行为、某一情况能否发生及发生的状况如何而进行的模拟试验。称之为侦查实验。《刑事诉讼法》第108条规定："为了查明案情，在必要时候，经公安局长批准，可以进行侦查实验。"侦查实验笔录，与其他证据相一致，并结合证据组合体，才可作为认定案件事实的证据使用。根据《公安机关办理刑事案件程序规定》第202条的规定，侦查实验的任务主要是：①确定在一定条件下能否听到或者看到；②确定在一定时间内能否完成某一行为；③确定在什么条件下能够发生某种现象；④确定在某种条件下某种行为和某种痕迹是否吻合一致；⑤确定在某种条件下使用某种工具可能或者不可能留下某种痕迹；⑥确定某种痕迹在什么条件下会发生变异；⑦确定某种事件是怎样发生的。

二、制作方法

《侦查实验笔录》由首部、正文和尾部三部分组成。

（一）首部

首部应写明文书名称、侦查实验开始至结束的时间（要具体到某时某分）和地点、侦查人员情况（姓名、单位、职务）和侦查实验的目的（应与《呈请侦查实验报告书》所述的目的一致）。

（二）正文

正文是《侦查实验笔录》的核心部分，应写明进行侦查实验的过程及结论。实验过程，包括在什么条件下，用何种材料进行实验、如何组织实验，实验的种类和方式，实验的次数和每次具体情况。这是侦查实验笔录的核心内容，它直接关系到实验结论的可靠程序。如果实验中使用了几种方法，应将侦查实验过程中的各种情况逐一具体写清楚。首先，要写明进行侦查实验的事实根据情况。制作时，应用简练的语言，叙述案件中已经掌握的有必要进行实验的有关情况。然后写明进行侦查实验应解决的问题和侦查实验的条件。接下来，分层次写清楚进行了哪些实验活动，实验的程序和具体步骤。最后写明通过侦查实验所要解决的问题能否得到证实，从而作出肯定或否定的结论。

（三）尾部

侦查实验结束时，参加实验的侦查人员、见证人、记录人应分别签名。

三、制作侦查实验笔录的注意事项

1. 侦查实验笔录的语言以叙述为主，文字力求简洁、准确。实验目的明确、结论准确。

2. 实验中如有拍照、录像、绘图等，在笔录中应予以说明，并作为笔录的附件。

3. 进行侦查实验之前，需先向县级以上公安机关负责人报送呈请侦查实验报告书，经领导审核批准后方可进行侦查实验。

4. 进行侦查实验，禁止一切足以造成危害、侮辱人格或者有伤风化的行为。

四、文书格式式样及实例

侦查实验笔录

时间　200×年9月5日9时30分至5日11时40分

地点　××县长岭乡大兴村原发案现场

侦查人员姓名、单位、职务　秦××，××市公安局刑警支队副队长。陈××，××市公安局刑侦处侦查员。赵××，××市公安局刑侦处侦查员。

参加人员　江××，犯罪嫌疑人之子

见证人　王××，××县长岭乡大兴村村民

侦查实验的目的：确定包××返家后至犯罪嫌疑人江×去包家拉袁××回家洗漱之前的间隙时间，以及在这段时间里犯罪嫌疑人能否完成将被害人夹于腋下，并通过活动的木制楼梯爬上阁楼将被害人吊死的行为。

侦查过程及结论：从犯罪嫌疑人江×家到包××家，按常人的行走速度，加上两妯娌在屋里争吵、拉扯的每一个动作进行慢速演练，共计需2～3分钟。如果再放慢，最多也只需5分钟。

接着进行上楼实验。将木制楼梯（该梯一侧木柱上端断了一截，因而缺第一级，只能从第二级登上楼口）斜向搭在楼口，并用背篓装上70斤的红薯，然后让犯罪嫌疑人18岁的儿子江××背在背上往上攀登，见他必须双手抓住梯子才能往上攀登，而且在楼梯口时完全是双手撑在楼板上，一只脚跪在阁楼板上才爬上去的。侦查人员亲自试验亦是如此。侦查人员又用左手提着背篓，右手抓着木梯往上攀登，结果只上到第三级处，木梯就开始往后翻仰。

结论：包××返家至犯罪嫌疑人江×去包家拉袁××回家洗漱之前的间隙时间最多不超过5分钟。在这样短暂的时间里。犯罪嫌疑人江×需用左胳膊夹住或者背着一个瘫软的100多斤重的人体上楼，并将其吊死，是不可能的。

侦查人员：秦×× 陈××

参加人：江××（捺指印）

见证人：王××（捺指印）

记录人：赵××

评析：

这份侦查实验笔录叙述过程严谨，结论推断逻辑性强，从时间、能力两个方面推论，增加了结论的可靠性。

第二编　行政案件笔录制作指南

第一章　询问笔录的制作

一、询问笔录的制作要求

询问笔录是公安机关办案人民警察依法对被询问人进行询问时，按照有关规定所制作的记录、固定办案人民警察提问以及被询问人回答陈述情况的证据性文书。

询问笔录是对询问过程的完整记载，一经核实和被询问人认可，就成为公安机关裁决行政案件以及日后行政复议、行政诉讼的重要证据。其适用条件：一是询问笔录不仅适用于被侵害人和其他证人，也适用于违法嫌疑人，在办理行政案件中，已经不存在"讯问笔录"的说法。二是询问笔录主要在于全面、准确地记录违法的事实和经过，着重记录违法的时间、地点、情节、后果以及相关证据，以客观地反映违法事实的全貌。

二、询问笔录使用中注意的事项

询问时除执行《公安机关办理行政案件程序规定》第七章第三节询问的规定外，还应当注意以下问题：

1. 询问时，应当告知被询问人对办案人民警察的提问有如实回答的义务以及对与本案无关的问题有拒绝回答的权利。对上述内容，也可以在文书中直接印制。

2. 记录内容应当客观。询问笔录必须客观反映询问人员的问话和被询问人的答话，要尽量记录被询问人的原话，必要时，还应当记载被询问人的表情、动作以及询问人出示证据等动作。笔录既要记述被询问人的陈述，也要记述被询问人的申辩。

询问违法嫌疑人，在文字记录的同时，可以根据需要录音、录像。

3. 首次询问违法嫌疑人时，应当问明违法嫌疑人的姓名、出生日期、户籍所在地、现住址、身份证件种类及号码，是否曾受过刑事处罚或者行政拘留、劳动教养、收容教育、强制戒毒、收容教养等情况。必要时，还应当问明其主要家庭成员、工作单位、文化程度等情况。违法嫌疑人为外国人的，首次询问时还应当问明其国籍、出入境证件种类及号码、签证种类、入境时间、入境事由等情况，必要时，还应当问明其在华关系人等情况。

询问时，应当认真听取违法嫌疑人的陈述和申辩。对违法嫌疑人的陈述、申辩，公安机关应当认真核查。

4. 违法嫌疑人请求自行书写陈述的，应当准许；必要时，办案人也可以要求违法嫌疑人自行书写陈述。违法嫌疑人应当在陈述的末页上签名或者捺指印。办案人收到书面陈述后，应当在首页右上方写明"于×××年××月××日收到"，并签名。

5. 办案人在询问违法行为人时，应将其违法事实、动机、目的、手段，与违法行为有关的时间、地点，涉及的人、事、物等内容实事求是地询问清楚。询问违法嫌疑人时，首先询问违法嫌疑人有无违法行为，让其陈述有违法行为的情节和无违法行为的辩解，然后就其陈述不清的地方或者矛盾和疑点进一步追问清楚，搞清事情的经过和违法行为的具体情节。实践中，有的违法嫌疑人为了逃避法律制裁，总是竭力抵赖，否认自己的违法行为，或者避重就轻，隐瞒对自己不利的事实或证据，这就要求办案人民警察在询问时抓住违法嫌疑人陈述中的所有与案情有关的情节和疑点，追根溯源，认真分析和观察违法嫌疑人的内心活动，找准突破口，并运用判断、推理的方法，对违法嫌疑人陈述的内容作出正确的判断。

在记录违法事实时，要全面、准确的记录违法的事实和经过，着重记录违法的时间、地点、违法后果以及违法行为的证据。在违法过程中有共同违法行为人的，还应当记明共同违法行为人的情况以及各自在案件中所起的作用。

对于治安管理处罚法规定的减轻处罚、不予处罚以及从重处罚的情形，要询问、记录清楚、准确。

6. 根据《治安管理处罚法》第 82 条第 2 款之规定：公安机关应当将传唤的原因和依据告知被传唤人。因此，在询问违反治安管理行为人的笔录中，不能不告知被传唤人传唤的原因和依据，而直接使用类似"你知道为什么把你传唤到派出所吗"等用语。

7. 不要在询问笔录时使用不规范用语，导致产生引供、诱供、刑讯逼供的嫌疑。

8. 注意询问人、询问时间、笔录末尾被询问人签名等内容的准确性、逻辑性。防止出现如笔录反映在同一时间段、同一询问人对不同人进行询问等逻辑错误。

9. 在询问笔录中，要注意询问并记录能反映、证实案件事实的相关证据，如这一案件发生时，有没有其他证人看到事情的具体经过；现场是否遗留有其他物证等。

10. 在询问笔录所反映的询问时间上，注意对被传唤的违法嫌疑人，询问时间不要违反法律规定的 8 个小时或 24 个小时的有关规定。

11. 对于投案自首或者群众扭送的违法嫌疑人，公安机关应当立即进行询问查证，并在询问笔录中记明违法嫌疑人到案经过、到案时间和离开时间，不必办理传唤手续。

12. 询问同案的违法嫌疑人、被侵害人或者其他证人，应当分别进行。

13. 询问不满 16 周岁的未成年人时，应当通知其父母或者其他监护人到场，其父母或者其他监护人不能到场的，可以通知其教师到场。确实无法通知或者通知后未到场的，应当在询问笔录中注明。

14. 询问聋哑人，应当有通晓手语的人参加，并在询问笔录中注明被询问人的聋哑情况以及翻译人的姓名、住址、工作单位和联系方式。

对不通晓当地通用的语言文字的被询问人，应当为其配备翻译人员，并在询问笔录中注明翻译人员的姓名、住址、工作单位和联系方式。

询问查证结束时，还应当要求翻译人员在询问笔录上签名。

15. 询问被侵害人或者其他证人前，应当了解被询问人的身份以及被侵害人、其他证人、违法嫌疑人之间的关系。办案人员不得向被侵害人或者其他证人泄露案情或者表示对案件的看法。

16. 公安机关在询问过程中，不仅需要通过询问违法嫌疑人了解案件情况，更需要通过自己的调查活动收集、调取证据，并在询问过程中运用证据证实违法嫌疑人的违法行为。但是，这些证据一旦为违法嫌疑人获悉或者捕捉到，违法嫌疑人就极有可能采取种种手段销毁、转移有关证据，或者对相关证人进行打击报复，或者由于办案人员暴露询问的意图，使违法嫌疑人了解办案人员的底细，从而给下一步的调查工作造成不必要的困难。因此，办案人员必须注意保密工作，防止泄露调查工作秘密。

17. 由于治安案件往往不是独立存在的，或者同一行为重复多次会构成犯罪，因此，注意在某些案件如卖淫嫖娼、赌博、吸食毒品等案件的询问过程中，询问并记录有无相关犯罪的事实或线索，如有无组织、容留等犯罪行为。

三、关于几种常见案件笔录的制作方法

（一）殴打他人案件

1. 及时出警并制作现场笔录。对当事人伤势及现场财物损坏情况进行详细记录，有条件的地区应当对案发现场进行拍照或摄像。对殴打他人所使用的工具履行扣押手续。

2. 询问被害人，制作询问笔录。问明发案时间、地点、起因、经过、后果、违法嫌疑人身份、体貌特征及见证人情况，是否使用凶器，使用何种凶器。

3. 询问违法嫌疑人，制作询问笔录。①问明发案时间、地点、手段和过程；②问明动机和目的，确定其主观方面为故意；③问明是否使用凶器，使用何种凶器；④问明被害人身份及体貌特征；⑤共同作案的，应问明其他行为人的基本情况及其在本案中实施的违法行为，从而分清主次，区分责任。应当注意，各证据之间要相互印证。

4. 询问证人，制作询问笔录。了解案件事实情况。

5. 进行伤害鉴定。鉴定结论为轻微伤的予以治安处罚。鉴于我市实际情况，对治安案件不强调每起案件都作伤害鉴定，但具备下列情况之一的案件必须作伤害鉴定：一是受伤程度较重，可能构成轻伤或重伤的；二是案件当事人对伤害程度存有异议并提出作伤害鉴定申请的；三是可能引起行政复议或行政诉讼的；四是办案单位或上级有关部门认为应当作伤害鉴定的。

6. 被害人与加害人之间，证人与双方当事人之间不认识或不知真实姓名的，应当进行辨认，并制作辨认笔录。组织辨认时，要按照《公安机关办理行政案件程序规定》

中有关辨认的规定进行。

（二）盗窃案件

1. 询问被害人（单位），制作询问笔录。问明被窃时间、地点、经过，如何发现被窃，被窃物品的数量、特征、种类、购买时间及价值，被窃钱款应问明具体数额、面值、张数，被窃钱物存放于何处。

2. 询问违法嫌疑人，制作询问笔录。①问明作案时间、地点、手段、动机、目的、预谋和实施过程；②问明窃取财物的数量、品种、规格和型号，应与被害人所述基本相符；③问明赃款、赃物的下落，进行销赃、窝赃，用赃的人员、地点以及退赃情况；④问明作案工具的具体情况和作案工具的来源及下落；⑤有无其他违法犯罪行为。

3. 询问知情人或发案现场群众，获取与案件有关的证据。

4. 制作现场笔录，记录现场的状况并提取违法嫌疑人遗留在现场的脚印、指纹、物品等。有条件的地区应当对现场进行拍照或摄像。

5. 收缴作案工具，依法予以没收。

6. 被窃物品应由物价部门作出估价鉴定。估价鉴定是区分违法与犯罪的主要证据。鉴于我市实际情况，暂不要求每起偷窃案件都作估价鉴定，但不作估价鉴定的案件必须有被窃物品价值的证据。具有下列情形之一的案件必须作估价鉴定：①被窃物品价值有可能超过盗窃案件追究刑事责任数额标准；②当事人对被窃物品价值有异议并提出作估价鉴定申请的；③可能引起行政复议和行政诉讼的；④办案单位或上级部门认为应当作估价鉴定的。

7. 将可证明被窃物品价值的证据，如购物发票等附卷；查获的所有赃款、赃物应拍照片附卷；被窃物品返还被害人或被害单位时，应严格按照规定填写返还物品清单。

（三）卖淫、嫖娼案件

1. 现行抓获卖淫、嫖娼人员的，应制作现场笔录，提取安全套、性药等物证和记载卖淫、嫖娼款项的账单等书证，并依法扣押违法所得财物等。有条件的地区应对现场进行拍照或摄像。不适合随卷保存的安全套、性药等物品应当拍成照片附卷，将原物依法销毁。

2. 询问卖淫、嫖娼人员，制作询问笔录。①问明违法行为发生的时间、地点、双方如何结识、讲价及交易的具体过程，嫖娼人员支付的钱物的具体数额；②问明卖淫人员主观上是否具有获取物质利益的故意；③问明卖淫、嫖娼人员是第几次卖淫、嫖娼，是否有性病；④在娱乐服务场所进行卖淫的，还应问明该场所负责人与卖淫人员的关系，该场所是否与卖淫人员有约定，以及安全套、性药等物品的来源，以确认该场所是否存在组织、强迫、引诱、容留、介绍卖淫的行为；⑤在出租房屋或他人家中卖淫的，应问明出租人或房主是否明知。双方口供应相互印证。

3. 询问有关知情人，制作询问笔录。

4. 卖淫、嫖娼行为不仅可以发生在异性之间，也可以发生在同性之间。有条件的地方应对卖淫、嫖娼人员强制进行性病检查，并将性病检查报告单附卷。

5. 以营利为目的地进行手淫、口淫行为的，应按卖淫、嫖娼予以处罚。

6. 组织、强迫、容留、介绍他人卖淫以及卖淫的非法所得予以没收。

（四）赌博案件

1. 询问参赌、设赌、司赌人员，制作询问笔录。①问明赌博时间、地点，参赌人员的数量、姓名及相互关系，采用何种赌具和方式，赌注大小，携带赌资多少，赌博经过及输赢情况，是第几次赌博；②问明设赌人员所备资金数量、用途；问明司赌人员与设赌、参赌人员的关系，在现场中承担何任务，怎样进行利益分配；③问明主观上是否具有以营利为目的的故意；④各参赌人员口供的相互印证。

2. 现行查获的赌博案件应制作现场笔录，依法扣押赌具、赌资，赌资应逐人分清，分别扣押。不能逐人分清的赌资，单独扣押。结案时，赌具、赌资应予没收。有条件的地区应当对赌博现场进行拍照或摄像。

3. 利用电子游戏进行赌博时，应由文化部门鉴定电子线路板和游戏机种。对于明知是赌机并负责赌机维修、上分退分、收款的服务人员，应按为赌博提供条件予以处罚。对于设赌机的业主，应当予以处罚。构成犯罪的，应依法追究刑事责任。

（五）吸食、注射毒品案件

1. 询问吸食、注射毒品人员，制作询问笔录。①问明吸食、注射毒品的时间、地点、毒品的来源、种类、数量（剂量），采用何种方法、使用何种器具及吸食、注射过程；②问明主观过错，即是否明知是毒品而吸食或注射；③问明毒资的来源，是否有其他违法犯罪行为。

2. 对现场查获的毒品依法扣押，结案时予以没收，交有关部门销毁。

3. 吸食、注射毒品成瘾的，应予以强制戒除。"成瘾"认定标准是：有证据证明其吸毒，且查获时尿样毒品检测为阳性；对曾经吸毒，但有证明没有继续吸毒，且查获时尿样毒品检测呈阴性的，不认为"成瘾"。对尿样检测呈阳性，但吸毒证据不足的，应进行尿样复检和进一步调查取证，有条件的可作药物催瘾医学试验，然后作出确认。

四、几种常见的案件询问笔录格式（略）

第二章　勘验、检查笔录的制作

一、勘验笔录

勘验笔录是公安机关办案人民警察对行政违法案件的现场进行勘验时记录勘验过程和结果的文书，是公安机关分析、研究和处理案件的重要依据。

1. 勘验笔录是对案件现场勘查中发现的各种客观情况的记载，应当按照对现场勘验的顺序用准确、清楚的语言客观记录，不包括勘验人员对现场及案件情况的分析评判。

2. 勘验现场应当按照现场勘验规则的要求拍摄现场照片，制作现场图，必要时可以录像。现场照片必须反映现场的原始状态和勘验过程中发现的各种痕迹、物证。要拍摄方位、概览、中心、细目等照片。现场图必须反映现场的位置、范围，与违法活动有关的主要物体、痕迹、遗留物、作案工具等以及他们之间的关系。必要时，勘验人员还可以对勘验现场以及勘验过程进行录像，以更清楚地反映客观情况。现场照片、现场图和现场录像的情况应当在现场勘验笔录中注明。

3. 对计算机违法案件进行现场勘验时，要注意保护计算机及相关设备和数据，还要及时复制与案情有关的电子数据和资料。

4. 勘验笔录是对客观事实的反映，是一种独立的证据，应当存入案卷。

二、检查笔录

检查笔录是公安机关办案人民警察依法对违法嫌疑人及其随身携带的物品或者可能隐藏违法嫌疑人或者证据的场所进行检查时，对检查过程和情况所作的文字记录。

检查过程中要将涉及案件事实的有关情况准确、客观地记录下来。对违法嫌疑人及其随身携带的物品进行检查的，检查笔录要详细记载检查所用的方法及仪器等情况、检查的过程以及检查的结果。对场所进行检查的，检查笔录应当根据检查顺序写明检查的范围（比如，检查了卧室、厕所等）和发现的情况。对于查获的与违法行为有关的物品以及其他可疑物品等物证，应当记录其具体位置、形状和数量等，对扣押的物品、文件要开具相应的扣押物品清单。如果在检查过程中对有关证据进行了拍照，也应当在笔录中注明。检查过程中有无问题，也应在笔录中如实反映。比如，写明检查人是否依法办事，文明办案，有无损坏物品的情况；被检查人及家属是否积极配合检查，有无抵制或者刁难的行为等等。检查应当有两名以上的办案人民警察进行，检查的情况应当当场制作检查笔录，需要扣押有关物品、文件的，要当场制作扣押物品清单。检查时应当通知被检查人或者其家属或者其他见证人到场，如果对单位进行检查，应当邀请该单位的代表到场。检查时要严格、文明执法，要尽量避免损坏物品，不得无故扩大检查范围，而且应全面、细致，不能大而化小，走过场。

三、勘验、检查笔录的具体格式（略）

第三章　辨认笔录的制作

一、概念

公安机关组织辨认后，应当将辨认经过和结果如实记录，并要制作《辨认笔录》，由办案人民警察和辨认人签名或者捺指印。如果辨认时，有见证人参加的，还应当要求见证人签名或捺指印。由于多种因素影响,《辨认笔录》同通过其他调查手段获取的证据一样,也有可能出现偏差,因此,办案人民警察应当结合案件的其他证据,对辨认结果进行分析判断,经审查核实后,才能将《辨认笔录》作为有效证据适用。至于《辨认笔录》的文书式样,公安部在公安行政法律文书式样中并没有明确制定,各地可结合实际情况制定。一般而言,《辨认笔录》应当包括:辨认时间、辨认地点、办案人民警察姓名和工作单位、辨认人的姓名、现住址和工作单位,辨认对象、辨认目的以及辨认经过和结果等内容,并有人民警察、辨认人和记录人签名或捺指印。

二、辨认笔录的具体格式(略)

第四章 听证笔录的制作(略)

第五章 告知笔录的制作(略)

第六章 当场盘问、检查笔录、继续盘问笔录(略)

附录二 现场勘验检查工作记录

某公( )勘[20] 号

现场勘验检查工作记录

制作单位_____

《公安机关刑事案件现场勘验检查规则》节选

一、《现场勘验检查工作记录》包括现场勘验笔录、现场图、现场照片、现场录像和现场录音。

二、现场勘验检查工作记录应当客观、全面、详细、准确、规范，能够作为核查现场或者恢复现场原状的依据。

三、现场勘验笔录正文需要载明现场勘验过程及结果，包括与犯罪有关的痕迹和物品的名称、位置、数量、性状、分布情况，尸体的位置、衣着、姿势、血迹分布、性状和数量以及提取痕迹、物证等情况。

四、对现场进行多次勘验、检查的，在制作首次现场勘验检查工作记录后，逐次制作补充勘验检查工作记录。

五、现场勘验、检查人员应当制作现场方位图、现场平面示意图，并根据现场情况选择制作现场平面比例图、现场平面展开图、现场立体图和现场剖面图等。

六、绘制现场图应当符合以下基本要求：（一）标明案件名称、案件发现时间、案发地点；（二）完整反映现场的位置、范围；（三）准确反映与犯罪活动有关的主要物体，标明尸体、主要痕迹、主要物证、作案工具等具体位置；（四）文字说明简明、准确；（五）布局合理、重点突出，画面整洁，标识规范；（六）现场图注明方向、图例、绘图单位、绘图日期和绘图人；

七、现场照相和录像包括方位、概貌、重点部位和细目四种。

八、现场照相和录像应当符合以下基本要求：（一）影像清晰，主题突出，层次分明，色彩真实；（二）清晰、准确记录现场方位、周围环境及原始状态，记录痕迹、物证所在部位、形状、大小及其相互之间的关系；（三）拍日照相、录像要放置比例尺；（四）现场照片需有文字说明；

九、现场绘图、现场照相、录像、现场勘验笔录应当和互吻合。

现场勘验笔录

德公（ ）勘[20]_____号

现场勘验单位：_____

指派/报告单位：_____ 时间：____年__月__日__时__分

勘验事由：_____

_____

现场勘验开始时间____年___月___日___时___分

现场勘验结束时间____年___月___日___时___分

现场地点：_____

基站任务编号：_____

现场保护情况：

现场保护人：姓名_____ 单位_____ 职务_____

保护措施：□专人看护现场，防止他人进入/□设立警戒带，划定禁行区域

□其他措施：_____

现场情况：□原始现场/□变动现场 变动原因：□被害人进入 □报案人进入

□其他：_____

天气：□阴/□晴/□雨/□雪/□雾，温度：____℃，湿度：____%，风向：____

现场勘验利用的光线：□自然光/□灯光/□特种光；_____

现场勘验指挥人：姓名_____ 单位_____ 职务_____

共 页 第 页

现场勘验情况：

现场方位、周围环境及建筑结构：_____

_____

_____

_____

_____

_____

_____

中心现场的情况（空间结构、物品摆放、痕迹物证发现提取）：_____

_____

_____

_____

_____

_____

_____

_____

_____

_____

共 页 第 页

_____

_____

_____

_____

_____

_____

_____

_____

_____

_____

_____

_____

外围现场情况：_____

_____

_____

_____

_____

视频情况：_____

_____

_____

_____

共 页 第 页

现场勘验制图＿＿＿张；照相＿＿＿张；录像＿＿＿分钟；录音＿＿＿分钟。

现场勘验记录人员：

笔录人：＿＿＿＿＿＿＿＿＿＿＿＿＿＿＿＿＿＿＿＿＿

制图人：＿＿＿＿＿＿＿＿＿＿＿＿＿＿＿＿＿＿＿＿＿

照相人：＿＿＿＿＿＿＿＿＿＿＿＿＿＿＿＿＿＿＿＿＿

录像人：＿＿＿＿＿＿＿＿＿＿＿＿＿＿＿＿＿＿＿＿＿

录音人：＿＿＿＿＿＿＿＿＿＿＿＿＿＿＿＿＿＿＿＿＿

监控视频勘验人：＿＿＿＿＿＿＿＿＿＿＿＿＿＿＿＿＿

现场勘验人员：

本人签名：＿＿＿＿＿单位＿＿＿＿＿＿＿＿职务＿＿＿＿＿

本人签名：＿＿＿＿＿单位＿＿＿＿＿＿＿＿职务＿＿＿＿＿

本人签名：＿＿＿＿＿单位＿＿＿＿＿＿＿＿职务＿＿＿＿＿

本人签名：＿＿＿＿＿单位＿＿＿＿＿＿＿＿职务＿＿＿＿＿

本人签名：＿＿＿＿＿单位＿＿＿＿＿＿＿＿职务＿＿＿＿＿

本人签名：＿＿＿＿＿单位＿＿＿＿＿＿＿＿职务＿＿＿＿＿

本人签名：＿＿＿＿＿单位＿＿＿＿＿＿＿＿职务＿＿＿＿＿

现场勘验见证人：

本人签名＿＿＿＿＿性别＿＿出生日期＿＿＿＿＿，住址＿＿＿＿＿＿

本人签名＿＿＿＿＿性别＿＿出生日期＿＿＿＿＿，住址＿＿＿＿＿＿

备注：＿＿＿＿＿＿＿＿＿＿＿＿＿＿＿＿＿＿＿＿＿

年　月　日

共　页　第　页

提取痕迹、物证登记表

序号	名称	基本特征	数量	提取部位	提取方法	提取人	备注

见证人：　　　　　　　　　　办案单位（盖章）

序号为＿＿＿＿＿的物证为＿＿＿＿＿持有，　　提取人：

持有人：

年　月　日

共　页　第　页

提取痕迹、物证登记表

序号	名称	基本特征	数量	提取部位	提取方法	提取人	备注

见证人：　　　　　　　　　　办案单位（盖章）

序号为＿＿＿＿＿的物证为＿＿＿＿＿持有，　　提取人：

持有人：

年　月　日

共　页　第　页

现场方位图（现场分布图）

共　页　第　页

现场平面示意图

（空白方格图）

共　页　第　页

多发性侵财案件现场勘验、检查情况分析报告

案件类型	□盗窃 □入室盗窃 □夜间入室盗窃 □盗窃保险柜	
	□抢劫 □入室抢劫 □抢夺 □诈骗 其它：	
作案地点	住　宅	□私人住宅 □集体宿舍 □小区出租屋 □别墅 □农宅 □城中村 □其它：
	商业门店	□上夕店 □超市 □餐饮场所 □购物场所 □酒吧 □农贸市场
		□商场广场 □路边摊位 □通信营业厅 □酒店 □网吧 其它：
	公司单位	□政府机关 □医院 □学校 □村委 □村委 □工厂 □工地 □写字楼
		□办公室 □财务室 □金库 □仓库 其它：
	公共场所	□马路 □广场 □公园旅游景点 □公共停车场 □公交车站 □地铁站
		□通口渡口 其它：
	其它场所：	
侵害目标	损失物品	□现金 □首饰玉器 □相机 □银行卡 □存折 □手机 □电子产品类 其它：
	人　员	□男 □女　年龄：　　　职业：
作案时机	□公假日 □男 □女 □上班时间 □交接班	时段：
	□被害人熟睡 □取钱时 □拥挤时 □发薪日	□上午 7-12 □中午 12-14
	□混乱时	□下午 14-18 □傍晚 18-20
	□其他时机：	□上半夜 20-24 □下半夜 0-7
外围现场入口	□小区门 □围墙 □墙洞 □地洞 □室内预伏 □停车库 其它：	
中心现场入口	□门 □窗 □阳台 □楼顶天台 □围墙 □墙洞 □地洞 □室内预伏 □排气扇 其它：	
逃离方式、路线	□反锁房门 □原路返回 □自驾车 □公共交通 其它：	
侵入方式	从门进入	和平进入：□围门 □门开门 □窗不开门 □事主开门
		暴力破门：□撬挖门 □碰撞开门 □撬门
		技术开锁：□插片开锁 □锡纸开锁 □撬锁拧锁芯 □捅 □皮筋锁芯 其它：
	从窗进入	□揭窗 □锯防盗网 □锯排气窗 □撬纸窗或墙 □拆卸或破
		□撬销窗窗盗网 □千斤顶顶的盗网 其它：
	攀　爬	□从上往下 □从下往上 □横向 □攀爬管道 □厕所窗
		□爬梯 □爬阳台 □爬墙 其它：
	不进室内	□钓金鱼 □挖墙孔 其它：
翻动	□不明显 □一般 □明显 □较大 □很大 □恢复原样	
重点目标	保险柜	□撬保险柜锁 □撬保险柜门 □技术开保险柜锁 □搬走保险柜 其它：
	抽屉柜子	□随手拉开 □技术开锁 □暴力撬开 □整个搬走 其它：

共　页　第　页

常见案件	扒窃类	□接手 □割挎 □勾取 □挎拉链 □掏/夹 □乐开往室力 其它：
	抢劫/抢夺	□接步 □飞车 □把路 □棍斯 □持凶器 □拉拽随身物品 其它：
	盗抢机动车	□撬车门（锁）□破窗破趟 □技术开锁 □车门干扰 □电子干扰 其它：
	涉　车	□盗后砸玻璃 □轮胎 □车内财物 □蓄电池 □油 □车牌 其它：
作案人分析	人数：共　人　其中　　男　　女	
	地域/口音：	
	□熟人作案 □流窜作案 □内外勾结 其它：	
	身高	□不确定
	年龄	□不确定
	交通工具	□公共汽车 □地铁 □出租车 □自驾车 □摩托车 □自行车 □步行 □共享单车 其它：
	特殊技能	□撬锁 □焊工 □木工 □钳工 □电工 其它：
	身体特征	□指纹 □故障　受伤情况：　　　 其它：
	动机目的	□图财 □抢夺 □报复 □激情 □搭货 其它：
	反侦查手段	□手套 □口罩 □头套 □帽子 □鞋套袜子 其它：
作案工具	名　称	来源　　　　工具或现场特征描述
		□自带 □就地取材
		□自带 □就地取材
		□自带 □就地取材
		□自带 □就地取材
简要作案过程	（包括踩点、路线、侵入手段、中心现场作案过程、使用工具、逃离路线、交通工具、赃物、视频、遗弃物品等）	
现场勘查、复勘建议	□现场勘查完毕、撤销保护、交事主处理 □封锁现场，以备复勘	
防范建议	□建议群众加强防范设施（门窗、阳台、落水及煤气管道逃生）。 □建议安装防盗门窗。 □建议更换锁芯。内外们锁使用不一致的锁芯，增加技术开锁难度。 □建议安装防盗灯、建议安装警铃。 □加大巡逻巡防力度，提高见警率。	

共　页　第　页

现场勘验情况分析报告

现场分析依据的资料	（包括实地勘验、调查访问和检验鉴定等资料）		
侵害目标及损失			
作案地点			
作案时段		作案进出口	
作案手段		侵入方式	
作案工具	（包括用于破坏、威胁、行凶、交通、照明的工具，及其数量种特征等）		
作案动机目的			
案件性质			
作案人数			
作案过程			
作案人特点			
串并意见与根据			
工作建议	（包括侦查方向与范围、痕迹物证应用与保管、侦查破案途径与措施、技术防范对策等）		
现场分析人			

年　　月　　日

共　页　第　页

现场视频勘查情况表

案发时间段：___年___月___日___时___分至___年___月___日___时___分

案发地点：_____

GPS位置：_____ 基站信息：_____

□中心现场有视频
中心视频情况：___年___月___日___时___分___秒进入___年___月___日___时___分___秒离开。

□现场分析/□视频
嫌疑人数：___ 嫌疑人特点：_____
交通工具：□自行车 □网约单车 □地铁 □公交 □摩托车
　　　　　□出租车 □网约汽车 □汽车

视频拓展点位置_____（□中心现场/□作案入口/□作案出口/□必经路线）；

东侧	□公共视频	□社会视频	□私人视频	□损坏
南侧	□公共视频	□社会视频	□私人视频	□损坏
西侧	□公共视频	□社会视频	□私人视频	□损坏
北侧	□公共视频	□社会视频	□私人视频	□损坏

视频拓展点位置_____（□中心现场/□作案入口/□作案出口/□必经路线）；

东侧	□公共视频	□社会视频	□私人视频	□损坏
南侧	□公共视频	□社会视频	□私人视频	□损坏
西侧	□公共视频	□社会视频	□私人视频	□损坏
北侧	□公共视频	□社会视频	□私人视频	□损坏

视频拓展点位置_____（□中心现场/□作案入口/□作案出口/□必经路线）；

东侧	□公共视频	□社会视频	□私人视频	□损坏
南侧	□公共视频	□社会视频	□私人视频	□损坏
西侧	□公共视频	□社会视频	□私人视频	□损坏
北侧	□公共视频	□社会视频	□私人视频	□损坏

视频侦查跟进单位及视频侦查员：

年　月　日

共　页　第　页

物证溯源表

序号	物证名称及物证号	提取部位（多选）	关联依据	物证载体使用情况
		□出入口 □中心现场 □来去路线 □现场外围 □预备地点 □接触部位	□物品增加____ □物品变动/破坏____ □视频发现____ □事主反映____ 其他：	
		□出入口 □中心现场 □来去路线 □现场外围 □预备地点 □接触部位	□物品增加____ □物品变动/破坏____ □视频发现____ □事主反映____ 其他：	
		□出入口 □中心现场 □来去路线 □现场外围 □预备地点 □接触部位	□物品增加____ □物品变动/破坏____ □视频发现____ □事主反映____ 其他：	
		□出入口 □中心现场 □来去路线 □现场外围 □预备地点 □接触部位	□物品增加____ □物品变动/破坏____ □视频发现____ □事主反映____ 其他：	
		□出入口 □中心现场 □来去路线 □现场外围 □预备地点 □接触部位	□物品增加____ □物品变动/破坏____ □视频发现____ □事主反映____ 其他：	
		□出入口 □中心现场 □来去路线 □现场外围 □预备地点 □接触部位	□物品增加____ □物品变动/破坏____ □视频发现____ □事主反映____ 其他：	
		□出入口 □中心现场 □来去路线 □现场外围 □预备地点 □接触部位	□物品增加____ □物品变动/破坏____ □视频发现____ □事主反映____ 其他：	

共　页　第　页

物证溯源表

序号	物证名称及物证号	提取部位（多选）	关联依据	物证载体使用情况
		□出入口 □中心现场 □来去路线 □现场外围 □预备地点 □接触部位	□物品增加____ □物品变动/破坏____ □视频发现____ □事主反映____ 其他：	
		□出入口 □中心现场 □来去路线 □现场外围 □预备地点 □接触部位	□物品增加____ □物品变动/破坏____ □视频发现____ □事主反映____ 其他：	
		□出入口 □中心现场 □来去路线 □现场外围 □预备地点 □接触部位	□物品增加____ □物品变动/破坏____ □视频发现____ □事主反映____ 其他：	
		□出入口 □中心现场 □来去路线 □现场外围 □预备地点 □接触部位	□物品增加____ □物品变动/破坏____ □视频发现____ □事主反映____ 其他：	
		□出入口 □中心现场 □来去路线 □现场外围 □预备地点 □接触部位	□物品增加____ □物品变动/破坏____ □视频发现____ □事主反映____ 其他：	
		□出入口 □中心现场 □来去路线 □现场外围 □预备地点 □接触部位	□物品增加____ □物品变动/破坏____ □视频发现____ □事主反映____ 其他：	
		□出入口 □中心现场 □来去路线 □现场外围 □预备地点 □接触部位	□物品增加____ □物品变动/破坏____ □视频发现____ □事主反映____ 其他：	

共　页　第　页

现场调查访问情况

物品被盗、抢物品的位置及相关情况：_____
_____

现场遗留、减少、翻动、破坏、移动物品的原始情况及变动情况：_____
_____
_____

现场门、窗等出入口的情况（提示：门、门锁、窗、栏杆等的原始及破坏情况，攀爬痕迹，门锁的使用，上一次离开时的闭锁情况，平时的开启习惯等。）：
_____
_____
_____

现场物证接触排查情况：_____
_____

可疑情况或嫌疑人特征：_____
_____

共　页　第　页

参考文献

1. 朱巧红、盛永彬主编：《犯罪现场勘查》，暨南大学出版社 2013 年版。

2. 倪铁：《刑事案件现场勘查体制研究》，法律出版社 2016 年版。

3. 杨正鸣、倪铁主编：《犯罪现场勘查案解》，复旦大学出版社 2011 年版。

4. 朱兰主编：《痕迹检验实验教材》，法律出版社 2012 年版。

5. 肖军：《影像中的侦查学》，法律出版社 2018 年版。

6. 王燃：《大数据侦查》，清华大学出版社 2017 年版。

7. 许锋、何芳州：《视频现场勘查及应用》，东北大学出版社 2018 年版。

8. 李双其、林伟：《侦查中电子数据取证》，知识产权出版社 2018 年版。

9. 李洪武、周敬东主编：《痕迹检验教程实验指导》，中国人民公安大学出版社 2013 年版。

10. 裴煜、段蓓玲：《刑事案件现场勘查方法》，华中科技大学出版社 2020 年版。

11. 许爱东编著：《现场勘查学》，北京大学出版社 2011 年版。

12. 裴煜：《犯罪现场勘查理论与实践》，华中科技大学出版社 2019 年版。

13. 管光承主编：《现场勘查》，法律出版社 2005 年版。

14. 马丽霞主编：《现场勘查》，中国检察出版社 2000 年版。

15. 陈汉彬、项琼主编：《刑事侦查实务》，中国政法大学出版社 2020 年版。

后　记

　　《犯罪现场勘查实训教程》教材是《犯罪现场勘查》实训辅助教材，该教材积累了几年的犯罪现场勘查教学经验，通过酝酿、计划、编写、整理，终于如期出版。在此非常感谢一路走来给我提供帮助和支持的领导、同行及同事们！感谢司法鉴定技术专业的学生，在我讲授犯罪现场勘查课程过程中给了我很多撰写思路与灵感！感谢中国政法大学出版社的编辑，为教材顺利出版认真地统稿、校正、提出宝贵的修改建议！最后，非常感谢我的家人，让我无后顾之忧，专心对教材进行撰写，家人的理解和支持给了我莫大的前进动力！

　　由于学识和经验有限，教材中难免存在不足与疏漏，欢迎各位专家和读者提出修改建议。您的宝贵建议将是我前进的动力，我将继续学习并完善教材内容。联系邮箱：423383903@ qq. com。

阳　雁

2021 年 11 月